制度经济学研究

第十八辑

黄少安　主编

经 济 科 学 出 版 社

图书在版编目（CIP）数据

制度经济学研究（第十八辑）/黄少安主编．—北京：经济科学出版社，2008.1

ISBN 978－7－5058－5106－1

Ⅰ．制…　Ⅱ．黄…　Ⅲ．新制度经济学－文集
Ⅳ．F091.349－53

中国版本图书馆CIP数据核字（2007）第189193号

制 度 经 济 学 研 究

Research of Institutional Economics

目　　录

论文

译文

CONTENTS

分工、分配与劳资关系*

——收入差距的政治经济学解释

岳　永　姚慧琴**

【摘　要】本文在对马克思“分工—分配”的劳资关系模型回顾的基础上，对新古典边际生产力分配理论、福利经济学及新制度经济学对个人收入分配问题的理解进行了深入的讨论。结论表明，政治经济学和新古典经济学对分配问题理解的核心区别在于对劳动力的不同假设：在政治经济学中，分工是劳动力的分工，决定了分配也必须以劳动力为基本单位；而理性的分工个体无法分配到自己参与生产的剩余——或者说剩余价值的贡献者和分配者不对称则是造成收入差距的主要制度原因。

而本文的实证表明：（1）要素稀缺性逻辑无法解释中国的收入差距问题，27年来，劳动力和资本相对数量的变化并没有引起单位劳动力和单位资本相对价格的趋同；（2）个人收入（或者工资）在不同群体——省际之间、城乡之间、行业之间的分布与不同群体中劳均资本规模相关。

【关键词】分工　分配　收入差距　劳资关系　政治经济学

中图分类号：F014　文献标示码：A

一、导　论

伴随中国过去27年（1978~2005年）经济高速增长的第一个事实是：

* 感谢何炼成、杨小卿、梁捷、吴建祖、李远富、王敏、赵国昌、张平、孙竹等对本文初稿的修改建议和有益评论；感谢海闻、许光伟在第五届中国经济学年会（厦门大学，2005）上的有益评论；感谢曾国安等在第六届中国经济学年会（武汉大学，2006）上的有益评论；感谢匿名审稿人对本文提出的意见。

** 岳永，西安财经学院经济学院、陕西省国防科技与经济发展研究中心；地址：陕西省西安市翠华南路105号西安财经学院301信箱（710061）；E-mail：yueyong@ sina. com。姚慧琴，西北大学中国西部经济发展研究中心（710127）；E-mail：yyy818@126. com。

不同人群之间收入差距的迅速扩大——其中主要包括城乡收入差距、区域收入差距、行业收入差距三个方面。李实、岳希明（2004）的研究表明，中国城乡收入差距从1990年的2.2∶1扩大到2002年的3.1∶1；Knight和Song（1999）的研究表明，如果按照货币收入比较，城乡收入差距比中国更大的国家只有南非和津巴布韦两个国家，但是如果把实物性收入和补贴都算入个人收入的一部分，那么中国的城乡收入差距居世界第一。李实（2005）通过对1995年和2002年中国居民财产分布的调查和研究表明：①中国居民的财产分布差距在过去一段时期内出现了明显的扩大趋势，在两次调查之间全国的财产分布的基尼系数上升了38%；②中国居民财产分布差距的明显扩大是与城乡之间差距的急剧拉大密切相关的，城乡之间的人均财产额比率从1995年的1.2∶1，扩大为2002年的3.6∶1，在同一时期城乡之间的财产差距占全国财产差距的比重从不足2%上升到37%。上述现象的存在必然意味着这样的事实：高速经济增长带来的财富增量并没有转换成为“最大多数人的最大福利”。

第二个事实是：改革开放27年来，中国劳工收入（其中包括工人、民工及农民收入）增长速度远远低于经济增长速度。从1978～2005年的27年间，中国的GDP增长了39.5倍，人均职工工资总额增长了29.37倍；中国GDP增长率扣除同期居民消费价格指数年均为9.24%，而与此同时，职工工资总额占GDP比重却从1978年的15.8%下降到2004年的11.8%。[①] 如果考虑到职工比重不足就业人口的1/7这一事实，从就业人口人均收入角度进行计算，27年来劳均收入年均增长仅为6%，而与此同时资本的年均收益率却保持在36%左右。[②] 从这一意义上讲，低工资可能是“中国奇迹”之所以能维持二十多年的重要基础和中国制造业竞争力的重要来源。

第三个不可忽视的事实是：中国居民消费能力远远低于生产能力的增长速度，以至于20世纪90年代末以来，部分产业生产能力严重过剩（林毅夫，1999）。根据路透社（2006）对中国官方公布的行业产能过剩资料整理，基本状况如下：2005年底，钢铁、电解铝、汽车等11个行业存在产能过剩的问题。其中，产能过剩突出的行业有7个，分别为：钢铁、电解铝、汽车、铁合金、焦炭、电石及铜冶炼行业；潜在产能过剩行业4个，分别为：水泥、电力、煤炭和纺织。因此，启动内需在今后很长的一段时间内必

---

① 按《中国统计年鉴》规定，职工是指在国有、城镇集体、联营、股份制，外商和港、澳、台投资，其他单位及其附属机构工作，并由其支付工资的各类人员。不包括下列人员：①乡镇企业就业人员；②私营企业就业人员；③城镇个体劳动者；④离休、退休、退职人员；⑤再就业的离、退休人员；⑥民办教师；⑦在城镇单位中工作的外方及港、澳、台人员；⑧其他按有关规定不列入职工统计范围的人员。而依据《中国统计年鉴》的规定，这一群体属于中国的高收入阶层。

② 这些数据的核算方法见本文的实证部分。

然成为各级政府宏观调控的重要内容。林毅夫（1999）强调农村的耐用品消费需求尚有很大的潜力可挖，可以加强农村基础设施建设，启动农村市场来消化这一剩余；并且这一方案已被写入我国“十一五”规划之中。但问题在于究竟是什么原因引致了中国目前的产能过剩？不在理论上解决这一问题，新农村建设究竟是“头疼医头、脚疼医脚”的临时举措，还是缓和宏观波动的长久之计？我们至少应该在获取经验数据之前作出理论上的判断。

在中国经济高速增长的现实前提下，我们如何理解目前中国不同群体收入差距的拉大、劳工收入缓慢增长及产能过剩问题？或者上述现象之间是否存在一致的逻辑关系。本文试图从政治经济学——基于马克思劳资双方利益不一致的模型，对上述现象作出一致性解释。同时，本文也是一次从逻辑上和实证上推进中国政治经济学研究现代化的尝试；当然，在这个过程中，政治经济学与新古典经济学在收入差距问题上的观点差异和逻辑分歧则是本文感兴趣的内容之一。

在现实层面，本文主要致力于中国政治经济学现代化这一目标。本文认为，政治经济学在中国的未来在于对中国经济改革中重大实践的理论解释和技术预测，以及对中国改革实践的推进，而非仅仅依靠意识形态的独特地位而确立自身体系的合法性。因此，本文在行文中，尽量避免一些未经实证而包含浓厚意识形态色彩的政治经济学命题的直接引入。而本文对上述现实和理论问题的解释和讨论是：①希望能够有益于中国市场化改革的推进，而非相反；②希望能有利于我们思想观念上的某种转变：解决中国目前的收入差距问题，不仅仅需要经济领域市场化改革的继续推行；更重要的是，需要在政治领域推进政府自身制度的改革——减少政府权力在市场分配资源的过程中“善意”的干扰，使产权改革从“法律关系”的意识形态层面转向“经济关系”的实践层面。

本文是从政治经济学劳资双方利益不一致的视角讨论中国目前不同群体收入差距及其扩大的现实，这决定了本文的结构安排也会基于这一问题讨论逻辑顺序展开——理论基础、理论演变、实证、分析及结论。本文第二部分主要是对马克思“分工—分配”的劳资关系模型在思想史中的一个回顾和评述。第三部分则是对新古典边际生产力分配理论、福利经济学及新制度经济学对收入分配问题的相关讨论。这两部分安排的意义在于，弄清楚把劳动力作为分配单位的劳动价值论和把劳动力作为生产要素之一的新古典生产理论在收入差距问题上的分歧何在，或者说，究竟是什么假设的差异导致二者对待收入差距拉大的态度截然不同？这两部分的讨论将为后面的实证和讨论奠定基本的理论基础。

在前面讨论的基础上，第四部分则是对不同群体收入差距在政治经济学视角下的简单实证。第五部分从政治经济学的劳资关系视角对当前中国收入分配差距提出了解释；当然这一部分包括对政治经济学和新古典经济学在收入差距这一问题上产生分歧原因的方法论讨论——这一点对我们形成新的改革共识或许会有帮助。第六部分是本文的总结。

二、马克思“分工—分配”的劳资关系模型

这一部分主要是从分工的微观基础、分工与剩余价值生产和分工与剩余价值分配三个方面对马克思微观分工理论进行分析和综述。可以得出的结论是：马克思将分工和“经济人”假设联系在一起，将分工理论纳入到主流经济学理性选择的分析体系之中，而不像斯密——仅将分工归结于人们的“交易倾向”。而这一差别的直接结论——剩余价值的贡献者和分配者的不对称，或者说“分配—冲突”的分析视角，则正是政治经济学（包括新政治经济学）与新古典经济学在收入分配问题上的主要分歧。

（一）分工的微观基础

对企业内分工和社会分工的区别，是马克思对分工理论最为重要的贡献。格罗奈维根（Groenewegen）在《新帕尔格雷夫经济学大辞典》（1992，P. 980）中“劳动分工”词条下表明了这一观点；杨小凯（2003）在许多著作也阐述了这一看法。正如马克思自己的表述：“政治经济学作为一门独立的科学，是在工场手工业时期才产生的，它只是从工场手工业分工的观点来考察社会分工，把社会分工看成是用同量劳动生产更多商品，从而使商品便宜和加速资本积累的手段。”（马克思，1867，P. 404）正是基于这一思路，本文从企业（工场手工业）内分工（微观分工，或者可以说从生产角度）展开讨论。

在当代讨论分工问题的论文和著作中，斯密是一座绕不过并且光彩夺目的丰碑。这并不是由于“创造性”或“论述的完整性”（Cannan，1929，P. 96），而是由于“不论在（他）以前还是以后，没有任何人认为分工起到如此重要的作用；在亚当·斯密那里，它几乎作为经济进步的唯一因素”（Schumpter，1954，P. 187），或者用马克思的话说是由于他“特别强调了分工”（马克思，1867，P. 386，注释44）。但仅就这一意义上而言，我们也可以感到分工理论在斯密经济理论体系中的特殊地位。斯密在《国富论》开篇提出了后来被杨格（1928）称为的“斯密定理”：分工是经济增长的源泉，分工取决于市场的大小，市场大小又取决于运输的条件。在这里，斯密将分工理论与经济增长直接联系起来。

应该注意的是，我们在这里要讨论的是分工的微观基础，也即要回答为什么要分工或者分工演进的动力机制问题，而并非分工导致了什么样结果的问题。因此一个不应被混淆的逻辑是，分工与经济增长的相关性判定并不能推出经济增长是分工的原因（或动力）这一因果性判定。分工导致了经济增长的事实并没有回答人们为什么要选择分工，更不意味着由于人们为了经济增长才选择分工。因此，如果把经济（国民财富）增长（社会理性）作为分工这一微观事实的原因或者分工演进的动力，这本身将与斯密关于人的自利性（个体理性）假设以及后来在此基础上建立起来的经济学理性选择体系是不兼容的。①

斯密天才地回避了这一矛盾——社会理性与个体理性的冲突，将分工的原因归结为人类特有的交易倾向。斯密认为，分工“原不是人类智慧（个体理性）的结果”。“它是不以这种广泛效用（实现普遍富裕，社会理性）为目标的一种人类倾向所缓慢而逐渐造成的结果”，“这种倾向就是互相交易，互通有无”。但是，“这种倾向，是不是一种不能进一步分析的本然的性能，或者更确切地说是不是理性和言语能力的必然结果，则不属于我们现在研究的范围”（斯密，1776，pp. 12 - 13）。斯密回避了个体理性与社会理性的冲突，而将分工的原因最终归结为一种不可言说的人类倾向。因此，这一假定的“倾向”也就成为了斯密分工理论的逻辑起点。

这里存在的问题是，作为逻辑起点的交易“倾向”可以解释分工存在和演进的事实吗？可以作为反例的事实是：①企业内不存在交换，为什么存在分工？②企业的边界上存在劳动（要素）市场对中间产品市场的替代（Cheung，1983），交易“倾向”如何解释社会分工的交换和企业内部不交换之间的替代？斯密在这里显然忽略了企业内分工和社会分工的区别：社会

---

① 现实中存在的许多增长理论的研究均把经济增长作为解释许多微观经济现象的目标函数，显然是偏离了经济学的理性选择的基本假设。唯一的可能就是我们再附加上“个体的理性选择必然导致经济增长”，而这一点正是斯密“看不见的手”所阐述的内容。而现实是经济增长只是理性行为可能的后果而非必然的目标，除非经济增长（社会理性）与其个体目标函数（个体理性）有着高度的相关性——这一方法论问题在 Alchian（1950）、Friedman（1953）及 Becker（1962）论文中用“as - if”假设勉强解决了。

但问题在于，“as - if”这个命题给出了一个不可能被证伪的理性概念。经济学以理性选择作为建立门派的基础，关心如何选择才能是理性的。而我们却假设：现实“as - if”是理性的，那么经济学本身意义何在？将事先理性行为的选择和“as - if”式理性行为的结果混为一谈，所得出的这种存在即是合理的同义反复显然是无法让人接受的（岳永，2003）。而政治经济学与新古典经济学的分歧正是因此而产生。更为深入的讨论的思路在于：经济学的致用之处在于对“普遍问题”（如需求定律）的解释还是对“异常现象”（经济波动）处理？显然，这里又存在着“决定论”的理性建构主义与实用主义研究的分歧。

针对本文而言，对“分工—分配”与“经济增长”之间关联作出不同的假设，显然会得出不同的结论。因而，假设的差异成为我们在收入差距问题上观点差异的主要原因。

分工需要交易而使每个人获取消费品，而企业内部分工仅仅需要协作完成最终产品。斯密的这一疏漏不但使其分工理论无法融入自己构建的“经济人”体系，也使得我们对“斯密定理”的理解存在了分歧：到底是企业内分工还是社会分工引致了经济增长？到底是企业内分工还是社会分工取决于市场的大小？斯密的疏漏为马克思拓展分工理论的微观基础及建立政治经济学提供了重要的契机。

马克思对分工理论微观基础的讨论是从企业内部分工展开的。其逻辑表述如下：资本生产方式区别于其以前的生产方式的根本之处在于生产资料和劳动者之间的分离及其引致的生产与消费之间的分离，资本生产不再以满足人们生产、生活的需要为动机，而是以剩余价值最大化和价值增殖为动机。获取剩余价值有两种基本途径：①通过延长工作日而产生的绝对剩余价值；②通过缩短必要劳动时间，相应地改变工作日的两个组成部分——必要劳动时间和剩余劳动时间之间的比例而产生的相对剩余价值。

但是由于立法、道德和社会习俗等约束，以延长工作日而生产绝对剩余价值的方式已越来越不现实。因此变相地通过缩短必要劳动时间来获取相对剩余价值则成为获取剩余价值的主要方式。要缩短必要劳动时间，就“必须变革劳动过程的技术条件和社会条件，从而变革生产方式本身，以提高劳动生产力，通过提高劳动生产力来降低劳动力的价值，从而缩短再生产劳动力价值所必要的工作日部分”（马克思，1867，P. 350）。

而在马克思理论中，企业内分工——协作本身就是生产方式变革、以提高劳动生产力的一种手段。马克思认为“以分工为基础的协作……作为资本主义生产过程的特殊形式”而存在（1867，P. 373）。协作通过“社会接触引起竞争心和特有的精力振奋”、“同时协同完成同一或同种工作”、“扩大劳动的空间范围”（1867，pp. 362－366）等方式，“劳动者在有计划地同别人共同工作中，摆脱了他的个人局限，并发挥出他的种属能力”。这样，协作不仅“提高了个人生产力，而且创造了一种生产力”（马克思，1972，P. 362）。在这里马克思不但认为是协作提高了生产率，并且指出“分工是一种特殊的协作，它的许多优越性质都是由协作的一般性质产生的”（马克思，1867，P. 376）。

马克思的逻辑可以简单表述为，企业内部分工的逻辑起点在于对相对剩余价值的获取，企业内分工演进的过程也即获取相对剩余价值的过程。因此在微观层面，分工理论的微观基础即是“资本对剩余价值追求”的“本性”。这一“本性”对斯密“倾向”的超越在于：将分工和“经济人”假设联系在一起，将分工理论纳入到主流经济学理性选择的分析体系之中。

（二）分工与剩余价值的产生

上一部分可以总结为资本对剩余价值的追求是企业内部分工的逻辑起点和演进动力。但我们在讨论中遗留的问题是：为什么剩余价值会在企业内部分工中产生？这一问题和上一命题是紧密相关的，只有剩余价值会在企业内部分工中产生，那么资本家才可能通过企业内部分工实现对剩余价值的追求。因此，讨论剩余价值产生则成了我们接下来必须进行的工作。

马克思经济学的逻辑起点是商品。他在《资本论》开篇所提到“资本主义生产方式占统治地位的社会的财富，表现为庞大的商品堆积……因此，我们的研究就从分析商品开始”（1867，P. 47）。商品包含两个因素：作为价值实体的使用价值和与价值量相关的价值，而价值是在交换关系和交换价值中表现出来的共同的东西（1867，pp. 48 – 51）。在这里，马克思把分工与交换价值看作了同一事实，“我们在阐述交换价值时没有进一步去说明分工，而仅仅把它看作同交换价值是一回事”（马克思，1975，pp. 470 – 471）。

正是由于社会分工的存在，或者说是由于“社会分工——交换”的存在，使劳动具有了二重性——具体的私人劳动（社会分工）和抽象的社会劳动（交换）的区别。劳动二重性决定了商品有了使用价值和价值的区别，具体劳动生产使用价值，抽象劳动形成价值。马克思曾不无自豪地说，“商品中包含的劳动的这种二重性，是首先由我批判地证明了的。这一点是理解政治经济学的枢纽”（1867，P. 55）。为什么劳动二重性很重要呢？因为这里埋藏着剩余价值产生的秘密。

劳动的二重性既然导致了商品的二重性——使用价值和价值的区别，那么在资本主义生产方式下成为商品的劳动力也必然存在价值和使用价值的差别。在理论上，劳动力的价值取决于维持劳动力所需要的生活资料的价值，劳动力的使用价值就是劳动力的使用，也即劳动，就是劳动创造新价值或者说实现价值增殖的能力；在现实中，劳动力的价值和使用价值的差别则表现为资本家对工人的预付工资和劳动力在物质财富创造过程的贡献（马克思，1867，pp. 189 – 200）。劳动力价值和使用价值的这一差别在现实中则表现为资本家在市场上购买的是劳动力的价值，而在生产中使用的却是劳动力的使用价值。因此这为资本家将工人的劳动（使用价值）时间，延长到以超过其必要劳动时间（弥补劳动力价值），并形成了剩余价值提供了可能（马克思，1867，pp. 201 – 224）。[①]

简言之，这一逻辑可以作如下表述：社会分工与交换的出现导致了劳动二重性和商品二因素的产生；在劳动力商品化的条件下，其价值与使用价值的不一致最终使劳动力沦为资本家生产剩余价值的工具。这一逻辑无疑是完美和无懈可击的，至少在我们今天看来依旧拥有很强的现实解释力。工资（劳动力的价值形式）与劳动贡献（劳动力的使用价值）不一致性仍旧是我国当前国有企业产权改革一系列难题的根源之所在：①如何使企业人员（工人、经理人员、技术人员等）的工资与其劳动贡献保持一致？②如何在企业剩余中区分企业各种人员的劳动贡献？③如何协调按劳分配和按要素贡献分配？这一系列问题的回答依赖于我们对所有参与企业剩余价值生产的要素（含劳动、资本和其他生产资料）的划分，也即剩余价值的分配问题。

（三）分工与剩余价值的分配

剩余价值的分配是马克思政治经济学中的核心问题。[②] 劳动力价值与使用价值的差别使企业内部分工产生了剩余价值，或者说是工人创造了剩余价值。剩余的产生必然面临着剩余的分配，那么在马克思理论中剩余价值是如何分配的呢？马克思的故事是这样讲述的，在资本主义生产方式下，资本家占有了生产资料，“较大量的生产资料积聚在单个资本家手中，是雇佣工人进行协作的物质条件”（马克思，1867，P. 367）。在资本原始积累和“羊吃人”的圈地剥夺了农民和手工业者的生产资料后，使他们沦为“自由得一无所有只剩下了劳动力”的产业工人，只有选择向资本家出卖劳动力来换取仅可以维持劳动力生产的基本生活资料。在资本主义占有律的支配下，资本家占有了资本（用以购买劳动力和生产资料），因此也决定了在最终产品独占扣除工资、要素价值等预付资本（$c+v$）之后，所有生产过程中产生的剩余价值名正言顺地被资本家独占。资本所有者占有剩余价值——这也成为

---

① 但这实际上只是必要条件，而充分条件必须回答的是为什么从劳动力价值到劳动贡献会出现增殖？其实，这一观点在上文已经引述，马克思认为“以分工为基础的协作”，通过“社会接触引起竞争心和特有的精力振奋”、“同时协同完成同一或同种工作”、“扩大劳动的空间范围”等方式，“劳动者在有计划地同别人共同工作中，摆脱了他的个人局限，并发挥出他的种属能力”。

这样，协作不仅“提高了个人生产力，而且创造了一种生产力”——简而言之，分工——协作所产生的规模报酬递增才使从劳动力价值到劳动贡献会出现增殖的充要条件。不认识到这一点，“活劳动是价值的唯一源泉”的命题则必然成为“深化劳动价值认识的根本关卡”（钱伯海，2001）。这一点感谢已故的著名经济学者钱伯海教授在全国劳动价值理论研讨会（南开大学，2001）上的重要提醒。但这一命题迄今在政治经济学教学和研究过程中仍被严重地忽视。

② 一般认为劳动力成本的补偿不应该成为问题，但在收入差距过大的社会条件下，劳动力成本无法得到必要的补偿也将成为政治经济学研究的重要内容。

马克思对微观分工理论的第三个贡献：企业内部分工产生剩余价值完全由资本所有者占有。

仔细分析这三个命题我们很容易会产生以下问题：①针对命题一，企业内部分工的逻辑在于资本对剩余价值的追求只解释了资本家推动分工产生和演进的原因，那么工人为什么要参与分工？②针对命题二和命题三，工人劳动产生了剩余价值，而资本家完全占有剩余价值，或者可以简单地说，剩余价值的创造者却不是剩余价值的所有者，贡献者与分配者完全不对称，其原因何在？

对于问题①的答案我们在命题三的讨论中已经复述了马克思的观点，工人缺乏生产资料、自由得一无所有，只能向资本家出卖劳动力换取基本的生活资料。其实这只是资本主义占有律的一个推论。对于问题②，马克思在《资本论》第三卷“分配关系和生产关系”的讨论中也分析到了，“当一方面分配关系……与之相适应的生产关系……和另一方面生产力、生产能力及其要素的发展，这二者之间的矛盾和对立扩大和加深时，就表明这样的危机时刻已经到来。这时，在生产的物质发展和它的社会形式之间就发生冲突”(1894，P. 999)。商品所有权规律转换为资本主义占有律的条件下，劳动者的分工与资本及其所有者专业化的结果却是：资本及其化身资本所有者就天然地成为了剩余价值的唯一分配者，而报酬递增的部分完全为资本所有者所占有。分工的结果却产生了分配的“冲突”——即剩余价值的贡献者和分配者不对称的问题。

（四）小结：分工的政治经济学

我们将马克思对资本主义生产方式下企业内部分工问题的讨论归纳为三个命题：

命题一　企业内部分工的逻辑在于资本对剩余价值的追求。

命题二　劳动力价值与使用价值的差别是企业内部分工产生剩余价值的原因。

命题三　企业内部分工产生的剩余价值完全由资本所有者占有。

马克思是现代市场经济的重要批判者之一，他对资本主义生产方式的批判与当时资本所有者和劳动力所有者收入差距扩大及其引致的劳动者生产条件恶化是分不开的。马克思关于资本主义收入分配的模型我们可以简单表述如下：

假设 1　生产资料 Pm 只转移价值（折旧）；

假设2 活劳动 A 是价值的唯一源泉；①

假设3 从 G 到 G' 必然出现的价值增殖。

在这三条假设下，就出现了如图1所示的剩余价值产生的流程。

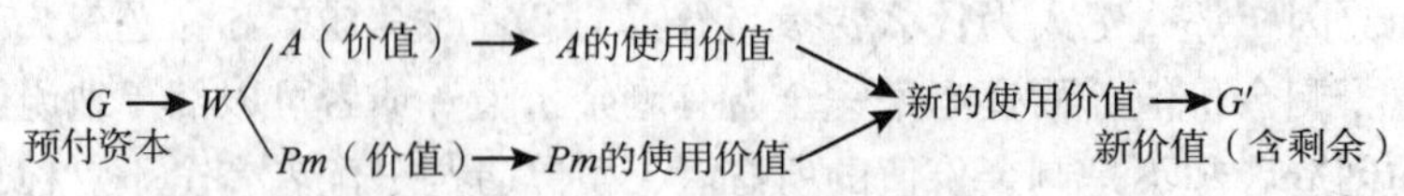

图1 剩余价值产生的流程

正如马克思所指出，“不论生产的社会形式如何，劳动者和生产资料始终是生产的因素……凡要进行生产，就必须使它们结合起来”（1885，P. 44）。劳动力和生产资料在企业内部生产中的合作是必需的，但是合作就必然面临着在最终产品对各自贡献进行分离和对最终产品 G'（新价值，特别是其中的 ΔG）进行分配的问题。但在上述三个假设下，假设本身已经替代了分析的可能，劳动者是剩余价值的创造者，但在商品所有权规律转换为资本主义占有律的条件下，资本及其化身资本所有者就天然地成为了剩余价值的唯一分配者。

因此，在马克思收入分配模型中劳工阶层（马克思，1867，P. 199）贫困化的原因即在于，资本及其专业化的资本所有者对劳工阶层剩余价值的剥夺。这种剥夺存在于劳动生产过程之中，却实现于“在流通领域或者商品交换领域的界限以内……确实是天赋人权的真正乐园。那里占统治地位的只是自由、平等、所有权和边沁”（马克思，1867，P. 199），因此马克思将收入差距问题本身已归结于市场经济的微观基础——企业生产过程之中。而这一理论支持的实践结果必然是劳动过程的参与者——“全世界无产者联合起来”暴力革命。但这一讨论遗留的问题是，即使报酬递增可以解决劳动力贡献大于劳动力价值及其活劳动是价值的唯一源泉问题，而如何从理论和实践上认识资本在分工中的作用及其分配——生产资料只转移价值（折旧）而不考虑资本时间收益的假设本身与现实的差距也是我们应该关注的理论“关卡”之一。

由于马克思收入分配模型中假设与现实的偏差，卫兴华（2000）等学者提出“分配制度的理论依据不是劳动价值理论”的观点，价值创造和价值分配应该分而治之。这一理论的提出有助于解释当前社会主义中国的多样

① 这里隐含着劳动力贡献大于劳动力价值的判断，但这里要区分的是劳动和劳动力，前者在政治经济学中是一个动词，指劳动力的使用过程；后者是生产要素概念，与资本、土地并列。但应该注意的是，报酬递增可以解决劳动力贡献大于劳动力价值及其活劳动是价值的唯一源泉问题，而如何从理论和实践上认识资本在分工中的作用及其分配——这是笔者仍然没有考虑清楚的问题之一。

性分配制度。但这一观点在理论上的重大障碍是：剩余价值的分配不再以劳动价值理论为基础——那么剩余价值理论中“活劳动是价值的唯一源泉”的理论支撑何在？更为重要的是，马克思以剩余价值的贡献者和分配者不对称论证了资本主义生产方式的不合理性，而我们却将剩余价值的生产和分配分而治之以支持我们当前分配制度的合理性。这一点至少从方法论上陷入萨伊以来的庸俗主义传统。

从思想史角度而言，理性的分工个体无法分配到自己参与生产的剩余——或者说剩余价值的贡献者和分配者不对称，这一“冲突”的产生已经标志着分工的政治经济学的诞生。而分工这一概念最终为新古典经济学所遗弃，工具（技术条件）局限有之；但更重要的是，政治经济学“分配—冲突”的矛盾理念与新古典“as－if”的合理化思路很难兼容。[①] 而“分配—冲突”这一理念，迄今仍是公共选择理论、不完全契约理论和产业组织理论等讨论的重要内容。

从现实而言，分工的政治经济学分析对讨论今天中国劳资矛盾、收入差距、政府行动等现象都有着强大的解释力和重要的实践意义。“分配—冲突”的矛盾分析方法本身可以将制度分析内生化，从而更有利于我们对制度改革和规则重建的经济学分析。或者说，当中国经济改革在从“经济增长”向“社会和谐”的调整过程中，政治经济学（可能包括马克思政治经济学、马克思主义政治经济学以及新政治经济学），必将成为解释中国改革中的重要问题及推进中国市场化改革继续进行的重要分析工具。

三、剩余与分配理论：演化与述评

收入分配问题是古典经济学和政治经济学研究的重要命题之一。但在新古典理论诞生以后，分配却在边际生产力理论的“掩饰”之下成为福利经济学的研究对象，尤其是福利经济学两大定理的出现，使分配问题一度淡出了经济学家的视角。而新制度经济学从分配的激励性功能和生产制度的结构性差异出发，把分配问题重新引入现代经济学分析。

① 其实这两种理念冲突的根源在于对自由市场经济，或者说“看不见的手”是否必然能够实现各种利益，甚至利益相悖的集团之间和谐发展这一假设的不同态度（如第二部分（一）中注释的内容）。斯密、萨伊、奥地利学派以及所谓的芝加哥学派均对这一点保持乐观；而马尔萨斯、李嘉图、马克思、凯恩斯、熊彼特及新老制度学派、公共选择学派、新政治经济学派均对这一点持批判态度；这一思想史上的分野在斯考森（2006）的著作中表现得淋漓尽致。

（一）边际生产力分配理论

随着资本主义生产力发展及发达工业化国家剩余产品的出现，新古典经济学伴随着效用和边际分析的出现从古典供给研究转向了需求研究和均衡分析。克拉克（1899）在《财富的分配》中提出了边际生产力分配理论。边际生产力分配理论认为，要素的边际产品就是要素在生产过程中所作出的贡献。假设在只有两种要素劳动和资本（L，K）的一次生产函数 $Q=f(L, K)$ 中，可得：

$$Q=\frac{\partial Q}{\partial L}L+\frac{\partial Q}{\partial K}K+\frac{\partial^2 Q}{\partial L\partial K}$$

在 $Q=f(L, K)$ 为一次线性齐次的条件下，$\frac{\partial^2 Q}{\partial L\partial K}=0$。根据欧拉定理，$\frac{\partial Q}{\partial L}$是劳动力的边际产品和贡献，$\frac{\partial Q}{\partial K}$是资本的边际产品和贡献。但问题在于，线性齐次的假设本身是对要素互补性的一种否定。或者说，线性齐次的假设否定要素互补性的存在及其报酬递增产生剩余的可能：

（1）如果线性齐次的假设成立，L 与 K 之间则存在完全替代，依据 L 与 K 之间的边际替代率（也是边际贡献率）可以计算出二者的相对价格，如此条件下劳动力取得等于其边际生产力的工资，资本取得等于其边际生产力的利润。

（2）如果线性齐次的假设成立，L 与 K 之间则存在完全替代，必然意味着 L 和 K 在给定任何一方，另外一方均存在边际报酬递减。而基于静态分析的这一结论，必然回避要素结合和劳动协作所带来的报酬递增现象，如阿尔钦和德姆塞茨（1972）所提出的团队生产问题。①

边际生产力理论的线性齐次假设在坚持要素边际报酬递减铁律的前提下，显然已经不再关注由要素结合和劳动协作所带来的报酬递增现象——因此带来的剩余更不存在于新古典经济学者的视角之中。实际上，无论是马克思的剩余价值还是新制度经济学中的剩余控制和剩余索取概念，均是基于"分工—合作"的报酬递增过程所带来的经济剩余进行的讨论。马克思将商品流通中产生的"增殖额或超过原（预付）价值的余额叫作剩余价值"（1867，P.172）。阿尔钦和德姆塞茨认为，"监督人通过他支付给投入品所有者价格，通过观察和指导这些投入品的活动或用途，减少偷懒活动，获得剩余收入"（1972，P.238）。其中，剩余价值和剩余都是最终产品对投入品

① 当然这一理论还存在诸如资本不可测度等问题，详见白暴力（2002）的深入讨论。

扣除的结果，从这一视角看，剩余价值和剩余的表述显然是一致的。[1]

因此，边际生产力分配理论和我们今天所讲的按劳分配或按要素贡献分配一样，[2] 只是一种理想状态。由于事实上很难对企业中参与分工的各个要素对合作剩余的贡献进行精确界定，按要素贡献分配在（企业）分配理论中只是一种理想的“基准”，像阿罗－德布鲁一般均衡理论在交换（市场）理论中的地位一样——成了一种标准状态。它为我们讨论问题提供了有用的“参照系”或“基准点”（许成钢，2002；钱颖一，2002）。

可以预见，如果技术条件可能，要素贡献可以精确地得到界定——那么斯密教条、萨伊定律则可能是正确的。那么，合作剩余的侵占将不复存在，“吃光弄净的资本主义”则成为最为合理的分配状态。因此，企业内分工和社会分工不存在差异——或者说企业与市场的区分将失去意义。但在现实中，精确界定要素贡献是困难甚至不可能的。[3] 在社会分工中，价值作为公度标准使得社会交换成为可能；而在企业内分工中，由于使用价值“同人取得它的使用属性所耗费的劳动的多少没有关系”（马克思，1867，P. 43），使用价值和价值的分离使得按价值分配失去了基础，而按贡献（使用价值）分配这一理想注定会被“贡献分离”这一现实的技术性命题永恒地困扰。

（二）福利经济学第二定理及其批判

福利经济学用超平面定理证明：每一种具有帕累托效率的资源配置都可以通过市场机制来实现。该定理被广泛地解释为，效率和分配可以分开处理［这也即萨缪尔森（1937）提出的分离定理的内容］。也即先将蛋糕做大再

---

① 另外一个可以说明“剩余价值”和“剩余”的继承关系的非充分的论据是哈特（O. Hart）曾对许成钢说：“因为你熟悉马克思的有关见解，我关于产权的理论对你来说也许不完全是新的。”（许成钢，2004，P. 308）应该注意的是，“剩余价值”和“剩余”二者的获取都是存在风险而非确定性的，因此事先讨论的不确定的剩余与事后讨论的确定性利润是存在差别的。并且考虑到剩余获取的不确定性（“惊险地一跳”，或者说风险性），“成本价值＋剩余＝收入”的等式可以把马克思经济学的成本价值理论与新古典体系中收入价值理论（如 Fisher 的《利息理论》中的“收入是一连串的事件”）等论述联系起来。

② 如果考虑到要素背后的所有权因素，按劳分配和按要素贡献在许多场合则是一致的，这一点感谢李远富博士的有益评论。

③ 这一点的存在也成为剩余存在的充要条件，这一观点可以溯源到张五常《佃农理论》的内容以及 Stiglitz 随后的形式化理论；但将这一思想同报酬递增联系起来并形式化仍是本文下一步进展的首要困难。

对蛋糕进行分配并不影响资源的配置效率，同样可以达到帕累托效率。[①] 而在此之后，主流经济学家们几乎放弃了对分配与效率之间关系的研究，或者他们的研究预先假设萨缪尔森“分离定理”成立（汪丁丁，2002），从而使经济学研究转化为只考虑“效率”的“约束条件下的极大化方法”。

Stiglitz（1994）指出，如果考虑到信息不完全问题，不同分配方式的不同激励会对经济效率产生巨大的影响［如张五常的佃农理论中的分成机制］；而分配制度的过度不公平则必然引致经济的低效率，林毅夫（1988，1992）对人民公社及家庭联产承包责任制的研究］。而科斯（1992）关于“生产的制度结构”的论述更明确地否认了分配制度与效率无关的假说。因为当制度条件确实发生重大变动的时候，生产或许无法达到原有制度条件下能够达到的所谓“生产可能性边界”。这一点在过渡时期的俄罗斯和东欧经济里表现得非常突出（汪丁丁，2002）。

因此，我们可以把 Stiglitz（1994）的结论理解如下：蛋糕分配不公平必然会影响到蛋糕的做大，分配制度不公平必然使一部分合作不能存在而出现非帕累托效率，使社会资源配置无法达到生产可能性边界，从而处于非帕累托最优。也即分配本身作为一种激励机制存在着反馈效应（这一命题贯穿了产业组织、委托—代理、不完全契约及机制设计等诸多新兴经济学分支的发展）。[②]

（三）新制度学派的命题转换

在马克思理论体系中，按劳分配——劳动力价值或者劳动力贡献精确界定均存在困难（谷书堂等，2003，P. 93）；而在新古典经济学中，如何从最终劳动产品及其剩余中区分劳动力要素的边际贡献也不可行。因此新制度经济学将纯粹的最终产品分配问题直接转换为“如何避免剩余分配对经济效率产生影响”这一命题。

而“如何避免剩余分配对经济效率产生影响”这一命题在新制度经济学语境下被具体化为以下两个问题：（1）为什么不是所有人参与剩余分配？

---

① 这里存在着关于福利经济学第二定理证明中效用函数的设定问题。经典证明中，假设效用函数是 $U(c)$，其中 c 是消费，这种情况下，才有可能将生产与分配分离开来，单独处理；如果效用函数是 $U[c, f(c, c')]$，其中 c' 是平均消费，$f(c, c')$ 可以是非线性函数，也可以是线性函数，这样单独处理就变得不可能。而实际情况是，效用不仅取决于自己的消费，还取决于相对消费；这一观点与森（2004）中提出的相对能力获取的收入差距度量思路是一致的。在政治经济学中劳动力的工资需求本身是一个“家族效用函数”，因此分离定理在此假设下显然已经不能成立。这一点感谢赵国昌的有益评论。

② 反馈效应的均衡存在性证明，显然必须基于修改后的效用函数重新证明。

也即剩余分享理论。其中包括 Weitzman（1980，1990）、Alchian 和 Demsetz（1972）等成果。（2）究竟应该什么要素参与剩余分配？其中包括：①最优所有权控制理论，包括 Grossman、Hart、Moore、科斯、张五常、杨小凯、黄有光、张维迎等人的成果；②人力资本产权理论，其中包括科斯、Barzel、周其仁等人的成果。

1. 为什么不是所有人参与剩余分配?

魏茨曼（Weitzman，1980）认为利润（剩余[①]）分享可以导致更高的生产率，从而解决企业中的 X 低效率问题。但魏茨曼和克鲁斯（Weitzman and Kruse，1990）已经改变了看法：随着分享利润规模的扩大，出现的“搭便车”行为会降低劳动生产率。因为利润分享造成了一个“囚徒困境”：如果每个人都更努力地工作，集体中所有成员的境况就会变得更好；但每个人都有偷懒动机时，当企业成员足够多时，一个人减少自己的努力，企业产出和个人报酬都不会受到很大影响。因此，所有人都会出现减少自己努力的倾向。

阿尔钦和德姆塞茨（1972）在考察前南斯拉夫工人合作制企业时也发现，对剩余的广泛分享会导致监督人偷懒活动的增加，由此而产生的损失会超过分享剩余的雇员减少偷懒所实现的收益。这一命题的严格证明在已故著名经济学家奥尔森“集体行动的逻辑”之下由迪克西特和奥尔森（Dixit 和 Olsen，2000）完成。他们的论文认为，当越来越多的参与者加入到谈判中时，个人越有可能扮演免费搭车者，以至于科斯式的谈判获得帕累托有效解变得不再可能。

因此，像要素贡献的分离一样，让所有要素拥有者参与剩余分配也是不可能的。但是，如果少数人参与剩余分配的话，其他人怎么办？马克思关于社会分工和企业内分工的差别已经给了我们完备的解释和启示。正如马克思的论述，在社会分工中，“以生产资料分散在许多互不依赖的商品生产者中间为前提”，每个生产单位“各自的产品都是作为商品而存在”，“以不同劳动部门的产品的买卖为媒介”，并因此而“发生联系”；而在企业内部分工中，“以生产资料集中在一个资本家手中为前提”，“局部工人不生产产品，变成商品的只是局部工人的共同产品”，“以不同的劳动力出卖给同一个资本家，而这个资本家把它们作为一个结合劳动力来使用”（马克思，1867，P. 393）。

企业为了避免对所有要素贡献的界定和所有要素所有者对剩余的索取，采取企业内部分工和社会分工的形式。将一些要素贡献的界定推给了社会分工，让市场对其定价——对企业本身而言，可以近似地认为要素的价格

① 为了综述的方便，我们在这里暂且将利润和剩余等同起来。

(价值)等于其使用价值(对合作剩余的贡献),以价格体系代替要素贡献界定。要素一旦被购买,在最终产品中则只扣除其购买价格,价值和使用价值(或者说最初所有权和现时使用权)在这里已经不再相关——要素所有者因此也失去了对剩余的索取权利。[①] 从而只剩下少数非价格要素及其所有者参与企业内部分工并对合作剩余进行分配。

2. 究竟应该什么要素参与剩余分配?

(1)最优所有权控制理论。

上一小节的结论是由于要素贡献界定的困难和剩余共享中“搭便车”问题的存在,因此导致少数人对剩余的分配,而对多数要素采取价格契约的形式避免了其对剩余的索取。这其中遗留的问题是:到底哪些要素及其所有者应该参与剩余分配而其他要素及所有者不参与呢?

阿尔钦和德姆塞茨(1972)将企业理论和企业的剩余权(或者剩余价值)联系起来。他们认为为了避免企业合作生产中的“搭便车”行为,最好的办法是有一个监督者,并让监督者拥有企业的剩余权,这样监督者就会存在激励去提高监督效率。阿尔钦和德姆塞茨提出让监督者拥有剩余权初步解决了剩余权的归属问题,但他们又遗留了一个新的问题:也即谁监督谁的问题。

杨小凯、黄有光(1995)在科斯(1937)、张五常(1983)的基础上建立起来的间接定价理论,即对工人劳动的定价(监督)难度远远低于对企业家(资本家)管理劳动的定价难度,为了避免较高的定价成本,让企业家拥有剩余索取权则是一种高交易效率的所有权结构。但一个不容忽视的事实是,在现代企业中研究与开发(简称研发)人员、管理人员、资本所有者的分离和其相对重要性估价的效果是不确定的(张维迎,1995,P.15)。因此,张维迎在批判和总结间接定价理论、不完全契约理论和委托—代理理论的基础上建立了其企业家理论。他运用了一个隐藏行为模型证明为什么委托权的资格要安排给经营成员而非生产成员,从而使代理成本最小化;他运用了一个隐藏信息模型,以资本实力显示经营能力为条件,证明了为什么作为企业家的优先权和选择管理者的权力要给予资本家,从而解释了在古典企业中企业家与资本家合二为一,即资本雇佣劳动并独占剩余这一“合理的事实”。

张维迎(1995)逻辑的漏洞之处即在于“资本实力显示经营能力”这一假设。正如他对杨小凯、黄有光(1995)的批评一样:在现代企业中研发人员、管理人员、资本所有者的分离和其相对重要性估价的效果是不确定

① 这里不应该混淆的两个事实是:要素所有者通过价格契约失去了对剩余进行分配的权利并不意味着要素的价值和使用价值之间的差别不创造剩余。

的，因此即使资本实力显示了经营能力，而这并不能说明经营能力相对于研发、销售等能力更重要，因为研发、销售等能力并不能用资本实力来显示，相对重要的比较也就不存在可能。[①] 相对于张维迎的理论，格鲁斯曼和哈特(1986)、哈特和莫尔（1990）的最优所有权理论更有说服力。最优所有权理论证明，根据不同的技术条件，在某一行业，不同所有权结构的经济效率是不同的，而最优所有权结构则是一定的，即哪种活动对结果影响更大或更难测度，则这种活动的从事者作为企业家的所有权结构会更加有效。也即让对结果影响更大或更难测度的要素所有者享有企业的剩余分配权。从一定意义上而言，格鲁斯曼—哈特—莫尔模型——也即最优所有权理论是从企业剩余控制权角度讨论现代企业内部剩余分配的最佳“基准”。

（2）人力资本产权理论。

如前所述，价格契约的存在可以避免要素所有者对剩余的索取。而劳动力或者我们今天所说的人力资本[②]——同样也被支付了价格，但这一生产要素为什么仍要讨论其对剩余的索取问题呢？这个问题的另一种表述可以是，同样作为价格契约形式的生产要素，劳动力为什么具备这种特殊性呢？马克思是首先认识到这一问题的经济学家，“劳动力的所有者要把劳动力作为商品出卖”的前提是劳动力“必须是自己劳动能力、自己人身自由的所有者”，劳动力为了保持与货币所有者平等的法律关系，“就必须始终把劳动力只出卖一定时间”，“让买者只是在一定期限内暂时支配他的劳动力，使用他的劳动力，就是说，他在让渡自己的劳动力时不放弃自己对它的所有权”（马克思，1867，pp. 190 - 191）。也即我们今天所说的人力资本与所有权不可分离。

科斯（1937）的经典论文无疑也意识到了这一点，“通过契约，生产要素为了获得一定的报酬同意在一定限度内服从企业家指挥”（1937，P. 6）。就企业契约的特点而言，“购买劳务——劳动——的情形显然比购买物品的情形具有更为重要的意义。在购买物品时，主要项目能够预先说明而其中细

---

① 张维迎的解释似乎只给古典企业中剩余价值的分配问题画上了一个圆满的句号。他突破了个人能力同质性假设，但仅仅区分了有经营能力和没有经营能力，实际企业中所需要的人力资本是多元的——经理人员、财务人员、研发人员、技术人员、采购人员、销售人员，不同行业中相对贡献重要程度并不一致。即使资本实力可以显示经营能力，而其他能力的显示怎么办，所谓的相对重要程度怎么比较？因此张维迎的理论仅在标准的古典企业理论中是正确的，或者说他给我们提供了一个分析古典企业的基本思路。

② 我们在这里讨论的是微观意义上人力资本产权的概念，而非与内生增长相关的宏观意义上的人力资本。这里需要区分的是劳动力和人力资本的概念，劳动力一般存在于马克思经济学中，与古典经济学关联的概念是成本；人力资本在新古典经济学中关联的概念是收入，二者所指均是劳动的主体。一些人将劳动力定义为简单劳动的主体，将人力资本定义为复杂劳动的主体，显然过于牵强（李忠民，1999），这一做法无法回避的问题是二者的边界难以界定。

节以后再决定的意义并不大”（科斯，1937，P. 7）。正如周其仁（1996）的解释，“恰恰是由于企业必须购买劳务，而劳务买卖‘事前只说明大概，以后决定细节’的意义特别重大，才使企业合约区别于其他市场合约”。周其仁在科斯（1937）、张五常（1983）、巴泽尔（Barzel，1977）等基础上提出了把市场里的企业看成是一个人力资本（工人的、经理的和企业家的）和非人力资本（物质要素）的特别合约。这一合约的特殊性在于其包含了人力资本的参与，由于人力资本产权与其主体的不可分性，使得合约在事前不能完全规定各要素及其所有者的权利和义务条款，总有一些要留在契约执行过程中再规定（周其仁，1996）。

从上述逻辑中我们不难得出结论，劳动力作为企业要素特殊的地方，或者说企业作为一种契约特殊的地方，在于作为“主动资本”劳动力（或者人力资本）的参与。由于劳动力的使用价值（使用权）和价值（所有权）不可分离，这样使得仅仅依靠价格支付的工资变得不太现实。一般要素，价格支付已经取得了完全的使用权，而对劳动力这一定理不再适合。由于劳动力契约“事前只说明大概，以后决定细节”的不完全性对劳动力的激励变得很是重要。正如马克思所说，“劳动力这种特殊商品的特性，使劳动力的使用价值在买者和卖者缔结契约时还没有在实际上转到买者手中”（1867，P. 197）。因此，如果仅仅向劳动力支付相当于其价值的工资，而不让这种“主动资本”分享合作剩余的话，契约的不完全性会使劳动者“关闭”自己的人力资本——人力资本以其产权的部分残缺来换取收入，因此当收入——工资给定时，人力资本存在减少“残缺”（或减少使用价值供给）的激励。人力资本这一特殊性的存在使在企业内部分工中的“剩余—激励”机制（如效率工资、持股）在企业内部分工合作过程中显得格外重要。

3. 从分配到效率：新制度学派的命题转换

新制度经济学的重要结论在于：①社会分工使得要素价值和使用价值分离是企业剩余产生的根本原因，剩余创造是由企业要素（所有者）合作的结果，因此理论上所有要素所有者都具备对剩余的索取权。②为什么不是所有剩余创造者都参与剩余分配？由于要素贡献界定的困难和剩余共享中“搭便车”问题的存在，因此只能是少数人对剩余进行分配，而对多数要素采取价格契约的形式避免了其对剩余的索取。③谁应该享有剩余？依照最优所有权理论，对结果影响更大或更难测度的要素所有者享有企业的剩余分配。④员工为什么要参与剩余分配？由于人力资本的使用权与其所有权天然地不可分离，剩余索取权的分享是为了避免其人力资本“退出”而采取的一种激励。

诚然，新制度经济学在剩余分配理论方面的拓展是影响深远的，对我们重新认识经济的组织形式和生产的制度结构提供另外新的思路和有意义的尝试。但我们必须认识到，新制度经济学派并没有提供给我们关于剩余分配的最终原则，而是采用一系列缺乏实证可能的非经济学词语——经验性知识、互补性知识、专用性、标准化等，让我们感觉上不错但操作中异常困难。更为重要的是，新制度经济学派最终放弃了剩余分配这一思路，将“如何进行剩余分配”的规范命题转换成为“如何避免剩余分配对经济效率的影响”这一命题。并且其最终结论认为：相对稀缺的要素取得剩余控制权与经济效率是激励相容的，有利于促进经济增长。

新制度学派将古典按劳分配的命题转换为“如何避免剩余分配对经济效率的影响”这一命题的重大意义在于，将这一问题的解决与新古典的要素稀缺性假设结合起来；将剩余分配问题与经济效率重新联系起来，实现了剩余分配理论与主流经济理论的对接。但这一转换的代价——承认剩余的存在，则是对福利经济学第二定理的效用函数的否定和修改。在一定程度上，使新古典体系的基本假设不再完全建立在“as - if”的理性体系上，稀缺性与其说是新古典超越古典成本价值理论的新的假设，不如说是对新古典体系一种“理性不可能”领域的补救——因为标准的现代经济学教科书中仍在理想的“吃光分尽”的资本主义与现实垄断竞争的“剩余博弈”之间摇摆不定。而实际上在经济思想史的层面，稀缺性假设并没有超越古典成本价值论的技术假设；或者说稀缺性假设和关于技术条件的假设二者之间可以替代。

（四）分工与分配：对马克思与新古典分配理论的评述

分工理论在古典经济理论中有着特殊的地位。斯密在其《国富论》开篇即提出分工是经济增长的源泉，将分工理论与经济增长直接联系起来，使这一命题成为所谓的斯密定理的核心内容之一。尤其是在杨格（1928）的论述中，更是将分工与报酬递增联系起来，从内在机制上阐明了分工拉动经济增长的宏观效应。这些理论被卡尔多（Kaldor，1972）重新发现，重新作了动态方面的拓展；Romer（1986）、Romer（1990）、杨小凯（1991）、Beker（1992）基于这一思路，在内生增长理论方面作出了重要的拓展。

如前所述，马克思也认为“以分工为基础的协作提高了个人生产力，而且创造了一种生产力”（1972，pp. 362 - 273）；但是，马克思关注的焦点并不在此。分工在宏观层面无疑会推动经济增长，或者说增长就是分工本身；但在微观层面，分工会带来剩余价值或者因为报酬递增而产生高于成本的那部分价值增量（剩余）。因此，在均衡状态下，个人对分工的参与是基于对剩余价值或剩余本身的分配。或者说，分配是分工的理性基础。但困难在于，剩余的产生本身是扣除劳动力成本和资本成本的总产品——而在总产品和劳动力成本给定的条件下，资本成本和生产剩余之间存在此消彼长的关系；在总产品和资本成本给定的条件下，劳动力成本和生产剩余之间也存在此消彼长的关系。因此，在“报酬递增——边际分离”原则不再可能的条件下，我们问题的关键在于如何对剩余进行分配，或者合理的剩余分配应该基于什么样的原则?①

在新古典报酬递减和边际均衡的体系中，这一问题是无法有效解决的。首先，在新古典均衡状态下，剩余不存在。要素边际生产力的分离在均衡状态下成为可能——竞争性市场不存在报酬递增和剩余，并且要素的边际替代性决定了要素相对价格确定的可能性。在非均衡状态下，或者说剩余的存在——无论是由于垄断、战争或政府权力的介入，甚至法律或者道德上的原因——就成为了政治经济学的任务；而时间不一致与利益不一致则成为政治经济学的两大主题，这两大主题及其组合无一例外地贯穿在古典政治经济学、马克思主义政治经济学和所谓的新政治经济学之中。

政治经济学一旦不是以市场均衡的分析为对象，就需要新的分析基准。而本文认为，基于：①劳动资本“分工—分配”的理性假设；②劳动力作为基本的分配单位对总产品进行分配；② ③资源的配置以总供给和总需求的均衡（分配效率）为基本目标，而非仅仅以生产效率——生产过程中要素边际替代的均衡为目标（这一点是由第②点决定的）。

政治经济学和新古典经济学的核心区别在于对劳动力的不同假设，③ 并因此决定了资本在两个体系中的命运根本不同。在政治经济学中，分工（Division of Labour）是劳动力的分工，决定了分配也必须以劳动力为基本单位；资本仅仅是出于延长分工链条，作为其所有者的劳动能力的显示性体现参与总产品分配——这一点与张维迎（1995）是一致的。劳动力在这里是资本的主体，资本的收入（货币资本和物质资本）和体力、脑力一样，其分配必须皈依于劳动力本身——从而保持总供给和总需求的均衡。

---

① 一般认为，成本的弥补——无论资本成本的弥补还是劳动力成本的弥补，在理论上都不成为问题。但是新古典经济学忽视了在劳动力过剩下的非均衡状态中，由于劳动力谈判能力较低而产生的劳动力成本无法弥补的状态。如在中国目前教育开支、医疗开支和住房支付迅速增长的条件下，多数农村和部分城镇、部分行业劳动力收入均无法弥补这些支出，以至于诱发许多恶性事件和社会不稳定因素；但在政治经济学层面最为重要的结果是，劳动力成本无法弥补状态的持续，及其伴随资本所有阶层无法将其获取的剩余完全消费状态的持续，引致总需求越来越小于总供给，从而导致生产能力持续并累积的过剩。因此，劳动力成本弥补显然应该成为政治经济学关注的主题之一，但这并不属于本文要讨论的范畴。

② 这一点区别于新古典经济学将劳动力仅作为与资本、土地等并列的生产要素之一，并且决定了政治经济学必须以分配视角的劳动价值理论，或者说总供给（AS）和总需求（AD）的均衡为基准。

③ 这一点感谢海闻教授在第五届中国经济学年会（厦门，2005）上对本文中部分内容的评论。作为受过标准现代经济学教育的他，根本无法接受劳动力作为分配单位这一说法，而这一点正是政治经济学与新古典经济学之间的主要分歧之一。

在新古典均衡分析中，由于各种要素的配置均衡成为一种假设，剩余已经不再可能，决定资本参与分配的逻辑和决定劳动力参与分配的逻辑一样，仅仅是出于对边际成本的一种补偿——生产效率成为最高目标（这一点也是分离定理的贡献）。劳动力的价格不再先验地取决于它的生活成本，而是劳动与资本及其各种要素之间的相对稀缺性，从而使资本的存在并不以劳动力整体福利的增加为目标。资本有了自身的利益，不论是出于效率的还是别的动机，总供给和总需求均衡的分配效率与基于要素稀缺性的生产效率开始分道扬镳。生产能力的过剩及持续累积则不可避免——从这一点或者说从劳资关系入手，我们可以重新审视中国的分配制度，并使我们从分配制度本身去讨论收入分配差距问题成为可能。

因此，我们前述文献可以总结如下：政治经济学和新古典经济学对分配问题解释的核心区别在于对劳动力的不同假设：在政治经济学中，分工是劳动力的分工，决定了分配也必须以劳动力为基本单位；而理性的分工个体无法分配到自己参与生产的剩余——或者说剩余价值的贡献者和分配者不对称则是造成收入差距的主要制度原因。在新古典经济学体系中，边际生产力分配理论否定要素互补性的存在及其报酬递增产生剩余的可能，新制度经济学用稀缺性假设解释了剩余分配及其相关的收入差距问题——这一解释也为中国主流学者所接受。在稀缺性假设下，劳动力参与分配和资本参与分配一样，仅仅是出于对要素边际生产力的一种补偿；稀缺性假设在此已回避了对分配制度讨论的可能。中国不同群体之间收入差距的扩大是由于要素相对稀缺性导致的还是分配制度本身的问题，则是本文接下来实证讨论的内容。

四、劳资关系与收入差距：一组实证

边际生产力分配理论否定要素互补性的存在及其报酬递增产生剩余的可能；福利经济学第二定理利用效用函数的独立性假设分离分配对生产的激励因素；新制度经济学质疑了前两者，但最终用稀缺性假设解释收入差距问题。如前所述，新古典经济学对收入分配差距的解释是依据要素稀缺性假设；而政治经济学对于收入分配的差距是依据劳资关系分析。这一部分通过劳资关系与要素稀缺性假设、地区收入差距、城乡收入差距以及行业收入差距等四个方面的关系的实证研究得出本文的结论。

（一）稀缺性假说的实证检验

在新制度经济学的语境之下，马克思关于劳资冲突的命题可以阐释如下：马克思时代工人处境悲惨的原因是由于“大规模的剩余劳动大军”的存在。工人过剩、资本稀缺的现实必然引致资本对工人的剩余剥削——从而符合了稀缺要素对丰裕要素剩余剥夺的新古典规则；对中国目前收入差距的解释如下：中国劳工群体（农民、民工）的低收入在于其作为劳动力要素同质性太强（稀缺性太弱，丰裕、过剩），必然面临相对稀缺要素资本的剥夺，因此收入较低，收入增长缓慢。

新制度学派仅在稀缺性假设下解释了收入差距问题，这一解释也为中国主流学界所接受。无论是张维迎关于资本雇佣劳动的现代性阐释及其所谓的企业家理论，还是关于劳动价值理论在新的历史条件下的重新讨论，劳工群体（农民、民工）的低收入现象在众多场合被解释为“存在即是合理”的先验判断。如果这一判断是合理的，那么这一判断的推论——要素相对稀缺性的变化必然引致要素相对价格的变化，初始稀缺的要素会由于投入增加而相对价格下降，本来丰裕的要素会由于可供给量的减少和边际供给成本的增加而相对价格上升；不同要素之间的价值（相对价格，或者收益率）会出现趋同。

改革开放27年来，国内资本形成保持了年均10.7%的增长速度；而新增就业人员比例，从1978～1989年一直保持在3%左右，1990～2004年间新增就业人员每年都稳定在1%左右，除1981年、1989年和1990年三个年份以外，其他年份资本形成的增长率均高于新增就业率。新增就业长期保持稳定，而资本形成在这一阶段却出现了1983～1988年、1992～1997年、2001年至今三次迅速扩张。根据我们的测算，1978～2004年，劳均资本从最初的0.034万元增加到了2004年0.792万元，增长了23.3倍。劳动与资本的相对稀缺性发生了迅速而又巨大的变化，尤其从1991年开始，这一比例迅速上升，这与我国改革开放的政策推进是分不开的。

与此同时，劳动力的相对价格并没有因为相对于资本稀缺性的变化而相应变化。从1978～2004年，资本形成在年均10.7%的增长速度下保持年均36%的收益率；[①] 新增就业人员在年均2.5%的增长速度下每年劳均收入（可以理解为劳动力每年收益增加或者价格上升）却是以平均6%的速度在增加。从1978～2004年，年资本形成规模增加了43.5倍，而劳均收入总额只增加了19.1倍。[②]（见图2、图3）

---

① 即上一年每1元投资带来当年GDP的增值，可以理解为资本的价值变动，参考陈志武（2006）的计算方法。

② 可能有人对本文关于劳动收入的测算提出质疑，但根据《中国统计年鉴（2004）》中对1978～2002年的数据，我们测算出在此期间，企业职工工资每人年均工资从1978～2004年增长了26.8倍，考虑到《中国统计年鉴》对企业职工的定义和1997年以来国有企业减员增效的明显效果（企业职工从1996年的14 845万人减少到2002年的10 558万人，而从1998～2003年年均工资增长率为15.2%），因此笔者估计应误差不大。

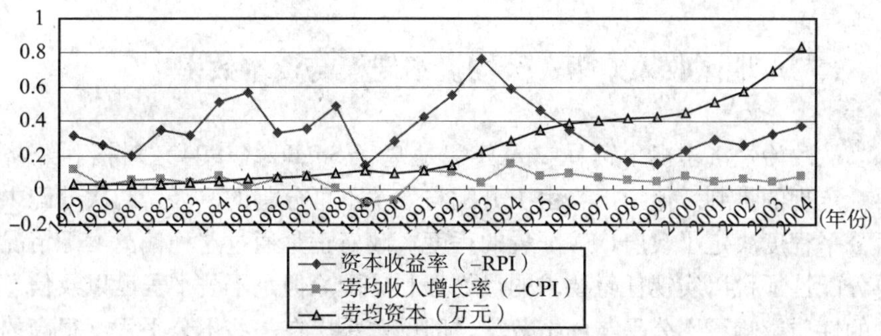

图 2　1978～2004 年中国劳均资本增长、资本收益率和劳均收入增长率[①]

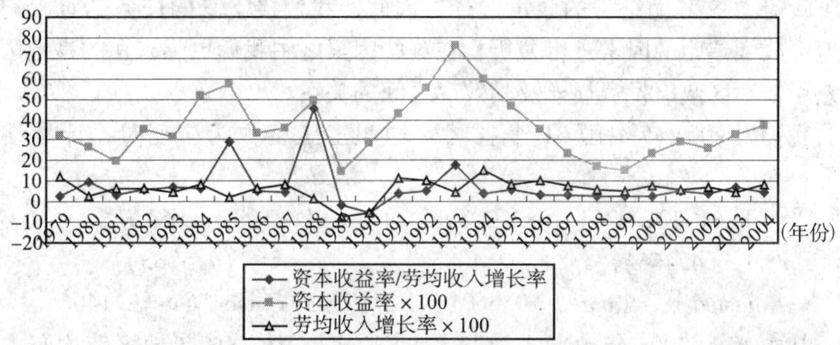

图 3　1978～2004 年资本收益率/劳均收入增长率的变化

资本积累的高速增长并没有带来资本每年收益率持续和显著的递减，新增就业人口的缓慢增长同时伴随着劳均收入的低速增长。劳动力和资本相对数量的变化并没有引起单位劳动力和单位资本相对收益率（相对价格）的趋同。[②] 从 1978～2004 年，劳均资本在迅速增加的同时，资本收益率/劳均收入增长率在 27 年的平均值为 7.04，这一比值一直随资本收益率的波动出现相应的涨落，[③] 迄今仍未表现出向 1 趋同的迹象。尤其从 1999 年以来，新一轮投资热潮的兴起又将加大资本收益率/劳均收入增长率向均衡水平的偏离，劳均收入增长率和资本收益率的差距又一次开始拉大。因此，我们得出结论，稀缺性假设并不能对理解我国目前收入差距问题提供合适的解释。

① 本图及下文中采用的数据以支出法核算国内生产总值的数据为准，来源于 2003～2005 年《中国统计年鉴》和《新中国五十年统计资料汇编》。其中资本即是每年资本形成；资本收益率为上一年资本形成所带来当年的 GDP 增加值平减商品零售价格指数；劳动者以每年就业人口为准，劳动者收入等于支出法中最终消费和净出口之和，劳均收入增长率为平减居民消费价格指数的结果。另外要说明的是，本文讨论的劳动收入是政治经济学中消费的概念（区别于资本收入），不仅仅是指《中国经济年鉴》中的企业工人工资。

② 我们用计量方法作了多种形式的检验，均未验证上述推论。

③ 但这两个变量的波动在计量上并不具有显著性。

（二）地区收入差距：劳均资本规模与资本效率

从政治经济学视角解释收入分配是基于 Stiglitz（1994）对福利经济学第二定理的批判。他指出：由于分配与效率不可分割的原因，初次分配中的不公平程度决定了政府依赖征税的程度，政府正是通过这种偏离实际情况的再分配性征税以实现任意要求的最终福利分配。但是不公平程度以及信息问题的性质影响了不公平与经济效率之间的关系。在一些不公平程度很高的情况下，它降低了经济效率。因此，有人把中国二十多年来收入差距的拉大归结于政府"效率优先"的政策选择。因此，我们接下来的任务是对影响中国地区收入差距的因素进行分析，在这些因素之中我们更感兴趣的是地区收入差距与地区政府投资规模及其效率之间的关系。

我们以 2004 年中国 31 个省区人均职工工资作为应变量，计量结果如下：

$$W = 8\,301.9264 - 582.2089K_{2003}(-1)^{*} + 1\,485.1664\,K_{2004}$$
$$(4.4664) \qquad (-2.4095) \qquad (7.5863)$$

Adjusted R - squared = 0.6601　　Durbin - Watson stat = 2.1406

其中 W 为 2004 年地区人均职工工资，K_{2003} 为 2003 年地区劳均资本形成，K_{2004} 为 2004 年地区劳均资本形成。计量表明，地区人均工资的差异在很大程度与当年劳均资本形成正相关，但与滞后一期的前一年劳均资本形成负相关，而前者在影响上远远大于后者，并且前者的显著性水平（小于1%）明显大于后者（2.3%，小于 5%①）。数据表明，我国地区工资差异在很大程度与地区劳均资本规模相关；可以推断的是，所谓的地区收入差距在很大程度表现为地区人均资本存量的差距。

我们接着讨论了地区收入水平差异与国有资本形成比重之间的关系：

$$W = 1\,542.5598K_{2004} + 12\,012.3253SW$$
$$(7.5381) \qquad (3.2035)$$

Adjusted R - squared = 0.4237　　Durbin - Watson stat = 1.4739

其中 SW 为地区国有资本在总资本形成中的比重。当单独讨论地区收入水平差异与国有资本形成比重之间的关系时，二者在统计上的相关性并不明显。但当我们控制了当年劳均资本形成这一变量的时候，地区收入水平差异与国有资本形成比重之间呈明显的正向相关。这更进一步表明，我国地区工资差异不但与地区劳均资本规模相关，更重要的是，这一差异与

① 右上标 * 表示显著性水平在 5% 上通过，右上标 ** 表示显著性水平在 10% 上通过；显著性水平在 1% 通过不注明。

地区国有资本形成占全社会资产形成比重的不同也明显相关。当然，这一结论可能与我们使用的工资水平数据采用的是统计年鉴中职工工资数据有关；① 因此我们有必要进一步就政府权力介入与收入差距之间的关系进行讨论。

由于在中国现有统计资料中，缺乏"职工"这个群体之外的收入资料。但为了研究和讨论的近一步深入，我们将地区资本效率（每1元固定资产投资能为下一年增加多少GDP）看作与地区收入变动同向的一个变量，讨论这一变量与地区GDP投资率之间的关系。一般而言，资本效率与地区GDP投资率之间应该正相关——地区资本收益率越高，本地GDP投资率越高。

但实证并不支持我们的猜测。从图4可以看出，中国各个省区资本效率与地区GDP投资率之间呈明显的负向相关——地区资本收益率越低，本地GDP投资率越高；地区资本收益率越高，本地GDP投资率越低。其计量结果如下：

$$RK = 0.8017 - 0.7736\ GDPIN$$
$$(13.6718)\ (-6.6897)$$

Adjusted R - squared = 0.5932　　Durbin - Watson stat = 2.2827

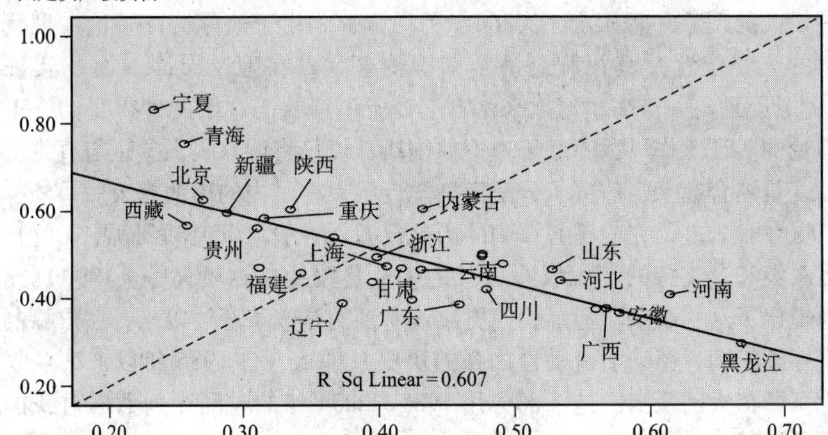

图4　2004年中国各省区GDP投资率与投资效率

说明：横坐标代表的是2003年每元固定资产投资能为2004年增加多少GDP，这是资本效率的近似估计。纵坐标是2004年固定资产投资占GDP的比重，计算方法参考了陈志武（2006）。

---

① 《中国统计年鉴》对职工的界定可见第2页注释①。其中，国有单位职工占很大比重，在2004年为61%。

其中2004年RK为地区资本收益率，$GDPIN$为2004年地区GDP投资率，二者的相关系数为-0.7789。这与陈志武（2006）的计算结果是基本一致的，而陈志武采用的数据均为各省市在1978~2003年间的平均值。并且我们从数据计算可以得出：2004年，在人均职工工资超过2万元的省份中，除广东省外，北京、天津、上海、浙江和西藏的地区资本收益率依次为27%、36.7%、40.6%、39.8%和25.95%，均低于全国平均水平41.9%；除广东省外，北京、天津、上海、浙江和西藏的GDP投资率依次为62.6%、53.9%、47.3%、49.4%和56.7%，均高于全国平均水平47.9%。其中值得关注的是，广东省由于其市场化水平最高不在此列，而相对市场化水平较高的上海和浙江与均值的离差显然要小于其他三个省份。

（三）城乡收入差距：劳均资本规模与财产分布

我国城乡收入差距显然已经成为收入分配领域内讨论的焦点，这方面的文献数量在近年来的膨胀速度是惊人的。一方面，在三种收入差距研究中，只有城乡收入数据及相关的消费指数可以直接从《中国统计年鉴》上取得，这在实证之风蔚然兴起的中国经济学界显然具备进入门槛低的天然优势；同时由于中国国民收入统计数据的局限和计算方法的简单化，这一差距实际存在被扩大的现象（程永宏，2006）。另一方面，由于边际分配理论在现代经济学的重要位置及其福利经济学知识的普及，在理论层面（而非实证层面），分配理论一个多世纪以来基本上处于停滞状态，因此使得我们许多分配理论的实证工作可以不基于理论的创新，仅仅将城乡收入差距与直觉上相关的变量结合起来，造成了分配经济学近年来在国内的虚假繁荣。

城乡收入差距在中国有深刻的历史根源。一般可以追溯到新中国的户籍制度政策和其支持的“以农补工”的工业化路线，林毅夫等（1999）比较早地提出了这一观点。但是我们更应该看到的是改革开放以来，在户籍制度政策逐渐松动、劳动力流动性加强的历史条件下，自1985年以来城乡收入差距不断扩大的现实。这一部分用1985~2004年的时间序列数据对我国城乡收入差距变动进行拟合。

我们用1985~2004年我国城乡收入差距的绝对值为应变量，计量结果如下：

$$U\_R = 0.0199 + 0.5592K + 0.1920L - 0.0893RK(-3)$$
$$(1.5738)\quad(7.3107)\quad(3.4732)\quad(-4.1799)$$

Adjusted R - squared = 0.9937　　Durbin - Watson stat = 1.6960

其中U_R是城乡收入差距的绝对值，L是劳均收入［注意，不是人均职工工资，计算方法详见第四部分（一）］，K为劳均资本规模，RK为资本收益率。实证表明，从1985年以来的城乡收入差距扩大与劳均资本规模、劳均收入变化正相关，与滞后三期的资本收益率负相关；而就业人口的变化对城乡收入差距扩大不存在明显的影响。但应该注意的是：①滞后三期的资本收益率与城乡收入差距扩大之间的负相关是微弱的；②劳均资本规模的变化是影响城乡收入差距扩大的主要变量（相关系数为0.9932）。这意味着，劳均资本规模的变化可能是我国1985年以来城乡收入差距扩大的主要影响因素。

当然，本文所采用的估算数据是间接的。但李实（2005）根据1995年和2002年财产数据调查表明：①在两次调查之间，全国财产分布的基尼系数上升了38%。②中国居民财产分布差距的明显扩大与城乡之间差距的急剧拉大密切相关。前文已述及，城乡之间的人均财产额比率从1995年的1.2∶1，扩大为2002年的3.6∶1，而同一时期城乡之间的财产差距占全国财产差距的比重从不足2%上升到37%。③在诸多影响因素中，城镇公有住房的私有化过程是城乡之间财产差距急剧扩大的部分原因。④农村的土地价值随着土地收益的下降而贬值，已对全国财产差距扩大的抵消作用变得越来越有限。这与本文的实证结论是一致的。

（四）行业收入差距：劳均资本规模与中央投资

按照森（2004）的观点，如果考虑到空间差异的因素，收入差距这个概念或许并不那么重要。因为收入1 000美元在北京和纽约获取的“能力”可能是不一样的，而在收入统计上二者不存在任何差异。因此从能力视角而言，省际收入差距和城乡收入差距在我们感觉上或许并没有理论所认为的那样重要。而空间给定的约束下，比如长期居住在某一城市，让我们每天都能感受到行业收入差距——如果说收入差距过大会带来大量社会不安定因素的话，原因也就在于此了。

关于行业收入差距的文献资源是稀缺的，尤其是在我们这个强调社会稳定的国家。数据获取的困难给这一问题的研究造成了过高的进入门槛。而行业研究方面的多数论文，只关注行业垄断对社会生产可能造成的福利损失，而行业收入差距与市场结构——垄断或者竞争之间关系的理论和实证研究在今天仍未能有效开展。但是，无论从理论还是现实意义而言，此方面研究的开展都是重要的。

本节拟从两个层面讨论行业收入差距与相关因素之间的关系：一是从国民经济中农林牧渔、采矿业、制造业、建筑业和金融业等20个分类的层面讨论；二是从采矿业中6个细分行业和制造业内部30个细分行业的层面讨论，这是因为采矿业和制造业数据的可获得性和这两个部门在国民经济中的重要地位有关。我们首先从国民经济20个分类的层面讨论，采用这20类行业2003～2004年两年的截面数据，以这期间工资的增长率为应变量，计量结果如下：

$$RW = 0.0895 + 0.1942RK$$

（7.1437）（4.5274）

Adjusted R－squared＝0.5200　　Durbin－Watson stat＝2.4990

其中*RW*为行业工资增长率，*RK*为行业劳均固定资产增长率。结果表明：行业工资增长率与行业劳均固定资产增长率正相关，相关系数为0.7393；但当我们在控制行业劳均固定资产增长率变量，试图引入行业职工人数变量时，发现二者关系并不显著。但这一结论与前面两部分的结论是一致的：行业工资的变动与行业劳均固定资产的变动是一致的。

接下来我们从采矿业中6个细分行业和制造业内部30个细分行业的层面来讨论行业收入差距问题，采用这36个行业2004年的截面数据。但由于在这一层面缺乏行业工资的具体数据，在此假设行业的收入水平应该与该行业劳均利润水平保持相关：高劳均利润的行业必然存在着高的收入水平，劳均利润率偏小的行业收入水平必然不会很高。在此假设下我们以劳均行业利润率为应变量，计量结果如下：

$$R = 23.4720CIN$$

（19.3276）

Adjusted R－squared＝0.8869　　Durbin－Watson stat＝1.8224

其中*R*为行业劳均行业利润，*CIN*为行业中央投资比重。结果表明：劳均行业利润与行业的中央投资比重明显正相关，二者相关系数高达0.9456。这一结论意味着：高劳均利润行业或者高工资水平行业一般是那些中央投资比重高的行业，高工资水平可能与行政垄断或者政府的权力介入相关。

$$R = 0.1041KS$$

（8.0968）

Adjusted R－squared＝0.5405　　Durbin－Watson stat＝1.7033

其中*R*为行业劳均行业利润，*KS*为行业人均资产规模（资本有机构成）。结果表明：劳均行业利润与行业人均资产规模明显正相关，二者相关系数高达0.7736，低于劳均行业利润与行业中央投资比重之间的相关系数。当我们控制了行业中央投资比重这一变量的时候，行业人均资产规模与行业劳均行业利润之间的系数大幅度下降。但当我们控制了行业职工这一变量时，行业人均资产规模与行业劳均行业利润之间的系数又上升为0.12，*P*值为0。

$$R = 0.1204KS - 0.0059\ N^{*}$$

（8.2414）（－2.0664）

Adjusted R－squared＝0.5798　　Durbin－Watson stat＝1.6295

在20类行业层面我们证明：行业工资的变动与行业劳均固定资产的变动是一致的。或者说，行业工资水平的增长一定程度上与行业投资的增长相关；行业工资水平就长期而言可能反映的是行业劳均固定资产存量。在36类行业层面我们的分析表明：如果接受行业的收入水平与该行业劳均利润水平相关的假设的话，与行业工资水平相关的最重要的变量应该是中央投资占该行业投资的比重，另外，行业人均资产规模对行业的收入水平也存在有限影响；但在控制行业人均资产规模的情况下，行业就业人数对行业收入水平存在微弱的负向效应（相关系数为-0.2034）。

值得关注的是，在36类行业中，劳均利润额超过2万元的有11个：石油和天然气开采业（23.36万元），黑色金属矿采选业（2.97万元），有色金属矿采选业（2.80万元），烟草制品业（18.41万元），石油加工、炼焦及核燃料加工业（4.76万元），化学原料及化学制品制造业（2.71万元），医药制造业（2.36万元），黑色金属冶炼及压延加工业（3.97万元），有色金属冶炼及压延加工业（2.40万元），交通运输设备制造业（2.36万元），通信设备、计算机及其他电子设备（2.47万元）。其中除石油和天然气开采业、烟草制品业、医药制造业、通信设备、计算机及其他电子设备制造业外，其他6个行业均与我们“导论”部分列举的过剩产业相关。

五、收入差距与中国经济改革

从前面的分析我们可以得出，当前我国收入差距拉大的问题无法归结于劳动力数量相对于资本数量的相对稀缺。改革开放27年来劳均资本迅速增加的同时并没有带来劳动力要素价格和资本要素价格（或二者相对价格）的趋同。这就意味着：①中国改革中存在着一些非市场化的力量抑制着劳工阶层收入增长，并推动着社会资本迅速积累；②改革开放27年来中国经济的高速增长是以劳工阶层收入增长缓慢为代价的，因此在中国无论地区收入差距、城乡收入差距以及行业收入差距的拉大，其背后的必然逻辑是以劳动要素收入为主群体收入增长缓慢和以资本要素收入为主群体收入迅速增长速度之间的差距。资本在区域之间、城乡之间、行业之间的不同劳均资本规模（资本有机构成）及其变动决定了区域之间、城乡之间和行业之间的收入差距及其扩大。我们的实证结论也表明了这一点。

（一）收入差距的政治经济学解释

收入差距及其拉大不是取决于我们通常所认为的资本收益率的差异，而是取决于政府主导下的资源分配。权力主导资源分配的必然结果是：①地方政府及其负责人对政绩的偏好：对资本积累和经济增长的偏好与片面追求，导致生产能力的实际增长率高于居民最终消费实际增长率，这一行为必然导致社会生产能力过剩与社会消费能力萎缩并存，引致宏观经济波动。②在国内储蓄迅速增长的同时各级政府仍大量引入国外直接投资（FDI），并且不惜以地方税收（优惠）损失、市场份额让度和净利润流出为代价，导致区域产业同质化、重复建设，扰乱正常的区域分工秩序，增加产能过剩。

对资本积累和经济增长的偏好与片面追求必然会伴随一些抑制提高劳工阶层收入提高的行为：①劳工阶层自身劳动力产权的残缺导致劳动力价值本身无法补偿。这其中包括对自由迁移权（与此伴随的是子女受教育权利）的限制、集体谈判权（与此伴随的是劳动者对工作条件、社会保障等的要求权）的缺失，甚至部分劳动者的劳动收入权也无法得到有效保障。特别是集体谈判权的缺失提高了劳工阶层的联合成本，使劳动力价值（其中包括个人生活、医疗及职业培训等支出和子女生活、教育费用等支出）无法得到应有的补偿。中国劳动争议案件数量从1997年的71 524件增加到2003年的226 391件（见《中国劳动统计年鉴》，1998～2004）即可表明这一点。②劳工阶层，特别是其中的民工和农民资产性收入无法保障。如农民对宅基地、住宅、农地的交易权残缺使所谓的“有产”无法带来持续稳定的资产性收入。

（二）扩大内需与新农村建设

林毅夫（1999）在通过分析全国及广东的家电消费水平后提出农村的耐用品消费需求尚有很大的潜力可挖，其中关键举措是加强农村基础设施建设，启动农村市场来消化这一剩余；7年之后，这一建议已被作为头条写入我国“十一五”规划之中。但是，我们应该对上述“基础设施建设—乘数效应—内需扩大”的逻辑保持应有的谨慎。我们的研究表明：中国各种收入差距存在和扩大的原因均与不同群体的人均资本存量及人均资本增长率相关；或者说人均资本存量在不同群体之间分散化可能有利于各种收入差距的缩小。从这一点而言，新农村建设可能是有效的，即政府的直接投入——无疑会增加农村的人均资本存量，延长农业生产的分工链条，增加农民群体的资本收入份额——内需增加。

首先，我们应该注意到，中国从人民公社到改革开放走的是一条从内源性积累——价格剪刀差（林毅夫，1999）到外源性积累——贸易转移（梁琦，2004）的道路，这一点在东部沿海省份表现得很明显。新农村建设可以看作是在对外贸易增长趋缓、贸易阻力增加的条件下，转变我国外向型经济增长方式，在生产剩余无法畅通地对外转移的条件下，采取内部消化的一种政策。因此新农村建设的逻辑来源于现实需要，在理论上缺乏基础。我们无法在全国性的生产能力过剩与城乡收入差距造成农村地区总需求不足之间建立必然的联系，也无法区分在目前收入差距扩大的进程中，地区收入差距、城乡收入差距和行业收入差距各自的贡献份额。我们前面的研究表明，收入差距在地区与行业之间也表现得很明显——或许我们也应该同时开始“新产业建设”——打破一些产业垄断?

其次，弗里德曼1957年的《消费函数理论》一书已经表明：政府支出通过乘数产生的杠杆作用要远远小于我们的预期，莫迪利亚尼和托宾等人后来的实证也表明，这一乘数接近于1而非我们教科书中所认为的6或7（斯考森，2006，P. 410）。

或者，我们应该从更为广阔的视角去理解中国的内需不足问题。本文的讨论表明；内需不足在形式上与国内地区收入差距、城乡收入差距和行业收入差距相关，但在这一形式背后的逻辑是劳动收益率和资本收益率之间的巨大差异。

从劳资关系视角讨论生产能力过剩问题，政治经济学早在一百多年前就论述了：

> “只把分配关系看作历史性的东西而不把生产关系看作历史性的东西的见解，一方面，只是对资产阶级经济学开始进行的，但具有局限性的批判……当一方面分配关系，因而与之相适应的生产关系的一定的历史形式，另一方面生产力，生产能力及其要素的发展，这二者之间的矛盾和对立扩大和加深时，就表明这样的危机时刻已经到来。这时，在生产的物质发展和它的社会形式之间就发生冲突。”
>
> ——《资本论》，第三卷，第999页

或许，今天的中国，也到了从分配关系视角讨论生产关系及其决定的生产力的时候了。罗莎·卢森堡在其出版于1912年的《资本积累理论》中已经提出，在扩大再生产过程中，实现剩余价值有支付能力的需求源于何处?或者说，剩余价值中除去资本家自身消费的部分外，谁去购买另一部分有待于资本化的剩余价值呢？李斌（2004）实证表明，20世纪90年代中期后，经济演进机制的运行变得紊乱，供给创造需求的能力不足。林毅夫（1999）及我国“十一五”规划将启动内需寄托在了中国广阔的农村消费市场上，除对城乡差距的先验性高估外，对目前国内市场供给自动创造需求的能力也表现得过于乐观。

（三）政治经济学与中国改革：一个补论

本文应用政治经济学——其中包括古典的政治经济学、马克思政治经济学和当代的新政治经济学的相关理论对中国的收入差距问题作出尝试性讨论和检验。很让人迷惑的是，甚至多数马克思主义学者，把马克思在一百多年前对收入差距及其分配制度的经典分析也忽视了。政治经济学在当今中国被许多人认为是仅仅属于意识形态范畴的事情，或者至少是一门与现实经济改革无关的学科。本文的分析、讨论和结论否定了这一点，本文的研究表明：政治经济学，至少是其中对分配关系与生产剩余问题的讨论，在分析当今中国收入差距问题上仍具有强大的生命力。

本文的讨论同时表明：政治经济学和市场经济建设的目标是一致的。

如果这一结论成立，那么如何理解政治经济学与新古典经济学的严重分歧呢？通过思想史的考察我们不难发现，如果我们接受自由市场经济通过“看不见的手”可以实现各种利益，甚至利益相悖的集团之间也可以和谐发展的基本假设，我们就立即失去质疑市场分配效率的理论基础；面对中国不同收入群体之间收入差距的拉大和劳资报酬的巨大差异，我们只能是保持奥地利学派应有的乐观和等待市场的自发均衡，忍受短期的痛苦和接受长期的死亡。

但事实上，“看不见的手”或许只是一种乐观的假设，或者说我们必须对这一假设保持适当的警惕。市场在长期总会趋于均衡，而在短期人们不可能有耐心去等待市场经济的自发均衡。“哲学家的工作在于怎样去解释世界，而我们的任务在于如何去改造这个世界”——因此，这些短期内改造世界的任务就成为政治经济学的使命。政治经济学在一定程度上近似于凯恩斯主义的短期理论。从这一意义上而言，政治经济学并不是新古典自由体系的批判者。

在目标上一致并不意味着政治经济学和新古典经济学完全一致。以本文讨论的内容而言：天才的分离定理与其相关的福利经济学定理在实践中造成了严重的后果。一旦生产效率和分配可以分开处理，蛋糕的做大和蛋糕的分配在实践中的关系就被逻辑所否定——对生产或者说经济增长过多地强调成为现代经济学的主流声音。生产一旦脱离分配的目标，也就离开以增进个人福利为目的的古典经济学传统，沦为只讨论资源配置的生产经济学——即使在今天我们讨论分配问题，也是因为分配已经对生产效率产生了负面影响（陆铭，2006），而非我们意识到分配本身如何重要。

对生产或者说资源配置的过分强调造成了我们意识形态领域的诸多混乱，即使不用上升到马克思主义商品拜物教、货币拜物教的高度，我们也应该意识到在当今中国改革讨论过程中共识的消解——公平还是效率？管制还是市场化？甚至在继续改革与暂缓改革之间也出现了分歧。

正如马克思在《资本论》中所强调的：

“事实上，自由王国只是在由必需和外在目的规定要做的劳动终止的地方才开始……这个领域内的自由只能是：社会化的人，联合起来的生产者，将合理地调节他们和自然之间的物质变换，把它置于他们的共同控制之下，而不让它作盲目的力量来统治自己；靠消耗最小的力量，在最无愧于和最适合于他们的人类本性的条件下来进行这种物质变换。但是不管怎样，这个领域始终是一个必然王国。在这个必然王国的彼岸，作为目的本身的人类能力的发展，真正的自由王国，就开始了。但是，这个自由王国只有建立在必然王国的基础上，才能繁荣起来。工作日的缩短是根本条件。”

——《资本论》，第三卷，第926~927页

在我们的现实中必然王国的财富增长带来的工作日的缩短并没有被全体人民分享，自由王国的消费主义和“有闲”生活也只是少数人的特权。尤其在中国经济转型的特殊环境下，“有闲”阶层由于缺乏对未来收入的确定预期而倾向于“预防性储蓄”，而对大多数以劳动要素为主要收入来源的人们而言，八小时以外和双休日边际收入的增加仍旧是他们劳动力成本弥补的必需部分——自我生存、子女养育和难以企及的自身人力资本投资。

六、结　　语

本文通过对马克思“分工—分配”的劳资关系模型在思想史中的一个回顾和评述；对新古典边际生产力分配理论、福利经济学及新制度经济学对收入分配问题的相关讨论；对不同群体收入差距在政治经济学视角下的简单实证；从政治经济学的劳资关系视角对当前中国收入分配差距提出了解释。本文的结论认为：要素稀缺性逻辑无法解释中国的收入差距问题；资本在区域之间、城乡之间、行业之间的不同分布密度（资本有机构成）及其增长速度决定了区域之间、城乡之间和行业之间的收入差距及其拉大。

政治经济学由于其对分配问题的重视和在利益冲突分析、时间一致性分析（历史主义）中的优势，将成为我们讨论分配制度改革的重要工具之一。收入分配的政治经济学分析形式化，则是一项具有挑战性的工作。另外，本文对当代政治经济学文献的回避是一种无奈的选择，德雷泽（Drazen）那本

圣经式的著作①和 Roemer 分析的马克思主义思想或许并无益于本文的形式化拓展，政治经济学必须从“分工—分配”的古典报酬递增模型出发，而背离劳动价值理论的剩余存在证明最多只能沦为新古典均衡体系的附庸。

本文的实证部分无疑是粗糙的：如何利用面板数据实证劳资收入差距的拉大与区域收入差距、城乡收入差距和行业收入差距产生的关联程度和逻辑关系，则是本文未来拓展的方向。

参考文献：

1. 安立仁：《资本驱动中国经济增长：1952～2002》，西北大学经济管理学院工作论文，2003 年。

2. 白暴力：《要素价值理论的矛盾和困境》，载《政治经济学评论》，2002 年第 1 辑。

3. 布莱尔：《所有权与控制：面向 21 世纪的公司治理探索》（中译本），中国社会科学出版社 1999 年版。

4. 陈志武：《国有制和政府管制真的能促进平衡发展吗？——收入机会的政治经济学》，载《经济观察报》2006 年 1 月 2 日。

5. 程永宏：《二元经济中城乡混合基尼系数的计算和分解》，载《经济研究》2006 年第 1 期。

6. 谷书堂等：《政治经济学（社会主义部分）》（第八版），陕西人民出版社 2003 年版。

7. 克拉克：《财富的分配》（中译本），商务印书馆 1963 年版。

8. 李斌：《投资、消费与中国经济的内生增长：古典角度的实证分析》，载《管理世界》2004 年第 9 期。

9. 李实：《中国居民财产分布不均等及其原因的经验分析》，北京天则经济研究所：http：//www. unirule. org. cn，2005.

10. 李实：《中国个人收入分配研究的回顾与展望》，载《转轨中国：审视社会公正与平等》，中国人民大学出版社 2004 年版，第 77～121 页。

11. 李实、岳希明：《中国个人收入差距的最新变化》（工作论文），中国社会科学院经济研究所，2004 年。

12. 李忠民：《人力资本——一个理论框架及其对中国一些问题的解释》，经济科学出版社 1999 年版。

13. 梁琦：《产业集聚论》，商务印书馆 2004 年版。

14. 林毅夫：《新农村运动与启动内需》，载《北京大学中国经济研究中心政策性研究简报》1999 年第 26 期（总 106 期）。

---

① 德雷泽：《宏观经济学中的政治经济学》（中译本），经济科学出版社 2003 年版。

15. 林毅夫等:《中国的奇迹:发展战略与经济改革》(增订版),上海三联书店、上海人民出版社1999年版。

16. 陆铭:《收入分配、社会结构与经济增长》,载《复旦大学就业与社会保障研究中心工作政策研究报告》2006年第43期。

17. 卢森堡:《资本积累理论》,上海三联书店1959年版。

18. 路透社:《中国电解铝等11个行业产能过剩情况一览表》,中国化工资讯网:http://www.chchin.com.cn,2006-03-28.

19. 马克思:《资本论(第一卷)》(中译本),人民出版社1975年版。

20. 马克思:《资本论(第二卷)》(中译本),人民出版社1975年版。

21. 马克思:《资本论(第三卷)》(中译本),人民出版社1975年版。

22.《马克思恩格斯全集(第26卷Ⅲ)》,人民出版社1972年版。

23.《马克思恩格斯全集(第46卷下)》,人民出版社1975年版。

24. 钱伯海:《论深化劳动价值认识的根本关卡》,载《经济学动态》2001年第9期。

25. 钱颖一:《理解现代经济学》,载《经济社会体制比较》2002年第2期。

26. 森:《能力、贫困与不平等:我们面临的挑战》,载《转轨中国:审视社会公正与平等》,中国人民大学出版社2004年版,第49~76页。

27. 斯考森:《现代经济学的历程:大思想家的生平和思想》,马春文等译,长春出版社2006年版。

28. 斯密:《国民财富的性质和原因的研究》(中译本),商务印书馆1972年版。

29. 汪丁丁:《制度分析基础——一个面向宽带网时代的讲义》,社会科学文献出版社2002年版。

30. 卫兴华:《关于深化劳动和劳动价值理论的认识问题》,载《经济学动态》2000年第12期。

31. 许成钢:《经济学、经济学家和经济学教育》,载《比较》2002年第1辑。

32. 许成钢:《许成钢自述》,载肖瑞主编《理性的激情》,中信出版社2004年版,第308页。

33. 杨小凯、张永生:《新兴古典经济学与超边际分析》(修订版),社会科学文献出版社2003年版。

34. 姚慧琴、岳永:《剩余、分配与经济组织:一个分工视角》,第五届中国经济学年会(福建·厦门大学)会议论文,2005年。

35. 岳永:《强制性制度变迁、意识形态与经济绩效——一个关于中俄改革分析的模型框架》,第三届中国新制度经济学年会(云南·丽江)会议论文，2003 年。

36. 岳永：《新古典理性体系及其公理化方法的含义》，载《西北大学 1999 级国家经济学基地优秀毕业论文集》，世界图书西安出版公司 2003 年版，第 1～15 页。

37. 张维迎：《企业的企业家——契约理论》，上海三联书店、上海人民出版社 1995 年版。

38. 张曙光：《经济学（家）如何讲公平》，载《转轨中国：审视社会公正与平等》，中国人民大学出版社 2004 年版，第 635～659 页。

39. 周其仁：《市场里的企业：一个人力资本和非人力资本的特别合约》，载《经济研究》1996 年第 6 期。

40. Alchian, A., "Uncertainty, evolution and economic theory", *Journal of Political economy*, 1950: 58, pp. 211–222.

41. Alchian, A. and Demsetz, H. "Production, Information Costs, and Economic Organization". *American Economic Review*. 1972, Vol. 62 (December): pp. 777–95.（中译文，见《企业的经济性质》，上海财经大学出版社 2000 年版）

42. Barzel, Yoram, "An Economic Analysis of Slavery", *Journal of Law & Economics*, Vol. 17 (1977), No. 1, pp. 73–96.

43. Becker and Murphy, "The Division of Labor, Coordination Costs, and Knowledge", *Quarterly Journal of Economics*, Vol. CVII, No. 4 (November 1992), pp. 1137–1160.

44. Cannan, E., *Review of Economic Theory* London: P. S. King & Son, 1929.

45. Cheung, S., "The Contractual Nature of the Firm", *Journal of Law & Economics*, 1983: 26 (1), pp. 1–21.

46. Coase, R. H., "The Nature of the Firm." *Economica*, 1937, Vol. 4 (November): 386–405.（中译文，见盛洪、陈郁译校：《论生产的制度结构》，上海三联书店 1994 年版，第 1～24 页）

47. Coase, R. H., "The Institutional Structure of Production", *American Economic Review*, 1992, Vol. 82 (4), pp. 713–719.

48. Dixit and Olson, Does Voluntary Participation Undermine the Coase Theorem? *Journal of Public Economics*, 2000 (76), pp. 309–335.

49. Friedman, M., *Essays in Positive Economics*, Chicago: University of Chicago Press, 1953.（中译文，见《弗里德曼文萃》，首都经济贸易大学出版社 2001 年版）

50. Groenewegen, P., Division of Labour, 见《新帕尔格雷夫经济学大

辞典》（第一卷），经济科学出版社1992年版。

51. Grossman, Sanford J. and O. Hart, "The Costs and Benefits of Ownership: A Theory of Vertical and Lateral Integration", *Journal of Political Economy*, 1985, Vol. 94 (August), pp. 691 – 719.

52. Hart, O. and J. Moore, "Property Rights and the Nature of the Firm", *Journal of Political Economy*, 1990, Vol. 98 (December), pp. 1119 – 1158.

53. Hart, O. and J. Moore, "On the Design of Hierarchies Coordination versus Specialization", *NBER working paper*, W7388, 1999.

54. Hayek, F., "The Use of Knowledge in Society", *American Economic Review*, 1945: 35 (September), pp. 519 – 530.

55. Kaldor, N., "The irrelevance of Equilibrium Economics" *Economic Journal*, 1972, Vol. 82, pp. 1237 – 1255.

56. Knight and Song, *The Rural-Urban Divide Economic Disparities and Interactions in China*. Oxford: Oxford University Press, 1999.

57. Lin, J. Yifu, "The Household Responsibility System in China's Agricultural Reform: A Theoretical and Empirical Study", *Economic Development and Culture Change*, 1988, Vol. 36 (3), pp. 199 – 224.

58. Lin, J. Yifu, "Rural Reforms and Agricultural Growth in China", *American Economic Review*, 1992, Vol. 82 (1), pp. 34 – 51.

59. Romer, P. M., "Endogenous Technological Change", *Journal of Political Economy*, Vol. 94, No. 5 (October 1986), pp. 1002 – 1037.

60. Romer, P. M., "Growth Based on Increasing Returns due to Specialization," *American Economic Review*, Vol. 77, No. 2, (May, 1987), pp. 56 – 62.

61. Romer, P. M., "Endogenous Technological Change", *Journal of Political Economy*, Vol. 98, No. 5 (Part 2, October 1990), pp. S71 – S102.

62. Schumpter, J. A., *History of Economic Analysis*. Oxford University Press, 1954.

63. Stiglitz, J. *Whither Socialism*? Cambridge, MA: The MIT Press, 1994. （中译本，见《社会主义向何处去》，吉林人民出版社1998年版）

64. Williamson, O. E., *The Economic Institutions of Capitalism*. New York, N. Y., The Free Press, 1985.

65. Yang and Borland, "A Microeconomic Mechanism for Economic Growth", *Journal of Political Economy*, Vol. 99, No. 3, June 1991, pp. 460 – 482.

66. Yang and Ng, "Theory of the Firm and Structure of Residual Rights", *Journal of Economic Behavior and Organization*, 1995 (26), pp. 107 – 128.

67. Young, Allyn, "Increasing Returns and Economic Progress", *Economic Journal*, Vol. 38, 1928, pp. 527 – 542. （中译文，见贾根良译：《经济社会体制比较》1998 年第 2 期）

Division of Labour, Distribution and labour-capital bargaining

——Earnings Inequality explained by political economics

Yong Yue Huiqin Yao

(Xi'an University of Finance and Economics, 710061, Northwest University, 710127)

[**Abstract**] Summarizing the distribution theory from Marx's labor-capital bargaining model, distribution theory of Marginal productivity, Second theorem of welfare economics and New Institutional Economics, the thesis will try to explain China earnings inequality in different crowds by Marx's labour-capital bargaining model.

Based on empirical research, the contributions are as follow: (1) The relative scarcity of factor failing to explain the income inequality of China completely, (2) income level between different groups being correlated with capital scale per labor.

[**Key Words**] Division of Labour Distribution Income Inequality Labour-capital Bargaining Political Economics.

JEL Classifications: B140 D310 E640

权力，权利和利益的博弈*

——中国当前城市房屋拆迁问题的法律与经济分析

冯玉军**

【摘　要】近年来，房屋拆迁问题及我国现行房屋拆迁制度的调整缺失成为社会关注的焦点问题，屡屡发生于各地的恶性房屋拆迁事件更是将这项攸关民生与民权的核心问题推向社会转型的风口浪尖。在这些房屋拆迁纠纷事件中，政府、开发商、法院、建筑公司、社会公众都卷入其中，私人权利与公共利益、个人利益与政治权力以及商业利益交织在一起，矛盾也就纠缠错结，愈演愈烈，造成社会关系的高度紧张。本文旨在从法和经济学的角度探讨现行拆迁制度的利弊得失，并结合相关典型案例对政府、开发商、被拆迁人的各自利益关系进行梳理，进而对主要由物权法、土地管理法、城市规划法、城市房地产管理法，特别是城市房屋拆迁管理条例等基本法律框架调整下的城市房屋拆迁问题进行博弈论和模式化的分析，明确总结并指出当前城市房屋拆迁纠纷的法律困境及其根源，最后在总结经验和法律比较的基础上提出完善现行房屋拆迁制度的对策建议。

【关键词】**城市房屋拆迁　法律与经济分析　对策与建议**

中图分类号：**F299.22**　文献标示码：**A**

---

* 本文系冯玉军主持2005年度国家社会科学项目《全球化背景下的东亚法治问题研究》（05BFX001）以及孙国华教授主持的2003年教育部博士点项目《法经济学基本理论及其应用研究》（03JB820003）的阶段性成果。本文初稿系笔者与李秀君深入合作研究的成果。本文修改（及作学术报告）过程中，著名法学家梁治平研究员，《洪范评论》匿名审稿人，美国纽约大学法学院Jerome A. Cohen教授，美国哥伦比亚大学法学院法律博士候选人Jason Pien，台湾“中央研究院”法学组简资修教授，台北大学法律系刘幸义教授，台北大学不动产与城乡环境学系陈明灿教授，北京航空航天大学法律系副教授任自力博士，中国人民大学法学院张志铭教授，西南政法大学付子堂教授，上海交通大学法学院童之伟教授等提出了许多有价值的评论和意见，在此一并致谢。

** 冯玉军，中国人民大学法学院副教授、硕士生导师、法学博士，美国哥伦比亚大学法学院爱德华基金项目访问学者、哈佛大学法学院访问学者。地址：中国人民大学法学院（100872）。电话：（010）82500327；E-mail：cnfyj@hotmail.com；yujunvon@gmail.com。

充满劳绩，但人诗意地，栖居在这片大地上。

［德］荷尔德林①

一、引　言

住宅是人类安身立命之本，是私人生活的载体和公民隐私权、财产权及其他权利的落脚点。人是一个领土性的动物，没有一个私人的居住空间，人就有一种漂移的感觉，找不到家园。所谓“无财产即无人格”，对住宅以及其他必需物品的占有和支配是人们社会生活的基本条件。尤其是在转型时期的中国，住房对于大部分的普通百姓来说都具有更为重要的意义，并成为民生发展的标志与民权保障的核心问题。

在经历了太久的革命、战乱以及不堪回首的短缺时代之后，每个人都企盼过上好日子，住进好房子，毕竟“安居”才能“乐业”。这样的消费需求伴随着中国社会的急速现代化、工业化和城市化，始于20世纪90年代的大规模城市扩张和旧城改造把整个中国都变成了一个“大工地”。② 但与此同时，近年来因城市房屋“拆迁”③ 而引起的各类信访、上访和起诉以及重大恶性案件也呈上升趋势。首先，城市拆迁已成为群众信访反映的一大焦点。《瞭望》杂志的调研表明：从1992年起，北京地区有关城建问题的群众上访事件迅速增加，仅1995年1～7月就有163批、3 151人次，占同一时期上访总批数、人数的46.5%和43.2%，以后年份中涉及城市房屋拆迁的信

---

① Der Mensch wohnt dichterisch auf dieser Erde. Holderlin【Germany】这个诗句引自荷尔德林后期一首以独特方式流传下来的诗歌。转引自《海德格尔选集》（上册），孙周兴译，上海三联书店1996年版。

② 2002～2004年，全国城市建设用地总面积分别为26 833平方公里、28 971.9平方公里和30 781平方公里。（数据来源：2002～2004年《国民经济和社会发展统计公报》，中国国家统计局发布）另据统计，“九五”期间（1996～2000年），全国城镇累计竣工住宅面积23.9亿平方米，人均居住面积达到20.5平方米。在住宅竣工面积中，有近一半的住宅项目是通过拆旧建新实现的。[参见建设部副部长刘志峰在2001年全国城市房屋拆迁工作会上的讲话（2001年10月16日）]。自国家宣布从1998年起在全国范围内取消住房实物分配、实行住房货币化分配后，我国住房建设以年均20%～30%的速度增长，多年来投资规模和竣工面积均居世界第一。“十五”期间（2001～2005年），全国城乡住宅竣工面积年均近13亿平方米，2005年城镇人均住房建筑面积超过26平方米。（参见新华社网：《“十五”结硕果，腾飞显辉煌》http：//news.xinhuanet.com/politics/2006-01/04/content_4007862.htm）

③ “拆迁”是转型中国社会的一个经典语汇，也是国人对“改革开放”时代最重要的历史记忆之一。原义是指政府基于公共利益或商事主体基于商业开发方面的目的，拆毁、复建城市社区的旧有建筑，同时搬迁并重新安置原房屋所有人和相关权利人的总体过程。但有趣的是，该词并没有一个非常恰当的英语表述，一般译为作“Demolition and Relocation”或者直接采用汉语拼音“Chaiqian”。

访上访事件也始终保持在较高的比例上。据建设部信访办统计，1999～2001年上半年，建设部共接待来信、来访总量为18 000多件，其中拆迁问题约占总量的18%。在集体上访中有80%是反映拆迁问题的。2002年1～8月份共受理来信4 820件（次），其中涉及拆迁问题的占28%；上访1 730批次，反映拆迁问题的占70%；在集体上访的123批次中，拆迁问题则占到83.7%。截止到2003年8月底，国家信访局接收拆迁投诉信件及拆迁户上访人数同比均增长一半左右。①其次，拆迁纠纷同时引发行政诉讼异常升温。据山东省高级人民法院行政审判庭统计，城市房屋拆迁行政诉讼案件出现逐年迅猛增长的势头，2004年增幅达60%，个别地方甚至出现数倍的增长。浙江省政法委的调查则表明，最近几年因旧城改造、拆迁安置、城市规划、城市房屋登记管理等引发的矛盾急剧增多，由此引起的"民告官"案已占全省行政诉讼案的1/4。最后，屡屡发生于各地的恶性房屋拆迁事件更是将这项攸关民生与民权的核心问题推向社会转型的风口浪尖。从南京被拆迁户翁彪、安徽农民朱正亮因拆迁纠纷而点火自焚，到湖南嘉禾强制拆迁案牵动国务院总理的亲自过问；从2000年的北京市万余被拆迁户联名提起拆迁行政诉讼事件，② 到2007年3月轰动全国的"重庆最牛钉子户"拒绝拆迁案件③。全国各地的类似重大案（事）件层出不穷，严重影响了社会的和谐稳定。可以毫不讳言地说，城市房屋拆迁已经演化成为当代中国最易激发矛盾、引起冲突的领域之一。

如此严峻的情势，对我国物权法、土地管理法，城市规划法、城市房地产管理法，特别是城市房屋拆迁管理条例（以下简称《拆迁条例》）等现行房屋拆迁法律调整制度的立法缺失及其治理手段的有效性提出了尖锐的挑战。人们不禁要问，房屋拆迁各方当事人的权利资源配置究竟谁是谁非？利益诉求究竟孰重孰轻？调控城市房屋拆迁问题的一系列法律的实际运行效果

---

① 参见建设部副部长刘志峰在全国城市房屋拆迁工作座谈会上的讲话：《城市房屋拆迁要依法进行》，《中国房地产报》2002年9月24日。国外的相关报道参见"Demolished: Forced Evictions and The Tenants' Rights Movement in China", *Human Rights Watch* March 25, 2004, Vol. 16, No. 4. "China: Forced Evictions Spur Protests-China Should Implement Constitutional Protection for Property Rights", *Human Rights Watch* March 25, 2004, Vol. 16, No. 4.

② 2000年2月，10 357名被拆迁户联名向北京市第二中级人民法院提起关于房屋拆迁安置问题的行政诉讼。这起被称为万人诉讼的著名事件，在当时几乎是家喻户晓。（参见 http://www.cin.gov.cn/indus/speech/2002091601.htm）

③ 就在2007年3月16日十届全国人大五次会议高票通过《物权法》的时候，网上流传的一条"重庆最牛钉子户"的新闻和现场图片，使政治家们和社会公众对城市房屋拆迁这一社会焦点问题的关注又平添新的担忧。一位公民在开发商不能满足己方提出的合理补偿要求之后，在周围已经挖成十多米的大深坑的时候仍然拒绝搬迁，前后达三年之久。这不仅考验了新颁《物权法》对允许强制拆迁的"公共利益"概念未予立法的"隐患"，而且为公民个人对抗财大气粗的开发商与为之撑腰的政府提供了鲜活个案（参见同期各种纸质媒体和网站新闻）。

如何？相关法律供求关系出现了何种偏差？其法律约束何以如此苍白，而优化途径究竟何在？法律权利、义务和责任资源如何优化配置才具最优效率（提出立法与法律实施的建设性方案）？这些问题均需要认真研究和回答。

在本文的研究中，笔者首先从轰动一时的湖南嘉禾强制拆迁案入手，简略介绍这起恶性案件的来龙去脉和处理结果；其次，立足法和经济学的视角，逐个推演拆迁过程中的政府、开发商、被拆迁人各相关角色的“权力—权利—利益”博弈关系，并以此为基础对城市房屋拆迁管理条例、城市规划法、土地管理法、城市房地产管理法以及物权法规制下的主体行为进行类型化研究与绩效评析，揭示出当前城市房屋恶性拆迁事件的症结所在与法律困境；最后，在对土地征用及房屋拆迁相关法律问题进行跨国比较的基础上，提出完善我国现行房屋拆迁制度的立法建议与对策。

二、恶性城市房屋拆迁案——以湖南嘉禾案为例[①]

尽管从社会关注度角度看，列举 2007 年 3 月发生的重庆“最牛钉子户”案，可能更容易激发读者对城市房屋拆迁问题的关注。然而，由于涉案当事人重庆市九龙坡区拆迁“钉子户”吴苹夫妇与开发商已在 2007 年 4 月 2 日达成和解，被拆迁人同意接受易地实物安置（在沙坪坝区置换一套商业用房），并自愿搬迁，[②] 整个事件高姿态爆发，从开发商按规划拆迁——双方不能达成拆迁安置协议——被拆迁户依法拒绝拆迁，开发商向法院起诉——法院判令被拆迁人限期搬迁——双方达成和解协议，案中政府没有主动参与、开发商积极参与谈判、法院也依照《城市房屋拆迁条例》作出合法判决，而最终各方利益均得到维护，面子均得到保全，形成表面上皆大欢喜的结果。故而使之不能成为分析当前城市房屋强制拆迁及其法律困境

---

① 有关该案案情及以下所引证的数字和事实可参见 http：//news. sina. com. cn/temp/z/hnjiahe/index. shtml 及同期《南方周末报》、《新京报》及《北京青年报》等相关报道。据粗略统计，在很短时间里集中报道“湖南嘉禾拆迁案”的媒体包括新浪、搜狐、网易、人民网、新华网、中华网、央视国际、光明网、千龙网、东方网、南方网、大众网、中国法院网、中国经济网、中安网、中国江西网、中国宁波网、深圳热线、火凤网、中华女性网、东北新闻网、红网、北国网、黄河新闻网、民商律师网、和讯网、天山网、新桂网、中国铁路法律网等数十家国内媒体，国外主要新闻社也都在同一时期发表了新闻消息或评论。这起案件在一个阶段之内成为“城市房屋强制拆迁案”的代名词。输入“湖南嘉禾案”，搜索引擎 Google 网上有 96 900 个网页查询结果。

② 参见新华网：http：//news. xinhuanet. com/fortune/2007 - 04/02/content_5926563. htm。

的典型案件。①

下面我们以更为典型的湖南嘉禾案为例，深入剖析在一起恶性的城市拆迁案件当中，各方主体之间的利益关系和相关法律问题。

【事件回顾】

“谁不顾嘉禾的面子，谁就被摘帽子”；“谁工作通不开路子，谁就要换位子”；“谁影响嘉禾一阵子，我就影响他一辈子”。

这是2003年下半年在湖南省嘉禾县珠泉商贸城开工仪式上打出的大幅标语。当时，一家名为嘉禾珠泉商贸城开发公司的企业承包了当地商贸城的建设项目，为了让工程范围内的1 100户居民迅速按照开发商给出的条件搬迁，嘉禾县政府在其中扮演了一个超乎寻常的错位角色，直接介入到居民拆迁的全过程。

8月7日，嘉禾县委、县政府联合下发136号文件，要求全县党政机关和企事业单位工作人员，做好珠泉商贸城拆迁对象中自己亲属的“四包”②工作。如果这些公职人员不能做好“四包”工作，其亲属也没有按时拆迁或拒绝在拆迁同意书上签字，他们就将遭受“暂停原单位工作，停发工资”（“两停”）的严厉处分。③

湖南嘉禾拆迁中的问题经上访群众反映后，立即引起各个社会媒体的广泛关注，最终在中央政府的干预下，建设部和湖南省专门派驻了调查组调查此事。

【调查结果】

（1）嘉禾县在未进行规划项目定点的情况下，为开发商发放《建设用地规划许可证》；

（2）先办理《建设用地批准书》，再补办土地使用权挂牌出让手续；

（3）在开发商未缴纳土地出让金的情况下，发放《国有土地使用证》；

（4）在缺乏拆迁计划、拆迁方案和拆迁补偿安置资金足额到位证明等要件的情况下，为拆迁人发放《房屋拆迁许可证》；

（5）在没有按规定程序举行听证的情况下，对11户被拆迁人下达强制拆迁执行书；

---

① 但在笔者看来，和解的结局并未从根本上给全国各地的强制拆迁找到最佳途径（《物权法》和《民事诉讼法》、《城市房屋拆迁管理条例》）之间在法律适用上的内在矛盾也严重侵损了法律的权威（另参见马锐：《最牛钉子户事件，法律成了输家》，载《南方都市报》2007年4月6日）。

② “四包”：包在规定期限内完成拆迁补偿评估工作；包签订好补偿协议；包腾房并交付各种证件；包协助做好妥善安置工作，不无理取闹、寻衅滋事，不参与集体上访和联名告状。

③ 以嘉禾县医院护士李静为例，她被要求做自己父母（被拆迁户）的搬迁动员工作，由于其父母最终没能按时拆迁，于是她被调出县医院，转到乡下某卫生所工作，当年工资停发。

（6）在项目实施过程中，县委、县政府滥用行政权力强制推进房屋拆迁，先后对11名公职人员进行了降职、调离原工作岗位到边远乡镇工作等错误处理，并错误拘捕李会明等3人。[①]

【事件处理】

湖南省委省政府召开会议认定嘉禾事件是一起滥用行政权力、违法违规、损害群众利益并造成很大负面影响的事件。今后各级领导干部要从此事件中吸取教训，要建立健全执法程序制度和执法监督制度，实行行政法责任制、评议考核制和执法过错追究制。严禁法院参加拆迁执法队。对这起事件负有直接领导责任的嘉禾县县长及县委书记均被撤职，涉案官员均受到不同程度的党纪政纪处分，湖南省检察院就此事件正式启动了刑事问责程序，同时，该县房管局也被拆迁户告上法庭，并依法进行了审理。同时，撤销对因拆迁受牵连公职人员的处分。

三、城市房屋拆迁案件中各方主体的利益分析

在这起案件中，主要有三方当事人——地方政府、开发商、被拆迁人先后出场，[②] 共同演绎了一幕当代中国城市房屋拆迁的悲喜剧，并凸显房屋拆迁问题的突出矛盾和主体间权力、权利、利益的博弈。以下我们对各方主体的预期利益及其成本考量进行简要的经验性案例分析。

（一）地方政府

1. 获取土地出让收益。

通过重新规划，改善城市面貌也许是地方政府积极推动拆迁工作的一个良好出发点，但利用拆迁将城市土地高价出让给开发商以取得丰厚收益则是隐藏在良好出发点背后一个实实在在的利益诱因。从而，政府的土地出让收益和开发商的给付报价（包括土地出让金和补偿费用）之间就建立起直接联系。[③] 在拆迁成本相对不变的情况下，开发商给被拆迁户的相关补偿费用

---

① 参见新华网：http：//www. sina. com. cn 2004年6月4日。

② 有的拆迁案件中还涉及社区人群、银行金融机构、中介组织等其他主体，此处暂从略。

③ 近年来，由于土地征售之间的价差较大，一些地方政府就在“经营城市”的口号下，依靠行政划拨和低价征地的办法，牟取高额土地出让金。据有关部门统计，近三年全国土地出让金收入累计达9 100多亿元。一些市、县、区的土地出让金收入已经占到财政收入的一半，有的作为预算外收入甚至超过同级同期的财政收入。（参见新华网北京8月5日“新华视点”报道：《土地出让金流失黑洞有多大?》http：//news. xinhuanet. com/newscenter/2004－08/05/content_1715703. htm)

越低，就越有可能给付政府更多的土地出让金（尽管开发商并不必然将剩余资金全部上缴政府，但政府也可以通过税收等其他方式获得收益）。因此，总体上看地方政府的经济立场同开发商利益正相关，并偏好与之结成利益共同体一同推进拆迁改造工作。

2. 追求政绩。

这是一种显性利益。在实现城市化、工业化、现代化的进程中，城市建设的速度日益加快，“发展是硬道理”的口号也将各级政府干部的政绩激情鼓动得空前高涨。地方官员们不管是出于为当地谋求更大公共利益，还是为了其个人的政治前途着想，都迫切需要表现其显著的工作成果。客观地讲，这种追求政绩的利益驱动，形式意义大于实质意义，其最好的实现方式之一就是大力推进看得见、摸得着、叫得响的城市开发改造工程，至于它们究竟能不能给人们带来福利反而成为第二位的考量。许多地方官员因凭借各式各样的“形象工程”和“短期行为”得到了更高的官位与福利，其中脱离实际、主观蛮干、竭泽而渔、盲目开发建设，闹得天怒人怨的大坏事更是层出不穷。嘉禾县政府打出巨幅标语声称：“谁不顾嘉禾的面子，谁就被摘帽子”；“谁工作通不开路子，谁就要换位子”；“谁影响嘉禾发展一阵子，我影响他一辈子”。对这个标语依据公共选择理论来剖析，不外乎反映了这样一个浅显的道理：政府决策者也是经济人，他有升官发财、获奖加薪、赢取政绩进而以权博利的“自利最大化”动机。该官员个人（或领导小集团）的决策收益同被拆迁户、一般群众甚至是普通公务员的权力和利益并不一致，有时还可能发生反向变化，即：官员们的个体政绩收益越多，则社会公众的收益越少，付出的成本代价越大。正所谓“一将功成万骨枯”的隽永内涵。

3. 官员“寻租”。

这通常被视为一种隐性利益。嘉禾拆迁事件发生后，有关机关调查发现，开发商（嘉禾珠泉商贸城开发公司）实际上只花了 210 万元人民币，就取得了超过 12 万平方米的国有土地使用权，相当于 1 平方米土地使用权仅付 30 元！而根据《嘉禾县基准地价及国有土地有偿使用费征收规定》，这块地每平方米价格在 900 ~ 1 500 元，等于开发商用 210 万元买到了 1 亿元的土地使用权，其中的巨大差额无疑就被官员和行贿者瓜分了。[①] 该县国土资源管理局副局长夏社民在接受中央电视台记者采访时解释说：“（双方协商期间）地价从 808 元减到了 100 元（后来实缴财政是 30 元），其差价部分让开发商用到当地居民的拆迁费用上。”[②] 这笔钱究竟去哪里了，迄今

① 参见《北京青年报》2004 年 6 月 29 日《湖南嘉禾拆迁事件》。

② 根据《新京报》2004 年 5 月 8 日的部分报道综合。

为止还都是个谜。被个别官员“设租”或者与开发商联手鲸吞无疑是最大可能。①

4. 后续管理收益。

一个城市建设项目开发建成后，不论它被用作何种经营，都必然处于政府的管理之下，政府对其都将获得长期的管理收益（包括税收、工商、技术监督、食品卫生等多种管理渠道），其下属经济管理机构都可以“利益均沾”。这就可以解释每当政府启动一个大型城市开发改造项目，就会立即动员起方方面面的行政机关及其工作人员进行拆迁“大会战”，帮开发商“扫清战场”，并给他们办理相关行政手续“大开绿灯”，而将法律程序性规定和必要的听证环节弃置一旁。

（二）开发商

现有开发商在一级市场获取土地的方式，有投标、拍卖、拆迁等。投标、拍卖都是在已确定土地中选择和竞买，拍卖一般采取“价高者得”的原则，投标则选择最合理报价者中标，一般比较公开透明（当然投标和拍卖也不排除“黑箱作业”的问题）；完全公益目的之土地靠政府划拨得到，其拆迁工作比较透明，法律依据亦较为充分。笔者此处仅限于对嘉禾案商业拆迁模式下开发商的成本效益进行分析。众所周知，开发商的目的是追求开发利润最大化，投入最小化。那么，如何实现这一目的？他们的办法主要有两点：

1. 尽可能降低土地使用权出让金和拆迁户补偿费用，同时抬高其回购价格。

我国法律（特别是《拆迁条例》）对拆迁补偿费用没有作最低价格限制，因此开发商对此就有一定的控制余地，且当然希望其支付的补偿费愈少愈好。依据《城市房地产管理法》第 15 条之规定：“土地使用者必须按照出让合同约定，支付土地使用权出让金；未按照出让合同约定支付土地使用权出让金的，土地管理部门有权解除合同，并可以请求违约赔偿。”对此企

① 据报道，安徽省前副省长王怀忠在阜阳任职期间，批条子、开协调会，直接干预大量土地批租和出让事务。国土资源部的一项调查表明，1994~2000 年，阜阳明显属于国有土地资产流失的高达 10 亿元，而这笔巨资的绝大部分又都流入了王怀忠倾心扶持的少数“老板”手中。在慕绥新担任沈阳市长时期，沈阳市土地开发出现热潮，一些开发商打着“高科技农业”的幌子，大行房地产开发之实，大量的土地被以行政划拨的名义圈走，使国家和农民遭受损失。数据显示，从 1997~2000 年间，行政划拨供地占这个城市建设供地总量的七成左右。2000 年，沈阳收回的土地出让金仅为 7 000 万元人民币，而附近一个批地量少于沈阳的中等城市同期土地出让金却达 3 亿元。（参见新华网北京 2004 年 8 月 5 日“新华视点”报道：《土地出让金流失黑洞有多大?》，http：//news. xinhuanet. com/newscenter/2004 –08/05/content_1715703. htm)

业往往通过与政府的讨价还价甚至向负责官员“行贿”而力争少缴土地出让金。此外，按现行《拆迁条例》，因房屋拆迁对被拆迁户进行货币补偿的金额，根据被拆迁房屋的区位、用途、建筑面积等因素，以房地产市场评估价格确定，其具体办法由省、自治区、直辖市人民政府制定（第24条）；此外，搬迁补助费和临时安置补助费的标准，也是由省、自治区、直辖市人民政府规定（第31条）。而根据“因地制宜”的原则，省、自治区、直辖市政府制定的拆迁“条例”或“细则”又往往再行委托下属市、县自行掌握。因此房屋评估机构及评估具体办法的决定权最终还是掌握在各地方政府手里，被拆迁户对此没有决定权或者法律上的请求权。开发商当然会把“公关”的重点放在政府一边，使其在土地出让、房屋价格评估、搬迁补助和临时安置费的成本支出都大为缩减。

在拆迁户新居回购方面，一般来说，中国城镇住宅的价格构成，是将在住宅建设开发过程中各种可能支出的直接成本加起来，再加上各种税费以及政府收益，便形成了住宅的“市场价格”。① 特别要指出的是，通常开发商计算的商品房销售价格涵盖了各类成本，其直接后果就是新开发房产价值远远大于被拆迁人获得的拆迁补偿款，并为房地产开发商任意添加住宅成本项目留下了缺口。②

下面再以经济适用住房（安居工程）的拆迁建设问题为例，作进一步的说明：我国政府推动“安居工程”的重要意图，是要解决中低收入城镇居民的住房问题，因此，开发商建造的住房理应按照成本价出售给居民。这里的成本价格包括：征地和拆迁补偿费、勘察设计和前期工程费、建筑安装工程费、住宅小区基础设施建设费、1%～3%的管理费、贷款利息和税金等因素。同时，为了降低国家安居工程住房的建设成本，政府规定：凡用于国家安居工程的建设用地，一律由城市政府按行政划拨方式供应，地方政府则相应减免有关费用。市政基础设施建设配套费用，原则上由城市政府承担；小区级非营业性配套公共建筑费用，一半由政府承担，一半计入房价。③ 据此开发商如果承建经济适用房，即可免缴或少缴一大笔费用，从而节省开发成本。但我国法律对房地产开发商在经济适用房的销售价格、销售对象等的

① 通常包括征地拆迁费、土地开发费、收益金、配套费、土地开发费、配套费（“四通一平”或“七通一平”费）、市政基础设施配套费、利息、税金、政府收益等。

② 以北京市某房地产综合开发项目住宅价格的成本构成看，包括13类共71项，分别是征地补偿费、拆迁安置补偿费、其他地上开发费、住宅建筑安装工程费、附属工程费、室外工程费、公共配套建筑、环卫绿化费、“四源”费、大市政费、营业税及城市维护建设税、管理费、利润等。其中有很多是不应列入销售价格的，例如，室外工程费、附属工程费、大市政费和“四源费”等，而仅这四项就可占去房价的30%。

③ 美国纽约公共管理研究所、中国社会科学院财贸经济研究所：《中国城镇住宅制度改革》，经济管理出版社1996年版，第50页。

监督却鲜有规定，这就容易导致开发商利用经济适用住房大搞投机以牟取暴利的现象。[①] 这些问题导致了经济适用住房常常成为开发商青睐的一块“肥肉”——利润高而限制、监督少，普通老百姓却对此望而却步的情形。

2. 避免逐户协商定价，争取政府出面强制执行。

一个商业开发区的建设，拆迁户数少则几百，多则上万，开发商从减少谈判成本计，必然希望避免和每一户被拆迁户协商补偿费用，并尽可能节约时间，而要达到这个目的，最佳的选择就是向政府支付一定的“租金”（或者向其作出某种经济承诺），“雇佣”政府出面以强力措施限期彻底完成拆迁，从而大大节省开发成本。但是这样做却是完全违法的。《拆迁条例》第10条规定：“拆迁人可以自行拆迁，也可以委托具有拆迁资格的单位实施拆迁。”但“房屋拆迁管理部门不得作为拆迁人，不得接受拆迁委托。”

（三）被拆迁户

1. 通过土地使用权转让以及房屋置换等途径获得生活福利改善，追求拆迁补偿最大化。

（1）土地使用权的补偿。俗话说：“房为地载”，公民的房屋总是建筑在一定的土地之上，但是由于宪法规定的土地公有制度，城市的土地属于国家所有，由此也决定了政府作为公有土地的代表，在政府单方决定收回土地或同意土地出让时可取得土地出让金。但根据现行《拆迁条例》，被拆迁公民享有的土地使用权取消（被征收）却无法得到土地使用权补偿，而只就其房屋拆迁获得补偿，这在法理上极不妥当。《城市房地产管理法》第19条仅仅保护了一级土地出让市场的商业开发商的补偿权，对再转让后土地使用权人的保护却是空白的。根据《城镇土地使用权出让和暂行条例》第42条之规定，以出让方式取得土地使用权的，转让房地产后，其土地使用权的使用年限为原土地使用权出让合同约定的使用年限减去原土地使用者已经使用年限后的剩余年限。如果是住宅用房，购房者从开发商处购买的房产，其土地使用权一般应为65年以上，而这一土地使用权是购买者完全承担了开发商摊入购房款中的土地出让金及各项费用后取得的，当其因政府决定被强制收回时，理应得到合理的补偿。但在实践中，开发商对被拆迁户的补偿缺省和在计列开发成本时的高估，就形成一大块高估低赔的差额利益，并被其

---

① 根据学者的研究，目前在经济适用住房的策划、分配及建设管理过程中存在如下问题：a. 经济适用住房建造的策划盲目而封闭；b. 经济适用住房分配制度不清晰；c. 经济适用住房建设的管理权过于集中，缺乏必要的监督；d. 经济适用住房管理缺少必要的立法。（参见董群忠：《经济适用住房分配与管理机制创新》，载《城乡建设》2003年第7期）

无偿取得。①

关于地价补偿标准，目前国际通行的有三类计算方式：市场价格（例如美国、英国、中国香港地区等）②、裁定价格（例如法国）、法定价格（例如韩国、瑞典等）③。我国对土地的征用是法定价格，对城市地价部分是法定价格，以裁定价格为补充。④ 以法定方式辅以裁定方式作为计算基数的地价当然低于市场交易的地价，以这种方式应用在以商业目的开发土地时不但增加了行政不当干预的可能，并使开发商获得完全的商业利润，而被拆迁人却只能得到低于市场价格的补偿，这对被拆迁人来说当然是极不公平的。

（2）房屋附属物质损失的补偿。根据《拆迁条例》的有关规定，被拆迁人可得补偿项目包括：被拆迁房屋的价值补偿、搬迁补助费、临时安置补助费，因被拆迁造成停产、停业的适当补偿。建设部关于《“房屋拆迁补偿安置费”所包含内容的复函》（建房住函字［1995］7 号，1995 年 3 月 8 日）规定：“根据国务院颁发的《城市房屋拆迁管理条例》的规定：‘房屋拆迁补偿安置费’是由拆迁人对于被拆迁人给予拆迁补偿和拆迁安置所发生的全部费用构成。既包括拆迁人在拆迁补偿中，实行产权调换形式所支付的结构差价结算费用和实际作价补偿所支付的房屋价值，也包括拆迁人在拆迁安置中所支付购建安置房费用和各种补助费用。”具体的补偿标准往往是由地方政府以规范性文件硬性规定，且都是偏低的限制性补偿，拆迁人也都直接依据各项标准制订出补偿数额，以至于拆迁补偿协议的“自愿”、“平等协商”条款大多仅具有形式意义而已。

对于非居住用房的经营损失，《拆迁条例》第 34 条规定应给予“适当”补偿（即并非是对全部损失的全部补偿）。加之《拆迁条例》同时规定省、自治区、直辖市人民政府可以根据本条例制定实施细则，而各地制定的实施细则关于经营损失的赔偿问题，从慎重出发往往又对被拆迁人规定了较为严格的举证义务，从而使被拆迁人事实上难以得到合理补偿。以《黑龙江省房屋拆迁管理条例实施细则》为例，第 16 条规定：“被拆迁房屋的评估价

---

① 土地一旦进入市场自由流转，便被雄厚的投机者所利用或操纵，他们把土地操纵在手，或达致“三通一平”后转手倒卖；或建筑高楼，抬高地价，牟取房地产暴利。其最终结果是：一面形成房地产巨商群，一面使广大消费者对其高价商品房无力问津，而仍蛰居陋室。我国目前也存在一方面商品房空置 2 400 多万余平方米，高级公寓 20 余万套；另一方面急需解决住房的城市居民却住不上新房。大量资金沉淀于房地产，制约了经济发展，究其原因是各项收费过滥，开发商利润过高。（参见沈守愚：《土地法学通论》，中国大地出版社 2002 年第 1 版，第 75 页）

② 在基于市场经济的平等对话下，被拆迁人可以与拆迁人协商要求获得实质上的同等补偿价值，如果不能达成协议，被拆迁人有权拒绝转让自己的土地使用权和房屋所有权。

③ 参见杨玲：《土地征用的法律内涵》，载《社会科学》1999 年第 9 期。

④ 以《北京市房屋拆迁评估规则》规定的计算公式为例：房屋拆迁补偿价 =（基准地价 × K = 基准房价）× 被拆迁房屋建筑面积 + 被拆迁房屋重置成本价（该公式中的 K 为容积率修正系数）。

格主要根据下列因素确定：（一）房屋的区域和位置；（二）房屋所有权证所标明的用途；（三）房屋所有权证所注明的建筑面积；（四）房屋的结构和成新。房屋所有权证未标明用途的，按照城市规划行政主管部门的批准文件确定”。该法第23条规定：“因拆迁实行房屋产权调换的非住宅房屋，造成停产、停业的，拆迁人应当根据被拆迁人或者房屋承租人上年度应纳税所得额和职工平均工资，结合过渡期限，给予一次性补偿。”根据该条例，被拆迁人如果主张经营损失，必须拿出已标明营业用途的房屋所有权证或规划部门的批件，并且是实行产权调换方式进行补偿。而事实上，黑龙江全省各县根本没有房屋用途发生改变须到产权部门办理变更登记的要求，也没有规定进行个体户经营的房屋产权人须进行规划审批的义务，甚至有的地方根本就没有受理变更房屋用途的具体产权部门。而一旦拆迁需要补偿时，被拆迁人却因此不能获得经营损失的补偿，存在显失公平的问题。

（3）因势利导，追求拆迁补偿最大化。在拆迁过程中，作为理性人的被拆迁户决不会完全“束手就擒”，他们中的很多人积极依法维权，争取以平等的地位和相对公道的价格达成拆迁协议。在出现强制拆迁的恶性后果后，也试图采取申诉、提起诉讼乃至于上访的方式保护自己的利益。实践中，一些“精明”的被拆迁人巧搭经济开发的顺风船，借房屋拆迁之机漫天要价，想尽一切办法使得现有的土地和房产拆迁评估最大化，从开发商或政府那里得到最多补偿额的现象并不鲜见。在利益的驱动下，如果没有正常的途径能实现这种超级利润，他们就会想到种种匪夷所思的方法来争取达到。其最典型的例子依然发生在湖南嘉禾县，只不过这次的博弈关系主角不是推行“四包、两停”政策的县委、县政府，而是紧急总动员同当地政府进行“四抢”博弈的嘉禾农民了。①

客观地说，部分被拆迁户借拆迁之机漫天要价、大发横财的情况在各地确实不少。② 但需要注意的是，实际得到超额安置补偿的人大多同地方政府官员或者开发商有千丝万缕的联系，真正仅以一己之力就压倒地方政府和开发商，并牟取到拆迁暴利的人终属个别。而且他们的高要价同开发商在土地

① 《经济参考报》记者在包括嘉禾县在内的一些地方调查采访时了解到，过去那种由政府主导的“强力推进”、损害群众利益的野蛮拆迁虽已淡出，但拆迁并未步入良性循环。一边是政府拆迁成本有限，一边是被拆迁户挖空心思提高价码，“拆迁博弈”往往陷入“双输”困境。嘉禾事件高潮过后的2005年，记者在长沙县目睹了农民“抢建违章新房、抢装修、抢挖鱼池、抢栽果树”，如今，在一些城乡结合部，农民“四抢”风已经泛滥成灾。“从中央到地方政府早已出台了许多拆迁法律、法规，补偿也制订了详细的标准。但一到具体实施，往往就失灵。”负责燕泉河改造拆迁的一位干部对记者说。“关键是拆迁方和被拆迁方对政策的理解不一样。被拆迁户往往断章取义，对自己有利的就坚持，对自己不利的就不承认。”（《经济参考报》2005年12月19日）

② 少数“钉子户”坚持“斗争”将面临两种可能：一是最终得到高于“顺从而不闹事”拆迁户的超额补偿安置费；二是被作为反面典型被政府强行拆迁，一无所获。

开发后的总体收益相比一般来说仍然是比较低的，故此只有把他们的实际要价同拆迁后的再购置能力横向比较才能更为客观地评价他们的拆迁要价是否超额。

2. 支付高额成本或失去应得福利，成为“新圈地运动”的牺牲品。

按理说，居民条件较差的旧房搬迁到条件改善了的新房，经营户从原来设施不完备或条件很差的商铺搬迁到规划良好的新商铺，其总体福利会得到较大改善，我们也应该承认大多数旧城改造和城市建设项目的确合乎老百姓的有效需求，会给人们带来福祉，故国人常谓之“乔迁之喜”。但这只是一般意义而言的。事实上，相对于政府和开发商的强势地位，被拆迁人无疑处于一种弱势地位。如果拆迁行为本身欠缺平等协商之基础，补偿又显失公平的话，则乔迁未必有喜。更何况具体到每一个拆迁户，其离开原有房屋付出的成本是多方面的。他们不但失去了房屋本身，更有附着于房屋所在地的各种无形损失，诸如生活来源转移或者中断，交通、就医、入学不便以及总体生活成本增加等一系列问题，如若拆迁后补偿不到位更可能造成被拆迁人财产权益的减损，这无疑是雪上加霜，导致原住户生活质量的下降，居民群体日益“边缘化”和“贫困化”。

目前发生在中国许多城市的这种恶性拆迁和农民失地的情形被有的学者称之为“新圈地运动”。具体到嘉禾拆迁事件中，被拆迁人被迫付出的成本中甚至包括了公务员职位和社会关系等。一个居民对拆迁工作配合与否与其亲属的政治前途、工资奖金捆绑在一起，媒体报道为“株连九族”和“拆迁工作的‘人质化’操作”。更有甚者，连婚姻也成为拆迁事件的牺牲品。[①] 显然，利益驱动增加了拆迁过程的强制性和随意性，而这又不可避免地成为激发居民与开发商以及当地政府之间矛盾的重要诱因。在一些地区，没有任何商量余地甚至伴随着暴力的“强制拆迁”正在大行其道，原本充裕的补偿费用被层层截留和挪用的现象更是屡见不鲜。在目前的社会环境下，与实力雄厚的政府和开发商相比，被拆迁户无疑是绝对的弱势群体，他们还缺乏维护自身合法权益的充分、有效的渠道和途径，被动拆迁是最多的选择。

---

① 湖南嘉禾案涉及补拆迁居民 1 100 多户，公职人员 160 人受到株连，至少已有 6 ~ 7 名公职人员因为其家属对拆迁提出质疑或拒绝在拆迁同意书上签字而被调离工作岗位。原县医院护士李静 2003 年 9 月 29 日收到“四包”责任工作通知书，10 月份即被停薪停职，她的丈夫也一而再、再而三地收到了同样由嘉禾县人事局下发的“急难重工作任务通知书”，和“限期完成任务督办卡”。李红梅、李小春姐妹俩同日离婚，更有甚者，有 3 名被拆迁户被逮捕，丧失了人身自由，不久前才被释放。

（四）其他相关机构和人群

实践中，商业银行往往是房屋拆迁关系中的关键第四方，这主要体现在政府部门和大多数开发商都事先与银行签署协议，委托银行统一提供拆迁补偿的收付工作。此外，被拆迁者的亲属则可归并到被拆迁人一起，公证处、拍卖行、律师事务所、会计师事务所、保安公司等中介机构也将以不同方式参与到拆迁安置的博弈关系当中。在此基于分析的便利，不予考虑。

四、《拆迁条例》调整下主体行为的博弈分析及其法律困境

综上所述，基于现有法律框架和拆迁实践，我们归纳嘉禾案当中各方当事人（政府、开发商、被拆迁人）的利益取向和法律规则引导下的行为，概括出非常态（恶性）和常态（良性）两类房屋拆迁关系模式，从中可以直观地标明拆迁法律关系的实际状况。

（一）两类拆迁关系模式

1. 非常态的（恶性）拆迁关系模式。

如图 1 所示：

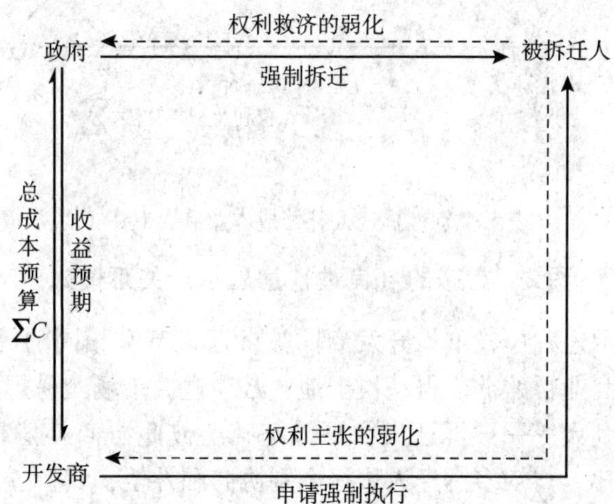

图中：$\sum C$ 表示全部被拆迁人补偿成本总和，其中 C 表示成本。

图 1　非常态的（恶性）拆迁关系模式

在图1所示这种非常态的拆迁关系模式中，政府与企业结为利益共同体，而被拆迁人则成为处于行政与民事双重力量压迫下的相对方。开发商此时更像是一个幕后的隐身人，它将上述分割成 N 份的拆迁补偿成本加合为一份总成本支出 $\sum C$，交给政府，再由政府直接面对被拆迁人，收回被拆迁人的土地使用权，界定补偿标准，限定拆迁期限，并通过公权力介入拆迁纠纷，从而圈锁住被拆迁人的民事法律权利（如知情权、索偿权、救济权等），实现其成本收益最优化。而政府则不经被拆迁人的同意，以国家土地所有人的身份单方收回其土地使用权，再高价转让给开发商，获得高额土地出让金，待开发全部完成后又按商业用地逐年收取税费，其政绩卓著，效益亦佳。这种结果对于政府①和开发商来说，实在是个“双赢”的选择。但对于被拆迁人来说呢？在公益性质的拆迁项目当中，无法对抗政府的强制拆迁，申请行政权力救济难度大；在私益性质的拆迁项目当中，又遭遇开发商向政府申请的强制执行，申诉权力相应弱化，总体诉讼权力不对称，使之陷入“失法”而无助的境地。

2. 常态的（良性）房屋拆迁关系模式。

如图2所示：

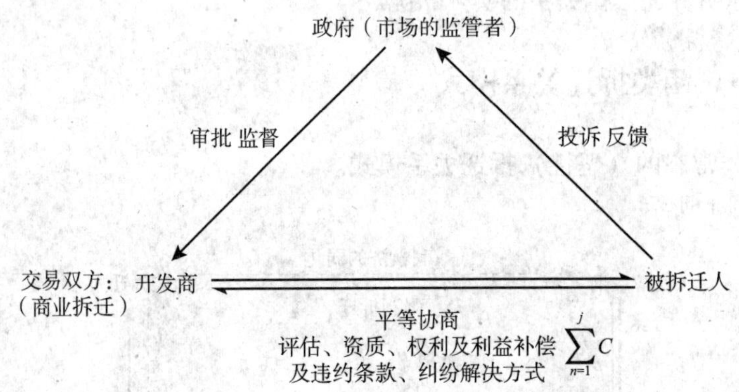

图中：$\sum_{n=1}^{j} C$ 表示个别被拆迁人补偿成本总和，其中 C 表示成本。

图2　常态的（良性）房屋拆迁关系模式

在图2所示这种模式下，开发商同被拆迁人享有相同的民事法律地位。开发商基于其商业目的欲取得一块土地，必须遵循市场交易规则，与这块土地上的实际权利人——被拆迁人在平等基础上彼此协商补偿事宜（开发商要遵循价值规律，与众多拆迁人进行个别协商和补偿，其拆迁预算应按被拆迁户数不同分割成若干份），其协商补偿的项目、数额、计算标准也应由双

① 这里实际存在地方政府和政府官员个人的双重利益。

方共同确定，被拆迁人不仅可以就房屋、土地使用权等现实价值求偿，还可就预期收益甚至教育、工作等附属利益求偿。这样，被拆迁人就放弃权利将得到何种补偿拥有了与开发商平等协商的基础之后，拆迁双方达成的协议才具有民事协议的性质，并对双方均具有约束力，如任何一方不履行，都能通过申诉和民事诉讼等途径合法解决，而非动辄由政府介入强制执行。与此同时，政府不直接控制和干预拆迁行为的发起、实施，也不将自身的意图（无论公私）掺杂到拆迁过程之中，主要担当拆迁过程的监督者和中立裁决者的角色，并具体负责拆迁规划的审批，以及建设资质、环评报告、资金到位率等事项的审核与监督。

（二）当前城市房屋拆迁纠纷的法律困境

造成当前一系列房屋拆迁恶性事件和无序状态（非常态拆迁模式）的因素很多，我们大体概括为以下几个方面的法律困境：

1. 处于弥补历史旧账阶段的深层体制矛盾。

应该说，当代中国的房屋拆迁是改革开放后城市迅猛发展的必然现象，有其突出的历史原因和现实意义。① 从计划经济向市场体制转型期，进行大规模的房屋拆迁势必引发多元主体的巨大利益冲突，导致各种各样的行为“失范”和纠纷事件，这种体制性的矛盾原本不足为奇。但是人们也许会问：计划经济条件下也有房屋拆迁活动，但却为何没有酿成突出的社会问题（也许当时亦有不少房屋拆迁冲突，但其后果似乎也不十分严重）？笔者以为，其原因在于：计划经济下的利益往往是一元的，即个人利益和国家利益、社会利益高度一致，即使有个别的利益冲突，解决机制也是一元的，即用政治（行政）手段一刀切地解决。并且那时个人不仅没有土地所有权，也没有房屋所有权，个人的住宅利益、医疗、教育等方方面面的待遇都和单位紧密联系在一起，其个人价值和个人利益难以凸显，政府提出要求——单位同意——个人主动无条件拆迁，遂成为基本模式。但在市场经济条件下，各阶级、阶层和个人的利益多元，利益冲突的解决机制也相应多元化了，而拆迁又不限公益目的和私益目的，当计划经济下“管制”经济的政府权力

① 通过房屋拆迁，可以实现城市土地和房产资源的优化配置，提高居民居住水平，改善居住环境，加快城市基础设施建设和旧城改造步伐，完善城市功能，促进经济发展。2004 年 2 月 11 日《北京晚报》报道：据有关部门统计，十几年来，北京市共拆除住宅房屋 1 700 多万平方米，涉及居民 150 万人。通过房屋拆迁，约有 50 万户居民告别了危旧房，迁入新居，大大地改善了居住条件和居住环境。据《天津日报》2003 年 11 月 13 日报道：天津市破旧房屋拆迁大幅度增长，2003 年全市拆迁各类房屋超过 400 万平方米，天津已成为中国住宅交易会推荐最具发展潜力六大城市之一。（参见 http：//www. jinwei. com. cn/show/meyon/news04. html 等）

和房地产开发商利益纠结在一起，并且利用行政资源以实现商事主体单方面的商业价值就必然导致被拆迁人的对抗，进而对其行政行为的公正性提出质疑。一旦前述“利益再分配”行为普遍化、经常化之时，对抗与质疑也就发展成为被拆迁人群体的常态认识，从而出现了大规模群众申诉和抗议行动。

2. 物权保护制度缺位，土地使用权和房屋所有权规范缺乏协调。

《中华人民共和国宪法》规定：“城市的土地属于国家所有……农村和城市郊区的土地，除由法律规定属于国家所有的以外，属于集体所有”（第10条）；“公民的合法的私有财产不受侵犯”；“国家依照法律规定保护公民的私有财产权和继承权”（第13条）；“国家为了公共利益的需要，可以依照法律规定对公民的私有财产实行征收或者征用并给予补偿”；“国家为了公共利益的需要，可以依照法律规定对土地实行征收或者征用并给予补偿”（第10条第三款）。以上宪法规定表明，中国实行土地公有制度（或称土地市场的政府垄断模式），国家享有房屋赖以建筑存在的土地所有权，同时也承认公民个人、法人或其他组织自有房屋的所用权和土地的使用权。但是俗话说“房为地载”，这两类权利在一个物上同时并存的结果，就使得被拆迁人所拥有的房屋所有权实际上成为一种脆弱的、轻易就会受到国家权力侵犯的权利。即：即使与被拆迁户没能达成拆迁协议，若开发商通过国有土地所有权出让或土地二级市场转让得到土地使用权，他就可以“合法”地展开拆迁工作，而无视被拆迁人的房屋所有权。

3. 开发商与被拆迁人主体法律地位不平等。

保证拆迁补偿公平合理的前提是要保证拆迁人与被拆迁人的法律地位平等。《拆迁条例》国务院最早于1991年公布，2001年6月6日修订，2001年11月1日起施行。应该说，修订后的条例更注重了对被拆迁人的保护，比如该法明确列举了拆迁人申领拆迁许可证的条件；规定房屋拆迁管理部门不得作为拆迁人，不得接受拆迁委托；延长了对裁决不服的起诉期限；将原条例的“拆除非住宅房屋造成停产、停业引起经济损失的，可以由拆迁人付给适当补偿。”改为“因拆迁非住宅房屋造成停产、停业的，拆迁人应当给予适当补偿”，等等，其目的就是为了防止拆迁主体不平等。然而，2001年《拆迁条例》规定的法定拆迁事由是“为了加强对城市房屋拆迁的管理，维护拆迁当事人的合法权益，保证建设项目顺利进行”。这与2004年宪法修正案关于“公民合法的私有财产，非为公共利益并给予补偿不得予以征收”的原则精神相违背，而且人为地使土地一级市场的开发商得到高于普通居民的法律保护。特别值得一提的是，开发商似乎总是可以在《拆迁条例》中为自己的不当行为找到充分根据。比如总成本支出，根据《拆迁条例》，开发商应该把拆迁资金交由管理部门监督而不是直接支付给补拆迁人，这个规定在实践中却往往没有做到。另外，为保证拆迁如期完成，开发商或者根据已有的拆迁安置协议申请法院或仲裁机构执行，或者由政府出面强制执行。但在强制执行之后，不论被拆迁方对上述种种裁决有何异议，即使强制拆迁的裁决后来被认定是错的，被拆的房屋都不可能再复原。从博弈角度分析，对于开发商而言，拆还是不拆说到底都只是房屋价值的补偿而已，并没有更多的成本增加。因此，其最佳选择就是不论法院或仲裁机构的裁决结果如何，都先拆掉房屋。这也反映出在非常态的强制拆迁案件中，为何在看似有许多法规保护弱者权利的情况下，被拆迁户权益反而更容易遭受侵犯的根本原因。

4. 行政权力过度介入，行政许可、裁决及执行的角色重叠，缺乏行政行为的监督机制，减损了行政机关的公信力。

《拆迁条例》中赋予的政府权力过大，监督条款却付之阙如。该法规涉及政府职能的主要有第5、6、7、9、16、29条以及第34~38条，其中第34~37条是规定政府对其他拆迁主体的违法监督的。唯一规定政府责任的条款（第38条），也是概括性的，缺乏现实约束力。与此相反，该法规赋予政府的权力却相当大。例如，管理部门有权决定是否允许拆迁，一旦批准某块地的拆迁，就意味着这片土地的使用权已被收回，被拆迁人在前提上就已经失去和开发商讨价还价的余地（见第5、6条）。再如第16条："拆迁人与被拆迁人或者拆迁人、被拆迁人与房屋承租人达不成拆迁补偿安置协议的，经当事人申请，由房屋拆迁管理部门裁决。房屋拆迁管理部门是被拆迁人的，由同级人民政府裁决。裁决应当自收到申请之日起30日内作出。当事人对裁决不服的，可以自裁决书送达之日起3个月内向人民法院起诉。拆迁人依照本条例规定已对被拆迁人给予货币补偿或者提供拆迁安置用房、周转用房的，诉讼期间不停止拆迁的执行。"第17条："被拆迁人或者房屋承租人在裁决规定的搬迁期限内未搬迁的，由房屋所在地的市、县人民政府责成有关部门强制拆迁，或者由房屋拆迁管理部门依法申请人民法院强制拆迁。"根据这两条之规定，政府部门可以直接干涉拆迁纠纷，决定拆迁补偿的合理与否，并主宰了被拆迁房屋的存续命运。而有关房产价格的评估条款以及搬迁补偿等项由地方立法机构规定的条款也等于明文限定了补偿的项目和数额，从而使拆迁补偿协议往往徒具民事协议之名而无平等协商之实。

在中国现行的房屋拆迁的制度框架中，拆迁行为取得合法性的前提是取得房屋拆迁许可证。房屋拆迁许可制度本质上是一种行政强制处分。在房屋拆迁中，政府既是是否给予房屋拆迁许可的初始界定者，同时也是判定该拆迁是否为合理拆迁的裁判者。政府一身兼具运动员和裁判员的双重身份，政府垄断运营体各环节职权不清，缺乏彼此的制约和监督，削弱了权力资源的供给价值，这将严重影响其行政行为的公正性和被拆迁人对其行政行为的公平性的信任。只要是各级政府规划建设（开发）项目的需要，就可以直接进行房屋拆迁，而没有法定约束条件，其不合理性不言自明。《拆迁条例》虽然对行政裁决和强制拆迁都作了明确规定，其目的无疑是为了保证拆迁工作顺利进行和被拆迁人的合法权益不受损害。但在有些地区，不经拆迁当事人申请，拆迁管理部门就下达行政裁决。他们错误地认为，拆迁裁决可以不受条件和时间限制，只要拆不动就可以行政裁决。有的地区强制拆迁存在不分条件、不讲形式、不按程序而盲目强拆、粗暴强迁的现象。实践中还存在着由于公示、公众参与机制的欠缺导致被拆迁人权益保护的预防能力的弱化，在拆迁人与被拆迁人之间没有形成合理的对抗状态，还没有完善的对行政行为的监督机制，等等。目前城市中大量的商业性拆迁，其目的就是为了营利。根据法律规定，商业性拆迁中政府只能进行行政许可、行政裁决，而不能代拆迁人进行拆迁。然而，多数拆迁案件中，地方政府不仅通过打招呼、发文件等形式对拆迁活动进行干预，甚至还主动派出执法人员直接进行参与，实质性地介入了拆迁活动，这就导致行政资源的非有效供给和信用减损。

5. 民事救济手段得不到国家公权力的支持，难以有效维权。

按照一般法学理论，房屋拆迁过程中存在的法律关系主要应包括行政法律关系和民事法律关系两种。前者包括：拆迁许可决定形成的行政机关与申请许可人之间的关系；行政裁决形成的裁决机关与申请人、被申请人之间的法律关系；强制拆迁及拆迁中的行政责任。后者包括：拆迁人与被拆迁人协商拆迁补偿，签订拆迁补偿协议的合同关系；被拆迁人不同意拆迁方案达不成拆迁协议向法院提起民事诉讼；拆迁人拆迁中侵犯被拆迁人合法权益的侵权法律关系。但根据《最高人民法院关于当事人达不成拆迁补偿安置协议就补偿安置协议提起民事诉讼应否受理问题的批复》（2005 年 7 月 4 日最高人民法院审判委员会第 1 358 次会议通过，法释［2005］9 号）。其中规定："拆迁人与被拆迁人或者拆迁人、被拆迁人与房屋承租人达不成补偿安置协议，就补偿争议向人民法院提起民事诉讼的，人民法院不予受理，并告知当事人可以按照《城市房屋拆迁条例》第 16 条的规定向有关部门申请裁决。"这项规定诚然有减少法院诉讼压力的实际考虑，但它堵死了拆迁当事人的司法救济渠道却也是不争的事实。[①] 正如有学者指出的那样，在

① 根据《城市房屋拆迁管理条例》第 16 条"拆迁人与被拆迁人或者拆迁人、被拆迁人与房屋承租人达不成拆迁补偿安置协议的，经当事人申请，由房屋拆迁管理部门裁决。如果当事人对裁决不服的，可以自裁决书送达之日起 3 个月内向人民法院起诉。"很明显，此次司法解释实质性地改变了由国务院制定的《拆迁条例》先由行政部门裁决，然后再由司法机关裁决的立法模式。

我国，房屋拆迁往往是由政府部门作出决定，然后再由拆迁人付诸实施。在有些城市，房屋拆迁人就是政府的所属部门，拆迁人同时还是拆迁之后土地的开发人。这种自定规则、自己执行和受益的行为，不符合现代行政规则。一些地方政府通过操纵房屋拆迁，降低开发成本，经营城市，获取财政收入。在这种情况下，怎么能够要求被拆迁人寻求行政渠道解决纠纷呢？①

另外，如前所述，被拆迁方一般不会倾向于选择非常态的拆迁模式。但在土地已被征用、房屋拆迁势不可挡的情况下，他们唯一希望的是有周全公平的拆迁法规（及程序规定）来规范开发商行为，保护其合法权益。然而就现实法律供求关系看，被拆迁人尽管有对拆迁法规的消费需求，却无实际的消费能力。以《湖南省实施〈城市房屋拆迁管理条例〉办法》（简称《湖南条例》）为例。首先，在房屋的评估方面，《湖南条例》第13条规定："……评估结果应当在一定范围内向公众公布，接受监督。拆迁人和被拆迁人有权要求评估中介机构就评估报告书作出说明。"这里既没规定评估结果的公布时间，也未明确就在何种范围内作出公布，在各方提出说明的要求时评估机构以何种形式作出说明，如不说明谁来监督？被拆迁人不同意该项说明时又该如何补救。其次，在对非住宅房屋的补偿方面，《湖南条例》仅规定了要补偿实际的临时补助费，而对于当事人的停产停业损失，仅用"适当"措辞敷衍了事。再次，在程序资源的使用方面，被拆迁人不仅自始至终都是一个被动者，而且无法行使应有的知情权，信息严重不对称，对拆迁方主体资格之合法性和对预存拆迁补偿金的证实，都没有法律条文给予保障。

总而言之，我国现行的拆迁法规均笼统地规定拆迁程序，其中的行政关系、民事关系两种法律关系混杂不清，加之民事救济手段得不到国家公权力的支持，民事救济事实上没能成为一种真正有效的救济方式。

6. 现行拆迁法规没有提供完善的拆迁补偿标准，拆迁户的"非经济损失"未列入考量。

拆迁矛盾最激烈的莫过于拆迁容易买房难。拆迁户之所以不愿主动搬迁而最终招致强制拆迁的主要原因在于：被拆迁主体从拆迁人那里得不到足够的补偿，其再购置能力低。相关调查表明，从全国各地实际拆迁补偿情况和

---

① 乔新生：《法院不予受理补偿安置争议，剥夺诉权激化矛盾》，载《中国经济时报》2005年8月17日。

房屋市场价来看，我国大部分被拆迁居民的再购置能力是相当低的。[①] 一般来说，商品住宅价格与居民家庭年收入的比例，是衡量居民支付能力的主要标志。国外经验表明：当商品住宅价格与居民家庭年收入之比在2∶7的范围内时，或者把居民购买商品住宅的支出平摊在一个时期之内，家庭平均每月用于住宅的支出在15%～30%的范围内时，可以认为居民对住宅的价格能够承受，在这样的房价/收入比的基础上，住宅市场的交易可以顺利进行。[②] 但在一浪高过一浪的“拆迁热”、“开发热”之后，商品房空置率过高，经济水平参差不齐，被拆迁人并不总能获得与自己收入相符的商品房；另一方面，当前我国经济适用住房也仅向少数几类人群（教师及国有企业职工）销售，由此形成的一个必然结果就是富有者可以购置多套商品房或者高档房屋别墅，部分特殊人群和阶层可以享受购买经济适用住房的待遇，其余人群的购房能力则明显弱化，法律救济机制也相应缺位。在一个常规的房屋拆迁事件中，一方面，如果要满足被拆迁人的购置能力，就需要提高补偿价格，补偿款是核计地价的一部分，从而又会导致开发成本上升，进而转嫁到商品房销售价格中，使得房价进一步攀升；另一方面，如果选择维持或降低补偿额，就会导致被拆迁人事实上的利益受损，从而导致矛盾激化，上访、申诉等群体行为上升，社会冲突加剧。如此情况构成拆迁补偿的两难悖论。

7. 强制拆迁法定前置程序不完善，土地出让和拆迁的公示以及公众参与机制欠缺，拆迁评估和法律监管机制不完善。

其一，房屋是附着于土地上的不可移动物，其建成后即具有长久的居住和其他使用价值。事实上，除危房外，大部分房屋在其所附着土地的使用权

① 根据新华网北京2004年3月22日报道，济南拆迁户井传芝原来住63平方米的房子，出租一部分每年能收入4 000多元，拆迁后只按每平方米130元的价格进行补偿，住新房却要按每平方米670元的价格自己花钱买。她说：“我们本来过得好好的，现在房子一下子没了，还要拿出5万多元重新买房子，怎么出得起？”山东省一个贫困县进行旧城改造，拆迁时按照每平方米200～400元的价格进行补偿，而回迁时价格高达每平方米1 300元，每户平均要再掏8万元左右，让目前还较为贫困的拆迁户一下拿出这么多钱几乎是不可能的，许多老百姓只能四处举债以应付危机。

② 我国目前大部分的居民还不具备这样的购买能力。根据国家统计局《关于1994年国民经济和社会发展的统计公报》，我国住宅价格在600～3 500元/平方米的四类住宅分别的价格/收入比是3.8、9.4、15.7、22。而该表中美、日、法、英、印度等国的比值则分别是：2.8、6.7、2.8、2.4、6.2。目前我国的大部分城市恐怕已经看不到价格在每平方米1 000元以下的商品房了。我国的住宅市场被区分为商品房和经济适用住房。商品房被理解为住宅商品房，就是高价房，这是中国住宅市场独特的发育过程中潜移默化形成的思维定式。在国务院住宅改革领导小组的正式文件上，“商品房”就始终和“高收入家庭”联系在一起；而与“中低收入家庭”相对应的，则只是“具有社会保障性质的经济适用住房”（参见第57～58页）。根据《北京房地产》2004年第1期关于新增商品房的统计数据及“海淀统计信息网”2004年1～10月份海淀区主要经济指标快报中的数据，2004年海淀区住宅平均报价为8 300元左右，而该区居民平均可支配收入为16 170.60元/年。由此可见，房价/收入比仍在扩大。

期限届满后仍是很完好的，而一旦被拆除，则不论是墙壁班驳还是崭新的红砖绿瓦，都没有完全恢复从前的可能。基于此，应该有一套更为严谨、慎重的制度设计和法律程序予以规范才公正、公平。从中国现行法律规定来看，尽管《拆迁条例》规定需在给予了货币补偿或安置新用房后才可强制拆迁，但缺乏细化规定。例如，拆迁的货币补偿是提供一个总的拆迁资金银行账户的证明即可，还是每分钱都彻底落实到户？是对被拆迁户的总体补偿还是个别被拆迁户的实足补偿？拆迁安置新房应该达到什么样的标准？这些都需要细加斟酌。其二，城市规划调整随意，造成大量不必要的拆迁和浪费。有一些城市在推进城市化进程中，不切实际地加快城市基础设施建设，超越经济承受能力建设劳民伤财的形象工程，降低补偿标准，侵害被拆迁人的合法权益，导致纠纷不断，甚至出现大规模的群体上访事件。其三，拆迁评估随意性大，损害被拆迁人的合法权益。由于新旧《拆迁条例》的补偿安置标准不一，被拆迁人对新《拆迁条例》实施后，仍按旧《拆迁条例》补偿安置反映强烈，引发大量的群体性上访。其四，房屋拆除缺乏监管，存在严重的安全隐患。[①] 其五，某些地方的行政主管部门突击发放拆迁许可证，人为造成拆迁矛盾。

五、若干立法建议与对策

由前述分析可知，现行拆迁法规的有效供给不足，地方政府和开发商这类强势地位者基于其权力和利益的最大化追求，基本上垄断了法律话语权，使之难以满足现有市场经济条件下利益当事人正当、公平的消费需求，而且这种消费需求的偏差和不对等导致了交易行为的非常态运作和激化，有时候还酿成尖锐的社会问题，从而出现我国拆迁法规的非常态适用模式。尽管《拆迁条例》是2001年才修订的，但就其具体实施情况看，已与2004年宪法修正案的立宪精神相悖，在立法指导思想上对如何保证城市建设的需要考虑得多，而如何保障被拆迁人的权益考虑得少；偏于行政管理和执行效率，忽视公民民事权利保护，重实体轻程序，对社会公平关注不足；立法科学性不够，没有全面反映和调整市场经济条件下拆迁关系的真实结构，不能较为公正地协调各方利益当事人的利益得失，更不能有效解决弱势群体“有法

---

① 据建设部统计，2002年1~7月份，全国因房屋拆除引发三级以上事故共5起，造成26人死亡，16人受伤。其中5起事故中有3起是由无拆除资质的私人承包的。（参见建设部副部长刘志峰在全国城市房屋拆迁工作座谈会上的讲话：《城市房屋拆迁要依法进行》，载《中国房地产报》2002年9月24日）

难依”的矛盾境遇。显然，以这项法规为核心的我国拆迁法律制度亟须进行反思和重构。

（一）贯彻宪法修正案，明令禁止非法拆迁

2004年3月14日，十届全国人大二次会议通过《宪法修正案》，其第33条第三款规定：“国家尊重和保障人权。”第39条规定：“中华人民共和国公民的住宅不受侵犯。禁止非法搜查或者非法侵入公民的住宅。”上述宪法规定是拆迁立法和执法过程中必须严格遵守的基本原则。目前已经一些中央和地方立法予以落实：2005年7月10日，十届全国人大常委会将物权法草案向社会全文公布，广泛征求意见。该草案第68条规定，“国家保护私人的所有权，禁止以拆迁、征收等名义非法改变私人财产的权属关系。拆迁、征收私人的不动产，应当按照国家规定给予补偿；没有国家规定的，应当给予合理补偿，并保证被拆迁人、被征收人得到妥善安置。违法拆迁、征收，造成私人财产损失的，应当依法承担民事责任和行政责任；构成犯罪的，依法追究刑事责任。”

当然，实践中也有一些地方政府对非法强制拆迁问题规定了积极有效的制度创新规则。据报道，2005年3月21日，《北京市集体土地房屋拆迁管理条例（草案）》出台。[①] 作为北京第一部关于拆迁的法律，该草案通过并执行后，明确杜绝野蛮拆迁。今后，没有签订补偿安置协议就强行拆除集体房屋的，可能将受到10万~50万元的重罚，相关责任人还可能被追究刑事责任。[②] 2005年6月，江西省开始对城镇房屋拆迁问题重点监察，并建立强制拆迁向上一级报告制度。各设区市须对辖区内2003年11月以来的所有城镇房屋拆迁项目进行一次普查。[③] 同年年底，由四川省人大常委会通过并公布的《四川省城市房屋拆迁管理条例（修订案）》规定，未经市、县人民政府批准强制拆迁或者未由人民法院裁定强制拆迁的，拆迁人和有关单位不得对未搬迁的被拆迁人或者房屋承租人停止供水、供电、供气，也不得强行拆除未搬迁的被拆迁人的房屋。[④]

但是，这种对拆迁人及开发商行为进行立法限制的规定必然会遭遇阻

---

① 参见《北京拆迁管理条例草案：野蛮拆迁最高可罚50万》，载《京华时报》2005年3月16日第A09版。

② 参见《未安置好而野蛮拆迁至少罚10万甚至追究刑事责任》，载《新京报》2005年3月16日。

③ 参见《江西：强制拆迁须向上一级政府部门报告》，2005年6月3日。来源：http://news.ywol.cn/20050601/ca32634.htm。

④ 转引自公盟研究室编：《中国人权研究报告》（未刊稿）。

力，加之某些传统意识形态因素的影响，使得《物权法》（2007年3月16日第十届全国人民代表大会第五次会议通过）关于物权设立、变更、转让和消灭的规定表现出“进一步，退两步”的倒退。该法第42条规定：“为了公共利益的需要，依照法律规定的权限和程序可以征收集体所有的土地和单位、个人的房屋及其他不动产。”该条第三款规定：“征收单位、个人的房屋及其他不动产，应当依法给予拆迁补偿，维护被征收人的合法权益；征收个人住宅的，还应当保障被征收人的居住条件。”上述规定相较于物权法草案（第六稿），删去了“禁止以拆迁、征收等名义非法改变私人财产的权属关系”字样，不仅无视实践中公权力任意侵损私人合法财产的恶性事件，而且新法从根本意义上也没有对什么是“公共利益”进行界定？以及何种情况下可以“强制拆迁”？行政机关和人民法院在处理拆迁纠纷时职责如何区分、公民和法人的实际利益如何全面救济？等现实问题加以规定，依旧呈现出意义宣示超过实际功效、重原则规定轻事务处理、避重就轻、含糊其辞，从而导致《物权法》这样一部“在中国特色社会主义法律体系中起支架作用、不可或缺的重要法律”① 在立法伊始，就遭遇重大挫折。②

（二）相关法律、法规中应明确将拆迁行为界定为基于“公共利益”的需要，并给予补偿，方得“征用”或“征收”③

在美国，征收主要分两种形式。第一种属于无偿征收，或称政府征收

① 王兆国：《有关〈物权法〉草案的说明》，参见 http：//www. sina. com. cn 2007. 03. 08。

② 因为法院将强行终结一个公民对自己虽破旧不堪但却是合法私产之房屋的所有权，为开发商的楼盘开发彻底扫清了道路。截至2007年3月21日，重庆九龙坡区法院举行听证后，裁定支持房管局关于搬迁的裁决，并发出限期履行通知，要求被拆迁人在本月22日前拆除该房屋，如不履行，法院将强制执行。显然，这个以及许多类似案件的存在，构成对一些民法专家宣扬的《物权法》“将成为人们私产保护的法律支点，物权法将终结强制拆迁”等豪迈言词的绝妙反讽。（参见曹林：《“最牛钉子户”的消失，浇了物权法一盆冷水》，载《人民日报》“社会观察”推 http：//society. people. com. cn/GB/1063/5511110. html）

③ 在惜墨如金的美国宪法中，其第5条修正案专门规定：“非依正当程序，不得剥夺任何人的生命、自由或财产；非有合理补偿，不得征用私有财产供公共使用。”这个修正案是说，政府在征用某人的房地产之前必须满足两个条件。首先，政府必须给予房地产主公平的赔偿，也就是说，按照公平的市场价格给予赔偿；其次，政府只能把征用的土地用于公共用途，传统上讲是指修建公路、桥梁以及公众拥有或使用的设施等。其宪法第14条修正案则要求州政府依据正当法律程序取得私有财产并保证不得拒绝法律对公民的平等保护。美国宪法对政府征用土地作为公用所提出的两项条件也包括在几乎所有各州的宪法之中。这些规定表明：不经过正当法律程序或不给予公平赔偿，不得把私有财产充作公用，它事实上给予房地产所有人在政府做错事的情况下将其告上法庭的权利。（参见周大伟：《美国土地征用和房屋拆迁中的司法原则和判例——兼议中国城市房屋拆迁管理规范的改革》，载《北京规划建设》2004年第1期）。

权，英文为 taking，是政府为了保护公众健康、安全、伦理以及福利而无偿对所有人的财产施以限制乃至剥夺的行为。这种无偿征用的方式得以适用的场合非常有限，并受到相关法律的严格制约。第二种是有偿征收，英文为 eminent domain 或 condemnation，指政府依法有偿取得财产所有人的财产的行为。其中，美国联邦宪法第 5 条修正案关于有偿征收（eminent domain）的规定具有决定性的意义，该修正案规定了征收的三个要件：正当的法律程序（due process of law）；公平补偿（just compensation）；公共使用（public use）。[①]

中国宪法（第 10 条第三款规定）："国家为了公共利益的需要，可以依照法律规定对土地实行征收和征用，并给予补偿。"宪法修正案明确了无论是征收还是征用，都要予以补偿，这样的规定使得因土地被征收而失地的农民和因土地被征用（公益拆迁）而失去土地使用权的拆迁户所受之损失能在宪法层面上得到保护。事实上，宪法第 10 条与第 13 条的规定明确了国家对土地征用和房屋拆迁必须满足的三个条件：其一是国家为了公共利益的需要（待后详述）；其二是在具体的操作层面上应当依照法律的规定来施行；其三是给予补偿。这三个条件缺一不可。

当前我国土地制度与外国的不同之处是国外大多是土地私有制，因公益目的而对土地等不动产及其他物权进行征用，一般统一由《土地征用法》及有关的公法和行政法来调整；我国实行土地国家所有和集体所有制度，对农村集体所有土地的收回适用征用，而对城市国有土地的收回适用拆迁（参见表 1）。

① 转引周大伟：《美国土地征用和房屋拆迁中的司法原则和判解——兼议中国城市房屋拆迁管理规范的改革》，载《北京规划建设》2004 年第 1 期。另外，涉及美国宪法第五修正案的有关土地使用的最新拆迁案是 2005 年上诉至最高法院的凯洛诉新伦敦市案，原告凯洛为被征地的居民代表，被告则是康涅狄格州新伦敦市市政当局。由于凯洛案是自 1984 年 Midkiff 案以来上诉到美高院的第一宗"有偿征用"案，因此，凯洛立刻成了各方大讨论的焦点，原告和被告两边都吸引了为数众多的支持者。在这起案子里，有 40 份中立观察方的书面意见被归入卷宗，其中 25 份支持原告。凯洛的支持者有大法官自由论者协会、美国有色人种协进会、美国退休者协会和由马丁·路德·金创始的南方基督教领导会议等（NAACP/AARP/SCLS）。后三个团体还联名签署了一份书面意见，抗议"有偿征用"经常被用来对付一些政治上的弱势群体，尤其是少数族群和老年人。最终在 2005 年 6 月 23 日，美国联邦最高法院以 5∶4 的微弱多数，对本案作出判决，支持新伦敦市政府。组成多数方的五位大法官分别是 John Paul Stevens，Anthony Kennedy，David Souter，Stephen Breyer 和 Ruth Bader Ginsburg。判决意见由大法官 John Paul Stevens 执笔。他在意见书中称，在有关土地使用的决议里，应给予当地政府较宽的自由裁量权："该市确已非常仔细地制定了开发计划，相信能给社区带来可评估的利益，这个利益包括但不局限于，提供就业机会和增加税收"。换言之，按照美高院最新判决，地方市政当局有权强行征收私有土地用于商业开发——只要这种开发属于"公共使用"范畴。当然，原告居民的唯一合法途径则是在市政府赔付时，力争一个公平的要价。

表1　　中外土地征收制度比较

	征收目的	征收对象	征收性质	调整法律
外国	公益	不动产、各类物权、动产	所有权	专门的征收法律及有关的公法、行政法
中国	不限于公益	集体所有土地及地上附着物	所有权	土地管理法及其实施条例
		城市国有土地及房屋	土地使用权及房屋所有权	城市房屋拆迁管理条例

我国《土地管理法》第58条规定："有下列情形之一的，由有关人民政府土地行政主管部门报经原批准用地的人民政府或者有批准权的人民政府批准，可以收回国有土地使用权：（一）为公共利益需要使用土地的；（二）为实施城市规划进行旧城改建，需要调整使用土地的……"《城市规划法》第13条规定："城市新区开发和旧区改建必须坚持统一规划、合理布局、因地制宜、综合开发、配套建设的原则。各项建设工程的选址、定点，不得妨碍城市的发展，危害城市的安全，污染和破坏城市环境，影响城市各项功能的协调。"① 从狭义解释上并不超出公益目的的范畴，这可以为《拆迁条例》的修改提供体系性支撑。

关于征收概念的界定，全国人大法律委员会提出的《物权法草案四次审议稿》第48条规定："为了公共利益的需要，县级以上人民政府依照法律规定的权限和程序，可以征收农村集体所有的土地和城市房屋及其他不动产。""征收集体所有的土地，应当给予合理补偿，维护被征地农民的合法权益，保障被征地农民的生活。具体补偿标准和办法，依照有关法律、行政法规的规定办理。""征收城市房屋及其他不动产，应当给予合理补偿，维护被征收人的合法权益；征收城市居民房屋的，还应当保障被征收人的居住条件。具体补偿标准和办法，依照有关法律、行政法规的规定办理。"关于征用概念的界定，《物权法草案四次审议稿》第49条规定："因抢险、救灾等紧急需要，依照法律规定的权限和程序，可以征用单位、个人的不动产或者动产。被征用的不动产或者动产使用后，应当返还被征用人。被征用的不动产或者动产受到损失的，应当按照实际损失给予补偿。"我们认为这是总结过去经验基础上较为全面的规定。

全国人大通过的《物权法》第62条第四款规定："任何单位和个人不

① 新区开发是为城市的新建扩展和改造提供新的建设地段，为城市各项建设事业顺利进行提供基础条件。新区开发一般需要经过征用土地和进行基础设施建设来实现。旧城区房地产开发的重要环节是拆迁和改造。旧城区的土地属于国家所有，不需要通过征用土地这个环节，但需要服从城市的总体规划，进行必要的拆迁工作。（参见黄建中主编：《城市房地产管理法新释与例解》，同心出版社2004年版）

得贪污、挪用、私分、截留、拖欠征收补偿费等费用。”第64条规定：“私人对其合法的收入、房屋、生活用品、生产工具、原材料等不动产和动产享有所有权。”第66条规定：“私人的合法财产受法律保护，禁止任何单位和个人侵占、哄抢、破坏。”这些规定，较为公正地实现了拆迁行为同保护私人合法财产相结合，为尊重和保护个人经济奠定了相应的基础。

（三）明确拆迁的行政行为性质，严格限定拆迁权限，促进拆迁主体责权统一化、实质化

首先，《拆迁条例》没有对“拆迁行为”作出明确的定义，且将商业开发和公益使用混同一处。但无论是从语义学还是从实践认知角度看，“拆迁”都是带有行政强制色彩的概念。对此，应该明确行政机关为直接拆迁主体，其拆迁行为为具体行政行为。目前，我国有关房屋拆迁的不少政策文件和实际做法已经把拆迁定性为行政行为。例如，北京市《关于加快经济适用住房建设的若干规定（试行）》（京政办发［1998］54号文）：“……三、现阶段经济适用住房的来源主要有三种：一是由政府提供专项用地，通过统一开发，集中组织建设的经济适用住房……四、对于政府提供专项用地，通过统一开发、集中组织建设的经济适用住房项目，应当采取招投标方式，优化规划设计方案，确定土地开发、项目建设和工程承包单位。”实践中，北京市郊区危改用地通过土地储备中心统一征用后再出让，① 也体现了行政机关直接进行拆迁的地位。

如前所述，拆迁法律关系主体之行政机关、拆迁人、被拆迁人，三者间关系有两种处理模式。

1. 平行模式（如图3）。

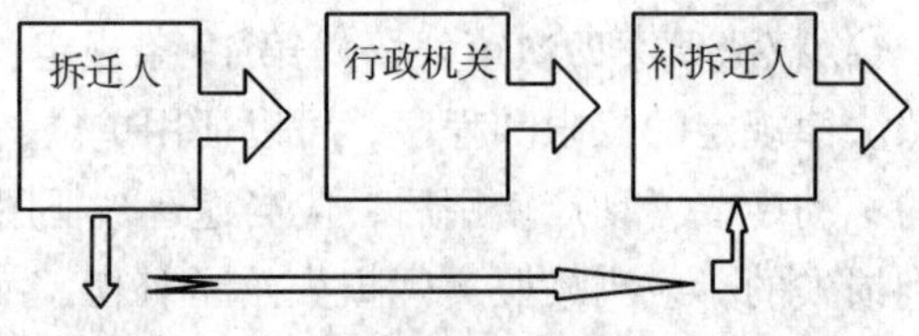

图3　拆迁法律关系的平行模式

① 2004年8月28日上午，北京市大兴区黄村镇老街危改B区国有土地使用权出让投标、开标活动在市土地交易市场举行，这次招标出让的危改用地是市土地整理储备中心大兴区分中心运用开发银行贷款资金进行拆迁和完成“七通一平”后推向市场的第一宗危改用地。据悉，大兴区还将通过招标、拍卖、挂牌推出5宗3 000余亩危改和小城镇建设用地，拟进行收购储备和一级开发8块约3万亩土地，并按计划逐步推入市场。（参见《北京市郊区危改用地首次入市招标》，载《北京房地产》2003年第11期，第52页）

在平等模式下，拆迁人为公益目的需用土地而向行政机关提出申请，行政机关在审查批准后以行政机关的名义向土地上之权利人为征用行为。对被拆迁人而言，行政机关是直接的补偿主体。大多数国家和地区采用此模式，如我国台湾地区、香港地区及日本和法国。在台湾地区，拆迁人叫作需用土地人或兴办事业人、征收请求权人，被拆迁人叫作被征收人；香港的行政主管机关为地政部署，拆迁人叫作申请人，被拆迁人叫作被征用土地权利人。在此模式下，大多规定在允许双方协议解决补偿事宜，如果不能协议解决，仍由行政机关征用，其性质属于行政行为，适用行政程序。而纯商业开发用地就是开发商与需用地所有人之间的民事行为，以民法来调整。

2. 三角模式（如图 4）。

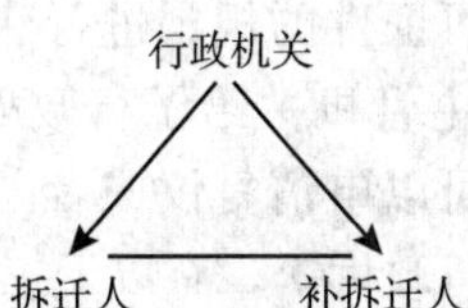

图 4　拆迁法律关系的三角模式

首先，在三角模式下，行政机关仅是在宏观调控意义上行使行政职能，在其批准拆迁后即由拆迁人与被拆迁人进行拆迁补偿事宜，拆迁人是直接的补偿主体。即协议补偿是法定的补偿方式，在不能协议补偿时行政机关以裁决人的身份介入，我国采用此模式。但在这种模式中，行政机关往往角色越位，并因其价值偏离并与拆迁人利益混同，破坏了三角平衡，如图 5 所示。

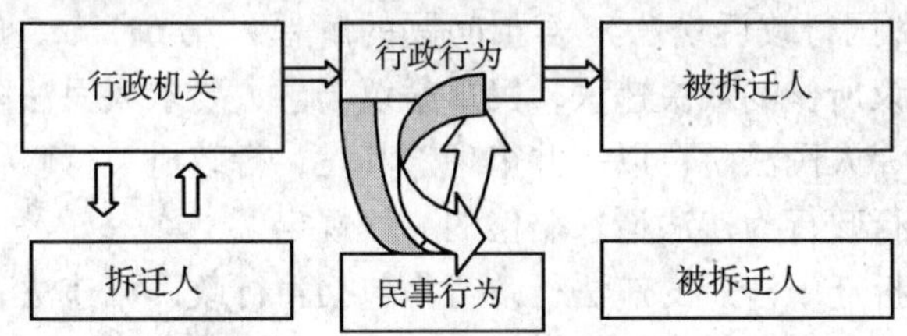

图 5　行政介入后的三角模式

其次，严格限定拆迁权限，依照相关法律规定的程序要件进行拆迁行为。例如，《城市房地产管理法》第 15 条规定：“土地使用者必须按照出让合同约定，支付土地使用权出让金；未按照出让合同约定支付土地使用权出让金的，土地管理部门有权解除合同，并可以请求违约赔偿。”《城市规划法》第 30 条规定：“城市规划区内的建设工程的选址和布局必须符合城市规划。设计任务书报请批准时，必须附有城市规划行政主管部门的选址意见书。”第 31 条规定：“在城市规划区内进行建设需要申请用地的，必须持国家批准建设项目的有关文件，向城市规划行政主管部门申请定点，由城市规划行政主管部门核定其用地位置和界限，提供规划设计条件，核发建设用地规划许可证。建设单位或者个人在取得建设用地规划许可证后，方可向县级以上地方人民政府土地管理部门申请用地，经县级以上人民政府审查批准后，由土地管理部门划拨土地。”第32条规定：“在城市规划区内新建、扩建和改建建筑物、构筑物、道路、管线和其他工程设施，必须持有关批准文件向城市规划行政主管部门提出申请，由城市规划行政主管部门根据城市规划提出的规划设计要求，核发建设工程规划许可证件。建设单位或者个人在取得建设工程规划许可证件和其他有关批准文件后，方可申请办理开工手续。”

再次，发生拆迁争议时通过行政复议或行政诉讼的途径加以解决。其法源依据如《城市规划法》第41条之规定：“对未取得建设工程规划许可证件或者违反建设工程规划许可证件的规定进行建设的单位的有关责任人员，可以由其所在单位或者上级主管机关给予行政处分。”第42条则规定了当事人对行政处罚决定不服，可以申请复议或者向人民法院起诉等救济途径。一般而言，提起拆迁纠纷的行政诉讼。有以下三种操作途径：其一，通过诉行政机关行政许可不成立、违法行使拆迁之前提不成立而保全权益。拆迁人要进行拆迁首先必须获得行政机关的许可，具有进行开发建设的法定条件和资质，行政机关必须在经过审查，认定其完全符合法定条件的情况下才能作出行政许可的决定，否则，作为行政许可涉及到的权益主体——被拆迁人依法有权提起行政诉讼。现实生活中的案例，如宣懿成等18人诉浙江省衢州市国土资源局收回国有土地使用权违法行政诉讼案。[①] 其二，在行政诉讼中申请法院一并审理与拆迁人的补偿纠纷。根据《最高人民法院关于执行〈中华人民共和国行政诉讼法〉若干问题的解释》第61条，被告对平等主体之间民事争议所作的裁决违法，民事争议当事人要求人民法院一并解决相关民事争议的，人民法院可以一并审理。其三，行政机关行政行为违法侵权诉讼。它适用行政行为违法请求赔偿的一般规定。

最后，在拆迁中涉及的违法行政行为包括：行政许可违法、行政裁决违法和强制拆迁违法。而拆迁法规赋予了政府强制拆迁权，即强制拆迁行为都是以行政裁决为依据的。因此二者之间存在着牵连关系，实践中又由于地方

① 2002年12月31日，浙江省衢州市国土资源局作出衢州市国地（2002）第37号《收回国有土地使用权通知书》，通知宣懿成等18人：根据《中华人民共和国土地管理法》、《浙江省实施〈中华人民共和国土地管理法〉办法》及有关规定，将收回宣懿成等18人在柯城区卫宁巷住宅的国有土地使用权，收回中涉及的拆迁补偿事宜由第三人中国建设银行衢州分行负责，具体拆迁事务由有关拆迁事务所负责，原由宣懿成等18人申请登记的余额国有土地使用权予以注销，并请在签订拆迁补偿协议时将土地证交回。宣懿成等18人不服国土局的决定，以第三人建设银行是商业银行，其性质属于企业，故其利益不能算是公共利益因而不符合《土地管理法》第58条关于因公共利益或者实施城市规划进行旧城区改造的，可以调整土地使用权的规定为由而提起诉讼，并最终胜诉。（见《最高人民法院公报》2004年第4期）

保护主义、权力寻租等多种因素的制约，强制拆迁常使裁决所决定事项产生更坏的影响，引发一系列社会问题。对此我们主张将强制拆迁权统一收归人民法院来行使。

（四）拆迁各个阶段（包括听证、公示、评估、补偿等）公开化、透明化

如前所述，房屋拆迁实践中由于公示、公众参与机制的欠缺，导致被拆迁人权益保护的预防能力弱化，在拆迁人与被拆迁人之间没有形成合理的对抗状态，不能形成完善的对行政行为的监督机制等弊端。为此，西方发达国家一般从土地规划阶段就引入了公众参与机制，并将公开、民主贯穿于征用之始终。

根据美国联邦宪法第五修正案对“正当的法律程序”的规定，通常征收行为应当遵循如下步骤。(1) 预先通告。(2) 政府方对征收财产进行评估。(3) 向被征收方送交评估报告并提出补偿价金的初次要约；被征收方可以提出反要约（counter-offer)。(4) 召开公开的听证会（public hearing）说明征收行为的必要性和合理性；如果被征收方对政府的征收本身提出质疑，可以提出司法挑战，迫使政府放弃征收行为。(5) 如果政府和被征收方在补偿数额上无法达成协议，通常由政府将案件送交法院处理。为了不影响公共利益，政府方可以预先向法庭支付一笔适当数额的补偿金作为定金，并请求法庭在最终判决前提前取得被征收财产。除非财产所有人可以举证说明该定金的数额过低，法庭将维持定金的数额不变。(6) 法庭要求双方分别聘请的独立资产评估师提出评估报告并在法庭当庭交换。(7) 双方最后一次进行补偿价金的平等协商，为和解争取最后的努力。(8) 如果双方不能达成一致，将由普通公民组成的民事陪审团来确定“合理的补偿”价金数额。(9) 判决生效后，政府在 30 天内支付补偿价金并取得被征收的财产。[①]

再例如，英国将规划分为结构规划和地方规划，前者要由公众评议(public examination)；后者要由通过公众质询（inquiry)，并在质询阶段即引入听证程序。日本《城市规划法》第 15 条亦规定了进行城市规划决定时，要履行举行听证会，公告方案，提出、听取相关市、町、村的意见，提请城市规划地方审议会讨论等程序。1987 年德国的《建设法典》、新加坡 1962 年颁布的《总体规划条例》和 1981 年颁布的《开发申请条例》在这方面也

① 参见周大伟:《美国土地征用和房屋拆迁中的司法原则和判解——兼议中国城市房屋拆迁管理规范的改革》，载《北京规划建设》2004 年第 1 期。

有相应的规定。在拆迁申请阶段，也都规定了先期的公告与质询程序。①

观察国内的情况，我们把房屋拆迁的完整流程放大，从宏观的视角考察，起点为规划阶段，终点为争端解决，可以得到法律应该予以调整的拆迁诸阶段，如图6所示。

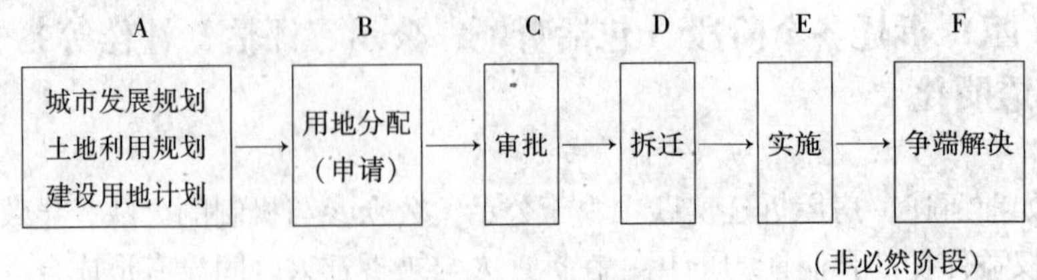

图6　房屋拆迁流程

A阶段：城市发展规划、建设用地、土地利用规划、年度出让土地使用权总面积方案等要由土地、建设、规划等部门协调统一制定，法律上应规定对有关信息的公示程序，使相关利益人能够及时知晓可能影响其权益的侵权行为，并对之提出异议。具体而言，在规划阶段，应有合理的公开、质询等程序。城市规划的公开与民主是一种时代潮流，其目标是维护城市全体人民的利益，城市规划制定和实施管理活动要有充分的公众参与和相当的透明度，使在权益关系上保证其公平性。我们要因势利导，依据中国国情，把公众参与城市规划行政管理过程有序地纳入法制轨道，促进城市规划行政的民主化、公开化，使之成为一种健康、有效的制度。②

B阶段：即根据三部门协调后的用地总规划（计划），用地人申请用地或者行政机关基于公共利益决定某块地用于公益建设或危房改造。另外还有一个就是通过土地储备回笼土地再进行重新分配。③ 我们认为这种规划—储

① 参见《外国城市规划行政与法制概况》，第357～361页、第411～414页、第424～428页；远藤博也著，凌维慈译：《土地征用和公用性》，载《行政法论丛》第6卷；林增杰等编著：《中国大陆与港澳台地区土地法律比较研究》，天津大学出版社2001年版，第139～143页。

② 我国有关文件已经提到了这方面的问题，如国办发明电［2003］42号文《国务院办公厅关于认真做好城镇房屋拆迁工作维护社会稳定的紧急通知》："……对涉及拆迁的，在规划审批前，应以适当形式予以公示，充分听取被拆迁人等利害关系人的意见。建设工程方案一经批准，建设单位不得擅自变更，确需变更的，必须经过规划部门审批；城市规划行政部门在批准其变更前，应重新进行公示。"江苏省在有关的拆迁规定中也要求拆迁项目在规划审批前应以适当形式公示，充分听取被拆迁人的意见；拆迁计划、拆迁资金及拆迁安置方案需落实方可拆迁，并要严格按照市场评价确定拆迁金额（参见《北京房地产》2003年第11期，第55页）。但其缺点在于仅为原则性的要求，只是规范性文件，效力较低，且没有实施条款，缺乏完整的保障机制。

③ 土地储备制度是指政府依照法定程序，运用市场机制，按照土地利用总体规划和城市规划，对通过收回、收购、置换和征用等方式取得的土地进行前期开发并予以储备，以供应和调控城市各类建设用地需求的一种经营管理制度。土地储备制度最早于1896年在荷兰开始实行，后来在瑞典、法、德、英、澳大利亚、韩国等国家得到推广。1996年我国的第一家土地储备机构在上海成立，北京于2001年4月建立了本市第一家土地储备中心。

备—分配的方式是一种良性有序的土地资源调控方式，通过银行介入土地融资，有利于理顺政府机关、开发商与居民个人的关系，如图7所示。

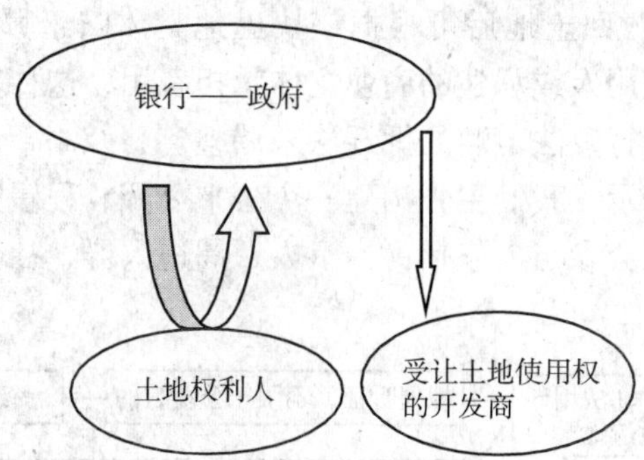

图7　银行介入的土地资源调控方式

在此阶段，还需在法律上区分因商业开发和公益使用而进行的两种不同的拆迁类型。即基于土地商业开发与公益使用目的不同而对政府重新角色定位。

（1）在土地的商业开发领域，政府仅起宏观调控作用，履行行政职能，应仅介入到C阶段，接下来由商业主体与土地使用权及房屋所有权人平等协商，由此产生纯粹的民事法律关系，行政机关不应介入，介入则属不当。在此种情况下，A～C实际上主要是“土地规划利用法规”的调整范围，进而商业开发也就不应属于“拆迁法”的调整范围。与此同时，为商业使用而申请规划的土地，经行政审批后，在审批期限内商业开发人未能与批准建设地权利人达成补偿协议的，到期后行政机关应收回土地许可，以实现土地的有效监控和合理利用。对此的主要法律依据应是相关民事法律。

（2）在土地的公益使用领域，即政府为公益①而开发利用土地，应采取

① 关于公益，是指公共利益，有一定的不确定性。“所谓公共利益者，乃属一种不确定之法律在利益之内容及受益之对象两方面，均具有不确定性。”［翁岳生编：《行政法》（下），中国法制出版社2002年版］有的立法中分项列明，如中国香港；有的分为几大类，如中国台湾，分为兴办公益事业和实施经济政策。公益性是个内涵、外延不断发展的概念，如在法国，人权宣言中称公用征收的目的是公共需要，到1804年法国民法典中把公共需要一词扩张成为“公用”，20世纪以后，公用的目的不再受到公产、公共工程和公务观念的限制，发展成为公共利益的同义语。但这种扩张不是没有限制的，主要由行政法院依一定原则自由裁量。一般来说，是根据具体情况判断公用征收是否符合公用目的，不是根据公用征收本身考察是否符合公用目的。例如一个滨海地区的市政府，征收土地建设跑马场，行政法院认为符合发展旅游事业和地区经济的公用目的；如果在农业地区，这种征收不会认为符合公用目的。有学者认为，判断是否是公益目的，可从是否为公众所需、公众所用、符合公众目标来考量。（参见林增杰等编著：《中国大陆与港澳台地区土地法律比较研究》，天津大学出版社2001年版，第139页、第143页；王名扬：《法国行政法》，中国政法大学出版社1992年版，第371～272页；《论房屋拆迁行政争议的司法审查》，载《中国法学》2004年第4期，第77～78页）

政府主导型立法模式[①]，政府不应再隐藏到幕后，而是直接与被拆迁人进行拆迁事宜的谈判协商，从A~E，政府基于行政主体的角色作出的行为都是行政行为，[②] 而其收回土地后可根据该块土地具体归于哪一部分公益使用，而由相应的直接使用人或承建的商业主体承担费用，这种基于公益目的收回土地引起的拆迁是行政法范畴的拆迁法来调整。

关于听证与公示，我们主张构建一个公平公开、程序完善的听证和公示过程。其中的听证会参与人包括：当事人、周边人群、社会公众，以图8来说明。[③]

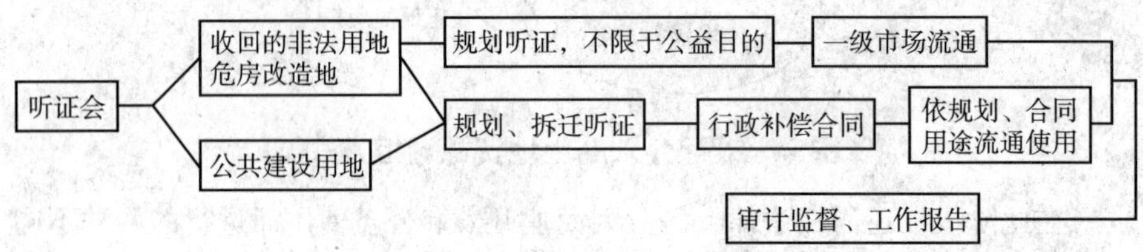

图8　听证与公示流程

关于评估，评估价格是否真实，符合实际，需要有正当的程序作为保障。对被拆迁房屋的评估属于房地产评估的范围，应当遵循相关的国家标准。国家过去只颁发了《房地产估价规范》，具体被拆迁房屋的估价办法由各省、市、自治区人民政府制定。其中需要注意的问题是：首先，在评估价格的确定方法上，有市场比较价格和政府指导价格，各地根据《拆迁条例》结合本地实际情况规定了不同的方法，上海采取市场比较价格，南京采取政府指导价格。一般认为，实际采取哪种方法应依本地经济发展情况而定，因为这符合我国地区发展不均衡的国情。其次，在评估程序上，则应予以认真检讨。比如委托评估最迟应在什么时候？现行估价规范只规定了估计时点，但都没有规定拆迁人应在何时委托评估。换言之，既然评估机构的选择是拆迁人与被拆迁人双方的权利，并且评估结果要作为补偿的依据，那么拆迁人

---

① 征用模式，包括商业开发和公益开发共有政府主导型、开发商主导型、被拆迁企业主导型、被拆迁户主导型等类型。（参见林增杰等：《中国大陆与港澳台地区土地法律比较研究》，天津大学出版社2001年版，第460页）

② 关于在拆迁中行为定位为行政行为的案例实证，参见祝铭山主编：《典型案例与法律适用——房屋拆迁安置补偿纠纷》，中国法制出版社2003年版，第132~136页。比较典型的案件有："宋莉莉诉宿迁市建设局房屋拆迁补偿安置裁决案"，载《最高人民法院公报》2004年第8期，第33~36页；林曦诉福州市台江区人民政府拒绝履行拆迁后安置住房法定职责案。

③ 这与前述关于土地储备制度是两个不同的角度。土地储备强调的是政府经营管理土地中金融资金的引入，在图8听证程序中所涉及的三种情况的土地都可以成为政府的储备土地。例如，在第一种情况下，可以是对土地由生地改熟地或改良等引入资金，第二种和第三种情况下可以是行政补偿中资金的引入。

在获得拆迁许可、发出拆迁通告后首先就应进行评估事宜，并应早于拆迁许可限定的拆迁期限截止日，这一时间差应足以保证被拆迁人对评估结果提出异议并重新评估的充分时限。再次，就评估机构而言，对被拆迁房屋的评估理应属于房地产评估的范围，但目前存在的问题是：房地产评估、土地评估和资产评估管理体系交叉，部分依托原房地产管理部门成立的评估机构与无政府背景的评估公司为争取业务，赚取利润产生的不公平竞争和恶性竞争。① 最后，要特别关注评估程序的规范，加强对评估人员的监督力度以及坚持评估的市场原则等。

（五）拓宽土地调控资金和融资渠道，确定合理的补偿标准，因地制宜，采取多种有效方式公平补偿，确保拆迁安置计划的实施

1. 拓宽土地调控资金和融资渠道。

根据现行《拆迁条例》，一般房产开发中土地流转的完整过程如图 9 所示。

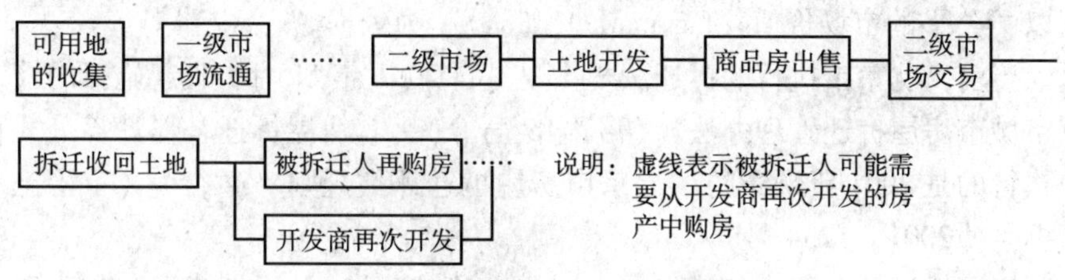

图 9　房产开发中土地流转过程

我国的土地是公有制，在实行市场经济后，对土地采取的是政府垄断市场模式②，即由政府控制着土地流通的一级市场，开发商的销售价格以其获得土地的成本为基础，这就包括了出让金部分和拆迁费部分，二者越高，土地成本越高，最终价格越高。首先，目前政府一方面在严格土地规划，控制土地总量；另一方面由于政府收集土地的资金渠道单一，如果财政不能满足，只能从开发商处解决，这一是容易造成政府偏离中立地位，二是由于资

① 比如迎合委托人要求，违反评估规程和规范等，所作的评估报告不够实事求是，只是简单、机械地套用各项指标、数据，在评估报告模板上略加修改，损害了被拆迁人利益，等等。

② 这种模式的特征是：a. 垄断制定资源政策；b. 垄断建设用地市场准入，控制已有市场；c. 垄断建设用地的生产过程，由政府确立统一征地、统一收购、统一开发、统一定价、统一出让的模式；d. 垄断或事实上垄断土地运营的所有竞争环节，如征地、收购、储备、造地、评估、定价、交易等。

金紧张，欠缺流通性和储备保证，而导致一级土地市场价格居高不下，土地供求价格偏高。其次，现行房产市场的购房方式较为单一，基本靠购房人的自有收入购买商品房或经济适用住房，其中经济适用住房在实践中又存在诸多问题（已如前述），而再买的商品房又是上述下一流通阶段中的增值产品，这对于开发商来说又是其作为商业主体的合乎规律的商业行为。而对于私益目的的拆迁，被拆迁人在合法土地使用权被无条件收回情况下所获补偿与开发商所获商业利润之间也不公平。总之，要解决上述土地资源利用渠道不畅通，居民再购置能力弱，难以形成均衡的市场化价格等问题，就需要大力拓宽土地调控资金，积极探索土地证券化、银行信贷资金、非银行金融机构资金、外国银行资金、地方性的城市土地储备债券、土地信托等融资方式。①

2. 确定合理的拆迁补偿标准，公平补偿。

根据美国的法治实践，公平补偿主要体现在以下三个方面：（1）主体的公平，即有权得到补偿的不仅仅包括财产的所有人，还应当包括财产相关的收益人，如房地产的承租人。（2）客体的公平，即取得补偿的对象不仅仅包括房地产本身，还应当包括房地产的附加物，以及与该房地产商业信誉有关的无形资产（good will）。（3）估价的公平，即法律要求补偿的价金应当以“公平的市场价值（fair market value）”为依据。②

当前，北京市执行的拆迁法规主要是自2001年11月1日起施行的《北京市城市房屋拆迁管理办法》（俗称87号令）。其房屋拆迁补偿计算公式目前执行的是2001年颁布的《北京市房屋拆迁评估规则（暂行）（京国土房管拆字［2001］1234号）》。

$$\text{房屋拆迁补偿价} = (\text{基准地价} \times K + \text{基准房价}) \times \text{被拆迁房屋建筑面积} + \text{被拆迁房屋重置成新价}$$

基准地价：是指在一定时间和一定区域内，普通住宅商品房的楼面地价平均水平。

基准房价：是指一定时间和一定区域内，普通住宅商品房平均建设综合成本价和被拆迁房屋平均重置成新价的差额（住宅房屋拆迁的基准地价、基准房价和土地级别范围，由政府主管部门制定并定期公布）。

K：容积率修正系数，按照《房屋拆迁容积率修正系数表》确定。被拆迁房屋现状容积率，按照被拆迁房屋建筑面积除以土地面积计算。被拆迁房屋建筑面积和土地面积，按照被拆迁人提交的房地权属证明文件标明的面积

① 参见刘兆云、李文玉：《论土地储备资金的筹集》，载《社会科学辑刊》2003年第1期；戴双兴：《土地证券化：城市土地储备制度融资方式的重要选择》，载《房地金融》2004年第1期。

② 参见周大伟：《美国土地征用和房屋拆迁中的司法原则和判解——兼议中国城市房屋拆迁管理规范的改革》，《北京规划建设》2004年第1期。

确定；房地权属证明文件没有标明土地面积的，平房容积率按照0.7计算，地上二层及二层以上楼房容积率按照1计算；当事人有异议的，也可以按照测绘部门实际测量的数据计算。

被拆迁房屋重置成新价：按照《北京市房屋估价办法》（京房地评字［1996］573号）和《北京市住宅楼房估价技术规范》（京房地评字［1999］655号）执行，相当于房屋的折旧费。[①]

显而易见，《北京市房屋拆迁评估规则（暂行）》规定的补偿标准，仅就房子本身（包括市价、容积率和折旧）进行估价，并未考虑拆迁户的全部机会成本。对此观察我国台湾地区的相关法律制度则规定详尽，救济较为周全，值得借鉴（参见表2）。[②]

3. 在经济条件允许的情况下，适当提高拆迁补偿标准，推行住宅抵押金融发展模式。[③] 例如，2005年6月，沈阳市公布《城市房屋拆迁补偿保障标准》。[④] 该文件规定将城市房屋拆迁补偿平均每平方米增加100元左右，其中一级区域建筑面积每平方米补偿保障标准从原来的3 097元提高到3 195元，并规定，如果房地产市场评估单价低于政府规定的拆迁补偿保障单价时，要按照政府规定的拆迁补偿保障单价计算补偿金额。[⑤] 而对于商用建筑的拆迁补偿，日本先后规定了被拆迁人有先买权与回购权[⑥]，澳门规定了现金补偿、折合股份等多种方式。另外，它们均强调对营业损失给予相对充分的补偿。

---

① 资料来源：http：//www. bj. xinhuanet. com/bjpd_sdzx/2006 －03/12/content_6445148. htm 访问时间：2006年4月4日。

② 依《台北市举办公共工程对合法建筑及农作改良物拆迁补偿暨违章建筑处理办法》之规定整理而成（1991年9月9日发布）。参见陈明灿：《土地开发过程中私权保障之研究：以市地重划为例》，载台湾地区《国立台湾大学建筑与城乡研究学报》1998年第9期，第63页。

③ 例如，加拿大在发展和完善住房政策中形成了住宅抵押金融发展模式，该国的抵押和住宅组织先后推行了可支付的住房政策、利率保险计划和抵押贷款证券化的方法，成功地帮助无数加拿大人实现了他们的“住房拥有梦”并极大地改善了加拿大人的生活居住条件。（详见黄兵：《中国住宅金融市场建设与发展模式探析》，载《社会科学辑刊》2000年第1期）

④ 参见龚义龙、张宝华：《沈阳市实行拆迁交接和备案制度以杜绝野蛮拆迁》，载新华社沈阳6月7日电。

⑤ 参见《沈阳提高房屋拆迁补偿保障标准》，来源：新华网2005年6月3日，http：//news. xinhuanet. com/zhengfu/2005 －06/03/content_3040845. htm。

⑥ 回购权是指从事业认定告示之日算起20年以内，起业者收用的土地之全部或者一部分变为不需要时，或者从事业之用时，收用地的原所有者等便取得购买权，即有权支付与补偿金相当的金额，购买该土地。先买权是指已作出计划决定或事业决定的事业预定地或者预定地以内的土地、建筑物的，有偿转让第三人时，事业主体可以支付与之相同的价金，优先购买土地、建筑物等。（参见杨建顺：《日本行政法通论》，中国法制出版社1998年版，第474～475页）

表2　　台北市建物拆迁补偿标准

费用名称	条　文	内　容	备　注
补偿费	10	1. 仅合法建筑物可以领取； 2. 以重建价格为补偿价格。	合法、非法建物之认定详见第3条
违章建筑拆迁处理费拆迁奖励金	10 12	1. 1963年以前之违章建筑，按合法建筑物重建价格80%计算； 2. 1964～1988年8月1日之违章建筑，按合法建筑物重建价格50%计算。 1）合法、非法建筑物均得领取；2）限期内自行拆除者，以合法建筑物重建价格及违章建筑处理费60%计；3）逾期自行拆除者减半发给。	建筑物之事实认定标准详见第10条
人口搬迁补助费	13	1. 合法、非法建筑物均得领取； 2. 限建筑物全部拆除且于限期内自行搬迁之现住人口及建筑物拆除需就地整建而暂行搬迁之现住人口。	补助金额详见本办法附表2
营业补助费	14	1. 建筑物作营业使用者得领取； 2. 限领有工厂登记证或营业执照或持有缴纳营业税据之正式营业之建筑物。	
工厂生产设备及营业设备补偿（助）费	19～16	1. 合法工厂或营利事业得领取； 2. 包括电力外线设备补偿（助）费、自来水外线设备或瓦斯设备补偿（助）费、固定设备拆除费、工业及营业用水井拆除费； 3. 机器设备及原料之搬迁另有工资补助费、搬迁补助费及机械拆迁损耗之补偿。	合法工厂之认定详见第26条
农作物补偿、迁移费	29～30	1. 依台北市办理征收土地农林作物及鱼类补偿费迁移费查估基准规定办理； 2. 农业用固定设备之补偿准用合法工厂设备补偿（助）之规定。	

4. 采取先安置后拆迁、就地（重划区内）安置、集中安置以及对“自动拆迁者”提供奖金等多种拆迁安置办法，[①] 切实保证拆迁工作的顺利进行。[②] 实践中，2005年2月，杭州市十届人大五次会议发布先建安置房再发拆迁证的公告，规定：对未列入年度拆迁计划的项目，不得发放拆迁许可证；对列入拆迁计划的项目，在审批时要严格审查其安置房源落实情况，未

① 先安置后拆迁、集中安置等办法，有利于打消被拆迁人拆迁后无地方可供居住因而不愿搬离的顾虑。

② 据学者对多名不愿拆迁之拆迁户的调查，大约有6%的人认为是补偿费用太低，30%的人觉得拆迁后无地方可供居住或安置，48%的人不愿意离开故土，其他原因者为16%。大部分的被拆迁人不愿迁离的核心原因是其非经济损失未得到公平补偿。（陈明灿：《土地开发过程中私权保障之研究：以市地重划为例》，载《国立台湾大学建筑与城乡研究学报》（台湾地区）1998年第9期，第67页）

落实拆迁安置房的，不得发放拆迁许可证；对现有在外过渡户较多的市、县（市、区），除必要的城市基础设施项目外，原则上不再审批新的拆迁项目，严格控制新的拆迁过渡户产生。凡超过回迁期限未能安置好拆迁户的，不得批准该拆迁人拆迁新的项目以及房地产开发项目。①

5. 检讨拆迁法规在程序公正与效率问题上的偏离，降低拆迁程序成本，提高行政主体和开发商的诚信价值。② 2005 年 11 月 25 日通过并公布的《四川省城市房屋拆迁管理条例（修订案）》规定，房屋拆迁管理部门在审查拆迁许可证申请时，应当邀请人民代表大会代表、社区代表等具有社会公信力的代表对拆迁计划和拆迁补偿方案进行评议；拆迁补偿安置资金专户储存、专款专用。其存款额度，应当不少于扣除安置现房价值后该项目的补偿安置总额。拆迁人使用拆迁补偿安置资金，应当报房屋拆迁管理部门备案；取消货币补偿政府指导价，删去了原条例关于“货币补偿金额以政府指导价确定”的规定，而是按照国务院条例实行“货币补偿的金额，根据被拆除房屋的区位、用途、建筑面积等因素，以房地产市场评估价格确定”的原则；未经市、县人民政府批准强制拆迁或者未由人民法院裁定强制拆迁的，拆迁人和有关单位不得对未搬迁的被拆迁人或者房屋承租人停止供水、供电、供气，不得强行拆除未搬迁的被拆迁人的房屋。③

（六）在司法独立的基础上，合理解决基于商业开发纠纷而引起的民事诉讼，鼓励拆迁当事人的自主协商运作，对那些想通过协商、和解以免遭强制搬迁的居民和社会相关人群，应提供多元化的纠纷解决方式和法律援助

1. 基于商业开发拆迁纠纷而引起的民事诉讼。

这类诉讼包括三种情况：其一，拆迁协议之诉。根据《拆迁条例》及地方配套的法规、规章，拆迁人与被拆迁人达不成拆迁协议，既可以申请行政裁决，也可以就补偿问题提起民事诉讼。但如果拆迁人先行提起裁决，补

---

① 资料来源：人民网，2005 年 1 月 3 日，http：//www.people.com.cn/GB/news/37454/37461/3155672.html。

② 信用是市场经济的支柱之一，失信则破坏了社会契约基础。经济中的一切问题都可以从信息不完全和信息不对称中找到本源。由于信息不对称、信息不完全，就需要契约制度的不断发展和完善。于凌罡等掀起的个人集资建房潮异军突起，等于从商品经济“返祖”到自给自足的自然经济（外壳）。这是一个信号，反映了公众对房地产业的不信任，是消费者自发的理想化对抗反应。这意味着在社会范围内，买房人与开发商互相合作的“经济契约”的爽约，不过是由买者单方面提出的而已。

③ 参见张丽华、罗英：《四川人大修改法规保护房屋被拆迁人权益》，人民网 4 月 5 日讯；转引自公盟研究室编：《中国人权研究报告》（未刊稿）。

偿问题也将被行政机关一并处理。其二，拆迁侵权之诉。在达成了拆迁补偿协议的情况下，如果拆迁人拆迁过程中侵犯了被拆迁人其他合法权益的，被拆迁人可提起侵权之诉。其三，双倍索赔。根据《最高人民法院审理商品房买卖合同纠纷案件适用法律若干问题的解释》（2003 年 4 月 28 日，简称最高法院 7 号文件）第 7 条、第 8 条之规定，开发商违反对被拆迁人进行实物补偿的约定，又将房屋转卖的，被拆迁人可请求双倍赔偿。①

2. 政府旧城改造和新区建设项目的拆迁当事人自主协商流程。

该自主协商流程大体如下：①城区开发项目公告，拆迁区域内拆迁户推选参与协商的人员，确定协商代表；②主管机关向拆迁户提出安置计划，并进行沟通；③就计划内容取得共识的拆迁户先行签订协议书；④主管机关（或仲裁委员会）邀集拆迁相关单位及当事人，举行正式协商会议；⑤在正式协商会议的基础上，就先期协商未能达成协议者，由主管机关再拟定安置替代方案并与之讨论，而就限期协商达成协议者，深入讨论其安置计划内容；⑥达成协议，双方签订协议书（包括主管机关或仲裁委员会确认替代安置方案的合法性，并与后期达成协议者签订协议书）。以上构成一个协商成员确定——协商议题沟通——取得共识签订协议书——共同协商——再次沟通——最终取得共识全面签订协议书的过程。②

3. 拆迁前土地规划阶段的公示、听证等程序。

房产开发拆迁，一方面会造成被拆迁地区周边居民暂时的交通不便，另一方面是建设后一般来说更好的周边环境，并可能带来新的就业、商业机会。如是城市公共品建设，如道路、桥梁等，则也可能会影响其以后的生活、工作和交通的便利，同时这样的公共建设由于是使用公共资源，用于公益目的，实际上涉及该地区的整体利益，所以该地区的居民都应有知情权、参议权。而对于这些非拆迁当事人，现行拆迁法律、法规（及规划法等相关法律）并没有给他们提供发表意见、提出异议甚至行政复议的渠道。对此一个弥补的办法是，在拆迁前的土地规划阶段通过公示、听证等程序，吸

① 第 7 条："拆迁人与被拆迁人按照所有权调换形式订立拆迁补偿安置协议，明确约定拆迁人以位置、用途特定的房屋对被拆迁人予以补偿安置，如果拆迁人将该补偿安置房屋另行出卖给第三人，被拆迁人请求优先取得补偿安置房屋的，应予支持。被拆迁人请求解除拆迁补偿安置协议的，按照本解释第 8 条的规定处理。"第 8 条："具有下列情形之一的，导致商品房买卖合同目的不能实现的，无法取得房屋的买受人可以请求解除合同、返还已付购房款及利息、赔偿损失，并可以请求出卖人承担不超过已付购房款一倍的赔偿责任：（一）商品房买卖合同订立后，出卖人未告知买受人又将该房屋抵押给第三人；（二）商品房买卖合同订立后，出卖人又将该房屋出卖给第三人。"这一司法解释对被拆迁人极为有利，但是可以看出，它是适用于开发商的，如果是政府为公益目的而决定拆迁，则不宜适用该法则。

② 此处参考陈明灿：《土地开发过程中私权保障之研究：以市地重划为例》，载台湾地区《国立台湾大学建筑与城乡研究学报》1998 年第 9 期，第 75 页。

引社区人群共同研究解决问题。

4. 多元化纠纷解决机制。

这是指在一个社会中，多种多样的纠纷解决方式以其特定的功能和特点，相互协调地共同存在所结成的一种互补的、满足社会主体的多样需求的程序体系和动态的调整系统。我国当前风起云涌的城市房屋拆迁纠纷是社会现代化、城市化发展进程中出现的问题，各种多发和复杂激烈的纠纷使得社会的承受能力和处理能力，特别是司法机制解决拆迁纠纷面临着极大的考验。在这种情况下，国家、法律界和公众对于纠纷及其解决都应持一种现实主义的态度。在公共政策选择方面应优先追求社会的稳定与和谐，强调纠纷解决的社会效果，提倡利用和发展多元化纠纷解决机制（包括高效和灵活的行政性处理机制，价值中立的仲裁机制，社会自治组织的调解机制，律师事务所的法律援助机制，司法程序协商化并负责与拆迁谈判的代表机制，组建"房屋拆迁代理公司"① 直接参加协商谈判等），以提高效率、保证纠纷解决的质量和效果，使法律能够正常实施，受到损害的权利得到合理救济，最终，社会通过纠纷的解决回归和谐。

参考文献：

1. U. S. Constitution – Amendment 5 & Amendment 14. *Human Rights Watch* http：//www. hrw. org

2. 《北京房地产》，2003～2005 年各期。

3. 耿毓修、黄均德主编：《城市规划行政与法制》，上海科学技术文献出版社 2002 年版。

4. 黄建中主编：《城市房地产管理法新释与例解》，同心出版社 2004 年版。

5. 董群忠：《城乡建设》2003 年第 7 期。

6. 王名扬：《法国行政法》，中国政法大学出版社 1992 年版。

7. 公盟研究室编：《中国人权研究报告》（2006 年 2 月，未刊稿）。

8. 黄凯松：《中美两国土地征用与房屋拆迁立法比较研究》，载《中共福建省委党校学报》2005 年第 2 期。

9. 王克稳：《论房屋拆迁行政争议的司法审查》，载《中国法学》2004 年第 4 期。

10. 杨建顺：《日本行政法通论》，中国法制出版社 1998 年版。

11. 沈守愚：《土地法学通论》（上、下册），中国大地出版社 2002 年版。

① 当前在我国东南沿海，纷纷成立了许多"房屋租赁代理公司"，协助被拆迁人讨债、谈判和处理资产。

12. ［法］莫里斯·奥里马著：《行政法与公法精要》（下），龚觅等译，辽海春风文艺出版社 1997 年版。

13. 罗豪才主编：《行政法论丛》第 6 卷，法律出版社 2003 年版。

14. 颜毅艺、于立深、蔡宏伟等：《社会变迁中的利益、权利、权力和制度——透视城市拆迁》，载《法制与社会发展》2004 年第 2 期。

15. 林增杰等：《中国大陆与港澳台地区土地法律比较研究》，天津大学出版社 2001 年版。

16. 周大伟：《美国土地征用和房屋拆迁中的司法原则和判例——兼议中国城市房屋拆迁管理规范的改革》，参见 http：//www. law - lib. com/lw/lw_view. asp？ no =3134。

17. 《最高人民法院公报》2004 年第 4 期、第 8 期。

The Interplay of Power, Rights and Interests: An Economic and Legal Analysis of Urban House Demolition and Relocation in China

Yujun Feng

(Law School, Renmin University of China, Beijing 100872)

[**Abstract**] In recent years, the problem that China's *chaiqian* ("Demolition and Relocation") has emerged as a field prone to disputes. Such disputes frequently involve various governmental bodies, private developers, the courts, construction companies, and the general public. Conflicts between the private rights and the public interest, between the individual interests, commercial interests and the political power, are becoming increasingly fierce and have raised concerns about social stability. Those well-connected construction developers try to gain the huge illegal profits. Some forced eviction cases violate basic human rights, but the legal redress for evicted persons still lack. With an examination of the current law framework in China and what policy changes have been to attempt to deal with the issues associated with Demolishment and Relocation, the author use the method of law and economics and two game theory models to directly illustrate situation encountered in practice and the *Property law*, *Law of the People's Republic of China on Administration of the Urban Real Estate*, *City Planning Law of the Peoples Republic of China*, especially *Regulation on the Administration of Urban House Demolishment and Relocation* (by State Department, 2001) and other national laws and regulations. Finally, the author describing the present difficulties in legal relief for Chaiqian disputes, and presents some possible solutions and recommendations.

[**Key Words**] Urban House Demolition and Relocation (*chaiqian*) Economic and Legal Analysis Solutions and Recommendations

JEL Classifications: Z190

财政分权、制度创新与经济增长

刘瑞明　白永秀*

【摘　要】本文意图抓住中国经济增长中的财政分权、制度创新和地方政府在经济增长中的重要作用等关键特征，从财政分权这一角度出发论证政府制度创新的能力和动力，并进一步探索由此引致的经济增长。研究表明，财政分权过程中中央政府和地方政府根据制度创新的比较优势进行了事实上的“制度创新分工”，这种结构中的制度创新成为经济增长的重要动力。

【关键词】**财政分权　制度创新　经济增长**

中图分类号：**F061.2**　文献标示码：**A**

一、导　言

制度在经济增长过程中起到了决定性的作用，提供有效激励的制度可以减少交易成本和内化外部性，进而可以促进经济增长。并且由于外在环境和相对价格的变化产生的潜在利润流要求经济主体进行制度创新，只有创立新的制度安排，才有可能实现潜在利润，实现经济增长（诺斯，1994）。大量经验研究支持了良好制度对经济增长起促进作用的假说（Acemoglu，Johnson 和 Robinson，2001，2002，2005；Schully，1988；Lin，1992）。

在中国过去近三十年的高速经济增长中，制度起到了重要的作用。对中国制度创新和经济增长的研究文献都证明了这一点。王小鲁（2000）指出，资本形成加速对过去的高速增长作出了很大贡献，但更重要的贡献来自制度变革引起的资源重新配置。钟昌标、李富强、王林辉（2006）的研究表明，

* 刘瑞明，西北大学经管学院硕士研究生；地址：西北大学南校区 198#信箱（710127）；电话：13572145105，029－88301726；E-mail：lrmjj@ 126. com。白永秀，教授，博士生导师，西北大学经济管理学院院长；地址：西北大学经管学院（710127）。

近年来我国经济制度对经济增长不仅是重要而且是有效率的，并且政府对当前的经济增长起着决定性的作用。傅晓霞、吴利学（2002）分析了中国20年来的制度变迁和经济增长，验证了制度创新与制度变革是中国经济增长主要因素之一的观点，指出中国的体制改革仍能在很大程度上促进中国的经济增长。董祥海、李升（2004）在C－D生产函数中加入了制度项，根据1980～1994年的数据发现，制度和技术因素总和对中国经济增长的贡献率为22.4%，其中制度因素占主要部分。张光南（2007）讨论了制度、人均基础设施与经济增长的关系，研究发现，制度会通过影响人均资本产出弹性而影响基础设施对经济增长的贡献，从而导致经济增长率的不同。制度质量越高，最优税率越高，经济增长稳态时的人均消费越大，所需人均资本投入越小。王泽填、卢二坡（2007）将制度作为一个变量引入索洛模型，构造了一个包含制度的、技术内生的增长模型，发现：制度质量越好，人均产出增长率越高；人均产出存在关于制度的条件收敛。薛宏雨（2004）构建了包含制度要素在内的经济增长模型，考察了1978～2002年中国经济增长与制度之间的关系，定量测算了制度在经济增长中的作用，验证了制度在经济增长过程中的重要性。

因此，对于经济增长的理解的重心也应当放在制度创新这一主题上。就中国的经济增长而言，学界所取得的一个共同认识是：中国的经济发展总体上可以判断为“政府主导型经济”或“政府推动型经济”（Government Pushed Economy）。政府在整个经济成长的过程中扮演了极为重要的角色。这不仅表现在政府可以直接进行各种经济活动或间接地通过制定经济发展战略和政策对私人经济活动进行引导，更为重要的是，政府推动的制度创新构成了经济增长的重要源泉。因此，对于政府的内部激励的认识成为理解中国经济长期增长关键。

概括地讲，中国的经济增长至少表现为如下两个特征：集权体制的不断分权化（钱颖一等，1997、1998）；地方政府主导的制度创新（黄少安，1999；杨瑞龙，1999）。并且这两个特征构成了理解中国经济增长极为重要的制度基础。一方面，改革开放以来中央政府与地方政府的分权改革创造了一种特殊性质的经济联邦，即所谓的“有中国特色的维护市场的（market-preserving）经济联邦”（钱颖一等，1998）。这种分权为地方政府推动地方经济发展赋予了充分的能力。周黎安的研究（2004）还发现，财政分权激励与晋升激励一起构成了地方政府推动地方经济发展的动力。另一方面，学界均认识到地方政府主导的制度创新在中国经济增长过程中的重要作用。如黄少安（2000）提出了“政府以行政手段推进市场化进程”的假说，即政府以非市场的行政力量培育与发展市场，放弃对社会经济的全面管制，逐步扩大市场自主决策的比例，推动整个社会向市场经济体制前进。杨瑞龙

（1998）的“中间扩散型制度变迁方式”假说指出，放权让利改革战略与“分灶吃饭”财政体制的实施，使经济利益独立化的地方政府不但成为沟通权力中心的制度供给意愿与微观主体的制度创新需求的中介环节，而且还直接从事能导致地方利益最大化的制度创新活动。姚洋（2004）指出，地方创新和泛利性执政党的成功结合是中国过去25年经济增长的根本原因。地方性实验、地方市场化改革的自我加强和执政党的泛利性是中国能实现有效的制度变迁从而促进经济增长的主要原因。

基于以上认识，本文意图抓住中国经济增长中的财政分权、制度创新和地方政府在经济增长中的重要作用等关键特征，从财政分权这一角度出发论证地方政府制度创新的能力和动力，并进一步探索由此引致的经济增长。本文的结构安排如下：第二部分论证财政分权、地方政府竞争和制度创新之间的关系；第三部分构建一个分权模型，详细论证分权化如何激励地方政府进行制度创新；第四部分利用改革过程中三类最为引人注目的制度创新对理论框架进行经验验证；第五部分是结语。

二、财政分权、比较优势与制度创新分工

由于传统集权体制的无效率和巨大的财政压力，财政分权便成为改革的一项重要内容，并促使政府改变现存的制度安排（张宇燕、何帆，1997；何帆，2002；古志辉，2006）。在一定意义上讲，财政分权是我国经济改革的主旋律之一，因为正是财政分权改革以及其他相关制度的配套使得中国的政府主导型的经济不断向前推进。一般认为，财政分权有利于引入竞争和创新机制。这是因为财政分权后的地方政府有自己的独立利益，使得它们能够在经济发展中展开竞争。改革过程中的地方政府竞争表现为两个方面：一是官阶的上升（周黎安，2004），二是地方政府的财政分权的经济竞争（钱颖一等，1997）。财政分权为地方政府推动经济增长赋予能力，而晋升激励保持了中央的权威。后者被认为是中国与其他转型国家如俄罗斯改革绩效不同的重要原因。而竞争的一个重要内容就是制度竞争，作为创新的重要动力，竞争又必然推动制度的不断创新。

按照新制度经济学的认识，制度创新是一种组织行为的变化、组织与其活动环境之间相互关系的变化，以及支配上述行为与相互关系的规则的变化（拉坦，1994），目的是通过制度的调整与变革取得潜在利益。而在所有的社会制度安排中，政府是最重要的一个，政府可以采取行动来纠正制度供给不足（林毅夫，1994）。在改革初期，政府被理所当然地奉为制度变迁的主导者，这是因为：在我国，政府不仅在政治力量的对比中处于绝对优势地

位，而且还拥有很大的资源配置权力，能通过行政、经济、法律手段在不同程度上约束非政府主体的行为（杨瑞龙，1998），而且，政府推动制度变迁具有规模经济效应，政府推进市场化进程，比市场经济体制的自然形成成本更低，新制度确立的时间更短、更有效率，相对收益更大（黄少安，2000）。陈天祥（2000）认为，地方政府在制度创新中充当三种角色：一是以“第一行动集团”的身份，在自己的固有职权范围内主动进行制度创新；二是以代理者的身份，在中央政府的制度准入条件下进行制度创新试验；三是以“第二行动集团”的身份，对微观主体的制度创新活动予以鼓励和支持，使制度创新得以实现。事实上，地方政府经常被视为政策实验室，因为不同的地方政府可以进行不同的政策试验，分权后的地方政府的政策选择有可能同时考虑几个不同政策的优势。而中央政府每次只能试验一个政策，而且要经过很长的时间才能得到较好的新政策。当某一项政策预期的收益比较低时，进行政策试验可以反映潜在收益分布的信息（Rodden. et. al，1997）。这和姚洋（2004）的认识是一致的，他指出：中国能实现有效的制度变迁从而促进经济增长依赖于三点：一是地方性试验，即地方政府的信息优势和互相竞争刺激地方上的制度创新；二是地方市场化改革的自我加强效应，促使中央不得不对地方创新行为“事后追认”；三是执政党的泛利性，因为党的泛利行为能够激励地方政府官员积极发展本地经济及努力推进地区制度变革。

我们在此所要重点提及的是，强调地方政府的制度创新并未否定中央政府制度创新的作用。恰恰相反，我们认为，中央政府在整个改革过程的制度创新中扮演了重要角色。中央政府拥有绝对优势的政治力量及资源配置权，且它为追求特定的政治和经济目标也必须通过制度创新来实现经济增长（杨瑞龙，1993）。所不同的是，中央政府更为注重那些基本层面制度的创新工作。事实上，在制度创新的过程中，中央政府和地方政府根据其制度创新的比较优势进行了实际上的分工，我们称之为“制度创新分工”。对于这一问题的理解可以回到哈耶克（Hayek，1945）对集权社会主义的批评：信息和知识的分散性使得计划体制不可能实现其理想状态。从某种意义上讲，这种制度创新分工是对哈耶克的“知识难题”的回应。正如周业安（2000）所指出的那样，地方政府创新活动的有效性基于知识的可得性，地方政府与中央政府相比更理解地方社会成员的需求和资源状况。中央政府不具有对特定环境的准确认识，风险最低的巩固地位的方式是让地方和社会成员从事直接的制度创新。另一方面，中央政府的制度创新表现在那些基本层面的制度创新，而这是地方政府制度创新的基础。[①] 可以这样理解，一方面，中央政

① 回顾一下改革历程，不难发现这一特征，如改革开放这一“制度创新”就是中央政府作出的，而如果没有这一制度基础，后来的发展是不可想象的。

府将那些它不具备比较优势的制度创新工作放权给地方，使对基层具体情况更为理解的地方政府大展手脚；另一方面，中央政府保持着对改革总方向的把握，根据改革需要不断调整基本层面的制度安排，进行制度创新，使得改革顺利进行。①

从制度创新的角度出发，改革以来的经济增长可以理解为如下逻辑："政府分权——制度创新能力与动力赋予——制度创新职能分工——中央政府保留宏观层面制度创新的控制权，地方政府进行相对微观层面的制度创新——制度创新分工互动——经济增长"。我们在第三部分中利用数学模型刻画这一逻辑。

三、模　　型

考虑这样一个模型，② 模型中有一个中央政府和一个地方政府，地方政府承担中央政府赋予的任务，这一任务表现为制度创新。我们定义，一项制度创新主要是去发现哪种制度应当被实施和推广，因为从改革的过程来看，那些制度创新往往不是靠政府直接创造出来的，而是政府对那些民间已经存在的制度进行推广的过程。对中央政府和地方政府而言，存在 n 个潜在的制度可供创新，事先看来，这些制度看上去是相同的，分辨不出优劣，因此需要政府花费一定的成本去收集制度创新收益的信息。一项制度创新为中央政府和地方政府都带来利益，假定制度 i（$1\leqslant i\leqslant n$）对中央政府的收益为 B_i，对地方政府的收益为 b_i，并且政府要么制度创新以获取一定的收益，要么不创新但无收益。V 和 b 分别代表中央政府和地方政府在若干可选择的制度当中所可能得到的最高回报。我们假定 V 和 b 在事前已知。③ 假定地方政府偏好的制度为地方政府创造 b 的回报，给中央政府带来的预期收益为 αV，$0\leqslant\alpha\leqslant 1$；中央政府偏好的制度给中央政府带来的收益为 V，给地方政府带来的预期收益为 βb，$0\leqslant\beta\leqslant 1$。

中央政府和地方政府在需要付出一个成本之后，获得关于制度创新收益的信息。假定中央政府和地方政府分别付出成本 $g_C(E)=E^2/2$ 和 $g_L(e)=e^2/2$ 后，以 E 和 e 的概率获知其收益，以 $1-E$ 和 $1-e$ 的概率什么也不能获知。从集权与分权的利益比较中，我们可以看到中央政府为什么要进行分权

---

① 如果将经济比喻为一艘大船，那么改革就是过去事必躬亲的船长（中央政府）将权力下放给船员（地方政府）而自己只观风掌舵的过程。

② 本文的建模思路主要来自于 Aghion and Tirole（1995）对企业分权与创新活动的讨论。

③ 这一假设并不要求政府知道具体哪一项制度创新将会带来最高收益，但政府花费一定成本后有可能了解到这一信息。

化改革。

1. 集权体制下的预期效用与制度创新信息收集的反应函数。

从假设可知，集权体制下，中央政府和地方政府的预期效用分别可表示为：

$$U_C = EV + (1-E)e\alpha V - g_C(E);$$
$$U_L = e\beta b + (1-E)eb - g_L(e)。$$

制度创新信息收集的反应函数为：

$$(1-\alpha e)V = g'_C(E);$$
$$(1-E)b = g'_L(e)。$$

进一步，代入成本函数，可以求知：

$$E = V(1-\alpha b)/(1-\alpha bV);$$
$$e = b(1-V)/(1-\alpha bV)。$$

2. 分权体制下的预期效用与制度创新信息收集的反应函数。

同理，我们可以得到分权体制下中央政府和地方政府的预期效用分别可表示为：

$$U_C^d = e\alpha V + (1-e)EV - g_C(E);$$
$$U_L^d = eb + (1-e)E\beta b - g_L(e)。$$

制度创新信息收集的反应函数为：

$$(1-e)B = g'_C(E);$$
$$(1-\beta E)b = g'_L(e)。$$

同理，代入成本函数，可以得到：

$$E^d = V(1-b)/(1-\alpha bV);$$
$$e^d = b(1-\alpha V)/(1-\alpha bV)。$$

比较集权体制和分权体制，容易得到：

$$E > E^d;$$
$$e < e^d。$$

因此，我们有：

命题 1 分权改革一方面可以提高地方政府制度创新的积极性，但另一方面，分权改革同时也加大了制度创新的风险性。

因此，我们可以猜想，中央政府的最优分权政策是对制度创新积极性和风险性的权衡。

3. 分权抉择与制度创新分工。

假定中央政府制度创新的专业能力为 θ，$\psi=1/\theta$ 为中央政府在其能力为 θ 的制度创新上花费的精力。若中央政府选择控制这种类型为 ψ 的制度创新，则 $x(\psi)=1$，若其将制度创新交给地方政府，则 $x(\psi)=0$。

根据前文分析，在集权 $x(\psi)=1$ 和分权 $x(\psi)=0$ 的制度创新活动中，地方政府的反应函数分别为：$e(\psi)=b[1-E(\psi)]$ 和 $e(\psi)=b[1-\beta E(\psi)]$。

集权和分权中的制度创新所获得的预期回报分别为：

$$\pi(\psi)=E(\psi)V+[1-E(\psi)]e(\psi)\alpha V,\ e(\psi)=b[1-E(\psi)];$$

$$\pi^d(\psi)=e(\psi)\alpha V+[1-e(\psi)]E(\psi)V,\ e(\psi)=b[1-\beta E(\psi)]。$$

比较中央政府在分权和集权时的收益以确定其是否分权以及如何分权：首先，中央政府不会将其具有比较优势的制度创新交给地方政府，因为当中央政府对一项制度创新具有比较优势时，其将保留制度创新的控制权，即当 $E(\psi)=1$ 时，$\pi(\psi)>\pi^d(\psi)$。其次，中央政府将那些其不具有比较优势的制度创新交给地方政府，因为当中央政府对一项制度创新不具有比较优势时，其将制度创新的控制权交于地方政府，即当 $E(\psi)=0$ 时，$\pi(\psi)<\pi^d(\psi)$。因此，适当分权是有利的。不妨提出：

命题2 中央政府从全局利益出发，根据制度创新比较优势的不同进行“制度创新分工”。即中央政府对于那些具有比较优势的制度创新（更基本的制度创新）保持控制权，而将那些自己不具有比较优势的制度创新（更为具体的制度创新）委托给地方政府进行。

按照新制度经济学的认识，制度创新应当成为理解经济增长的关键。在中国过去长期的经济增长过程中，政府扮演了重要的角色，这主要表现在政府主导的制度创新构成了经济增长的重要动力。而从整个中国经济改革的过程来看，财政分权改革使得政府主导的制度创新成为可能。从以上命题出发，我们不难理解中国不断分权过程中的制度创新及与之相伴而生的经济增长。财政分权和晋升激励使得地方政府有捕捉潜在制度收益进行制度创新的动力，制度创新推动了经济长期增长。传统社会主义体制由于不可能解决信息分散性问题而必然失败（Hayek，1945）。就我国经济改革过程中的制度创新而言，中央政府和地方政府在制度创新上的分工可以看作是对这一难题的潜在回应。由于信息的分散性，就地方制度创新信息获得成本而言，地方政府比中央政府能够更准确有效地利用地方信息进行制度创新，因此能更好地带动地区经济发展，进而带动全国经济发展。中央政府综观全局进行基本层面的制度创新，为地方政府制度创造条件。分权的一个重要优点在于其可以利用中央政府和地方政府在信息获得和制度创新能力上的比较优势进行制度创新，从而带动经济发展。

四、经验验证

改革以来的经济增长过程是否支持本文所提出的理论框架呢？在此，我们将利用历史经验进行验证。我们注意到，整个改革过程中极为引人注目的制度创新表现在以下几个方面：一是改革开放初期实行推广的以家庭联产承包责任制为主的农村土地创新制度；二是20世纪80年代中期和90年代初期乡镇企业的异军突起；三是20世纪90年代中期兴起并延续至今的新兴高新产业和工业园区。因此，本文的经验验证将从这三个方面着手，并沿着历史路径阐明政府分权与这些制度创新和由此引致的经济增长之间的关系。

（一）农村土地制度创新与经济增长

以家庭联产承包责任制为主的农村土地制度创新是改革初期经济增长尤其是农业增长最主要的动力。肇始于安徽凤阳小岗村的土地家庭经营、包产到户制度起先是小岗村农户的自我创新试验，取得了大丰收。看到这种制度创新的甜头后，各级地方政府对这种制度首先持观望态度，后来逐渐尝试性推广，再后来全面推广。在总结这些经验的基础上，中央政府制定了规范性的指导意见，逐步在全国推广。据相关资料显示，1981年，中国有15%的生产队转向家庭承包制，到1991年年底，采用这一制度的生产队已达98%。农村土地制度创新带来了巨大的经济增长效应，林毅夫（1992）估计，1978~1984年间，农作物总产值以不变价格计算，增加了42.23%，其中家庭承包制改革带来的增长达19.80%个百分点，贡献大约占一半（46.89%），农村制度改革的贡献则为42.20%。

（二）乡镇企业制度创新与经济增长

乡镇企业制度创新是我国经济史上的另一朵奇葩，在20世纪80年代中期后取得了巨大的成绩。乡镇企业的异军突起，成为农村改革的一个强大推动力量。可以说，乡镇企业是我国20世纪80~90年代经济增长的动力，在农业经济和农村经济发展中所起的作用是巨大的。由于乡镇企业是在市场竞争的环境中生长和壮大的，所具有的特殊机制使其得以在竞争中一度表现出巨大优势。而在乡镇企业的发展过程中，地方政府和中央政府都起到了巨大的推动作用。从地方政府的影响层面看，乡镇企业受地方政府的影响很大甚至直接归地方政府所有，这是因为乡镇企业实际上由乡镇政府而非当地居民控制（Chang和Wang，1994）。这种地方政府所有制可以看作是对中央政府掠夺的组织回应（Che和Qian，1998）。研究表明，这主要缘自两个方面：一方面，财政分权使得地方政府发展地方经济以满足地方人民的经济发展要求和提高其财政收入；另一方面，地方政府具有信息上的优势创办和发展乡镇企业，为了获得地方政府的支持，乡镇企业也愿意被其控制或者挂靠在政府名下。这两个条件成为乡镇企业异军突起的重要因素。中央政府在此期间也出台了各种政策、法规对乡镇企业的发展给予支持，甚至在 1996 年颁布了《中华人民共和国乡镇企业法》，给乡镇企业的发展以法律保障。

（三）高新产业和工业园区制度创新与经济增长

兴起于 20 世纪 80 年代末 90 年代初、壮大于 90 年代中后期并兴盛至今的高新产业和工业园区成为近年各地经济增长的重要组成。从各个高新产业园区的发展历史看，中央政府和地方政府在推动高新产业园区发展过程中都不断地给予政策支持和经济扶助，推动制度创新。这在各个高新产业园区的发展过程中都得到了印证。[①] 据相关资料，[②] 中国高新技术产业开发区的发展历史经过三个阶段：第一个阶段（1984～1988 年）是酝酿阶段，这一阶段，中央政府形成了《中共中央关于科学技术体制改革的决定》等重大决定，正式批准建立北京市新技术产业开发试验区，并制定了有关试验区的 18 项优惠政策，批准实施发展中国高新技术产业的指导性计划——火炬计划，明确把创办高新区、高新技术创业服务中心（企业孵化器）作为国家火炬计划中的重要组成部分。第二阶段（1988～1991 年）为创办阶段，此阶段中，绝大部分省、市、自治区、计划单列市纷纷结合当地特点和条件积极创办高新区，国务院下发《关于批准国家高新区和有关政策规定的通知》，在全国地方兴办的高新区的基础上，批准建立了第一批国家级高新区，同时制定了一整套扶持高新区发展的优惠政策。第三阶段（1992 至今）为成长和发展阶段，建立了一批国家高新区，有力地促进了科技成果转化为现实生产力，初步确立了在我国高新技术产业发展中的重要战略地位，为区域性产业结构调整和经济增长作出了贡献，成为地方经济增长快、投资回报率高、创新能力强、具有极大发展前景的经济增长点。从高新区的发展历程来看，不难发现中央政府和地方政府的制度创新分工，国家制定方向性的发展方针，而地方根据各地情况实施相应制度方面的创新。

五、结　　语

新制度经济学认识到，制度是经济增长的重要源泉，这同时也构成了理解中国过去几十年经济增长的重要突破口。就我国经济改革过程中的制度创

① 杨瑞龙（1998）曾记述了江苏昆山地方政府在高新产业发展过程中的作用的生动案例。

② 夏海钧：《中国高新区发展之路》，中信出版社 2001 年版，第 12～16 页。

新而言，财政分权下中央政府和地方政府在制度创新上的分工可以看作是对哈耶克知识难题的潜在回应。

本文的研究表明，迫于内外部压力而进行的财政分权以及其他相关改革赋予了地方政府进行制度创新的动力。从一个侧面讲，分权过程实际上是中央政府根据制度创新比较优势的不同进行的制度创新分工，中央政府分工进行那些更为基本层面的有关改革宏旨的制度创新，而地方政府分工进行那些更加具体的制度创新。这是由于信息的分散性，就地方制度创新信息获得成本而言，地方政府比中央政府能够更准确有效地利用地方信息进行制度创新，因此能更好地带动地区经济发展，进而带动全国经济发展。中央政府综观全局进行基本层面的制度创新，为地方政府制度创造条件。分权的一个重要优点在于其可以利用中央政府和地方政府在信息获得和制度创新能力上的比较优势进行制度创新，从而带动经济发展。这两种制度创新互动形成了制度创新的主旋律。中国的经济增长正是在这样的旋律中不断前进。但是这一过程也并非完美无缺，其中也伴随着影响经济长期增长的种种问题，因此，一个疑问是：这样的旋律是否还要继续成为中国经济增长的伴奏曲？对于这个问题的回答事实上已经体现制度经济学的研究当中。财政分权下政府主导的制度创新本身作为一项制度需要根据具体情况不断地得到调节，即所谓改革或创新。而从改革进程来看，这一过程基本符合杨瑞龙（2000）的推断：中央集权型计划经济的国家向市场经济体制转轨的可能路径是，由改革之初的供给主导型制度变迁方式逐步向中间扩散型制度变迁方式转变，最终过渡到需求诱致型制度变迁方式，完成向市场经济体制的过渡。

参考文献：

1. Acemoglu, Daron, Simon Johnson, and James A. Robinson, 2005, "Institutions as the Fundamental Cause of Long run Growth", http://elsa. berkeley. edu/ ~ chad/handbookqsj. pdf.

2. Acemoglu, Daron, Simon Johnson, and James A. Robinson, 2001, "The Colonial Origins of Comparative Development: An Empirical Investigation", *American Economic Review*, 91, pp. 1369 - 1401.

3. Acemoglu, Daron, Simon Johnson, and James A. Robinson, 2002. "The Rise of Europe: Atlantic Trade, Institutional Change and Economic Growth", NBER Working Paper, No. 9378.

4. Aghion. P., and Tirole., J., 1995. "Some Implications of Growth for Organizational Form and Ownership Structure", *European Economic Review*, Vol. 39, No. 3: pp. 440 - 455.

5. Chang, C., and Y. Wang, 1994. "The Nature of Chinese Township-

village enterprises", *Journal of Comparative Economics*, Vol. 19, pp. 434－452.

6. Chang, C.; B. P. McCall and Y. Wang, 2003, "Incentive Contracting Versus Ownership Reforms: Evidence from China's Township and Village Enterprises", *Journal of Comparative Economics*, Vol. 31, pp. 414－428.

7. Che, J., and Y. Qian, 1998, "Insecure Property Rights and Government Ownership of Firms", *Quarterly Journal of Economics*, Vol. 113, pp. 467－496.

8. Hayek, Friedrich A., 1945, "The Use of Knowledge in Society", *American Economic Review*, Vol. 35, No. 4. pp. 519－530.

9. Lin, J. Y., 1992, "Rural Reform and Agricultural Growth in China", *American Economic Review*, Vol. 82, pp. 34－51.

10. Qian, Yingyi and Barry R. Weingast, 1997, "Federalism as a Commitment to Preserving Market Incentives," *Journal of Economic Perspectives*, Vol. 11, No. 4, pp. 83－92.

11. Rodden, Jonathan and Susan Rose-Ackerman. 1997. "Does Federalism Preserve Markets?" *Virginia Law Review*, Vol. 83, No. 7, pp. 1521－1572.

12. Scully, Gerald W., 1988, "The Institutional Framework and Economic Development", *Journal of Political Economy*, Vol. 96, pp. 652－662.

13. 陈天祥：《中国地方政府制度创新的角色与方式》，载《中山大学学报（社会科学版）》2002年第3期，第111～118页。

14. 傅晓霞、吴利学：《制度变迁对中国经济增长贡献的实证分析》，载《南开经济研究》2002年第4期，第70～75页。

15. 古志辉：《中国1978～2002年的财政制度、经济增长与转轨：理论与事实》，载《数量经济技术经济研究》2005年第10期，第3～18页。

16. 黄少安：《制度变迁主体角色转换假说及其对中国制度变革的解释》，载《经济研究》1999年第1期，第66～72页。

17. 黄少安：《关于制度变迁的三个假说及其验证》，载《中国社会科学》2000年第4期，第37～49页。

18. 周业安：《中国制度变迁的演进论解释》，载《经济研究》2000年第5期，第3～11页。

19. 林毅夫：《关于制度变迁的经济学理论：诱致性变迁于强制性变迁》，载《财产权利与制度变迁》，上海三联书店、上海人民出版社1994年版，第371～418页。

20. 林毅夫、刘志强：《中国的财政分权与经济增长》，载《北京大学学报（哲学社会科学版）》2000 年第 4 期，第 5 ~ 17 页。

21. 拉坦：《诱致性制度变迁理论》，载《财产权利与制度变迁》，上海三联书店、上海人民出版社 1994 年版，第 327 ~ 370 页。

22. 诺斯：《制度、制度变迁与经济绩效》，上海三联书店、上海人民出版社 1994 年版。

23. 王小鲁：《中国经济增长的可持续性与制度变革》，载《经济研究》2000 年第 7 期，第 3 ~ 15 页。

24. 王泽填、卢二坡：《制度、增长与收敛——一个基于索洛模型的分析框架》，载《财经理论与实践》2007 年第 3 期，第 33 ~ 39 页。

25. 薛宏雨：《制度创新在经济增长中作用的测算》，载《财经问题研究》2000 年第 9 期，第 3 ~ 8 页。

26. 夏海钧：《中国高新区发展之路》，中信出版社 2001 年版。

27. 杨瑞龙：《我国制度变迁方式转化的三阶段论——兼论地方政府的制度创新行为》，载《经济研究》1998 年第 1 期，第 3 ~ 10 页。

28. 杨瑞龙、杨其静：《阶梯式的渐进制度变迁模型——再论地方政府在我国制度变迁中的作用》，载《经济研究》2000 年第 3 期，第 24 ~ 31 页。

29. 姚洋：《地方创新和泛利性执政党的成功结合——对改革开放以来制度变迁和经济增长的一个解释》，天则经济研究所 255 次双周学术讨论会（2005 年）。http://www.unirule.org.cn/Secondweb/DWContent.asp？DWID = 221

30. 钟昌标、李富强、王林辉：《经济制度与我国经济增长效率的实证研究》，载《数量经济技术经济研究》2006 年第 11 期，第 13 ~ 21 页。

31. 张光南：《制度、基础设施与经济增长》，载《南方经济》2007 年第 3 期，第 70 ~ 80 页。

32. 周黎安：《晋升博弈中政府官员的激励与合作》，载《经济研究》2004 年第 6 期，第 33 ~ 40 页。

Fiscal Decentralization, Institutional Innovation and Economic Growth

Ruiming Liu　　**Yongxiu Bai**

(Northwest University, 710127)

[**Abstract**] Fisical decentralization and instituional innovation are two key figures in china's economic growth. This paper investigates the economic growth from the perspective of fisical decentralization, we think that the fiscal decentralization induced to government pushed institutional innovation. Institutional innovation division of labour between central government and local government according to their comparative advantages is the engine of the economic growth in the past decades.

[**Key Words**] Fisical decentralization　Instituional innovation　Economic growth

JEL Classification: F620　P200　O100

论激进制度变迁的增长后发优势*

——中俄农村土地制度变革绩效比较

张跃进**

【摘　要】中国和俄罗斯的农业改革都是从农村土地制度开始的。中国实行渐进式改革，在现有农村土地集体所有制的基础上，逐渐引入农民使用土地的产权变革，其初期成效明显，但后续前景堪忧。俄罗斯实行激进式改革，实行土地私有化，改组国营农场和集体农庄，迅速建立私人家庭农场，其初始的混乱导致农业生产的衰退，但一段时间以后，农业出现改观，发展势头强劲。中俄两国农业改革的进程及其绩效可能蕴含着激进式制度变迁的增长后发优势。

【关键词】**激进式改革　土地私有化　增长后发优势**
中图分类号：**F064.2**　文献标示码：**A**

引　言

经济增长和经济发展是经济学永恒的主题。第二次世界大战后关于经济增长（发展）的经济理论先后流行过凯恩斯主义的“唯资本论”，苏联斯大林主义的“重工业优先”论，新古典的“人力资本”论和“全要素论”，以及难以简单归类的、多数是融合多派观点的所谓“新增长理论”或“内生增长理论”，等等。除了古典马克思主义和部分“内生增长理论”重视制度对增长的作用外，几乎所有这些理论都把制度因素视为给定而受到新制度经济学的批评。诺斯曾经说，过去的增长理论混淆了增长（的结果）本身

---

* 本文初稿系提交“2007 年度（第五届）中国法经济学论坛”的会议论文。许多与会专家、学者提出了中肯的批评意见。本文根据这些意见作了相应的修改。作者在此对提出批评的专家学者们表示由衷的感谢。

** 张跃进，经济学博士，南京审计学院经济系；地址：江苏省南京市浦口区江浦街道雨山西路 86 号（211815）；电话：025－86585598；E-mail：Zhangyjin@163.com。

和增长的原因，把增长的表现形式，如更高的教育水平、更熟练技能或者更普遍的民主法制意识等，误解为增长的原因。

制度对增长的作用，按新制度经济学理论，主要表现在形成更加清晰的产权安排，降低社会运行的交易费用。在制度变迁过程中，诱致性制度变迁和强制性制度变迁往往与变迁的方式即渐进式制度变迁和激进式制度变迁交融在一起。一般而言，诱致性制度变迁总是表现为渐进式，而强制性制度变迁则既可以采取渐进方式也可以采取激进方式，其根本区别来自制度变迁的发动者。如果现有统治者依靠政权的力量，自上而下地变革，往往表现为渐进式；反之，源于非统治阶层的变革则多表现为激进式。渐进式制度变迁和激进式制度变迁两者的社会后果究竟怎样，难以事先确定。国内外经济学界赞成渐进式制度变迁的都占主导地位。

笔者认为，激进式制度变迁引起的社会震荡大，短期造成的增长衰退、停滞和恢复阵痛十分明显；但在一定时期后，经历激进式制度变迁的经济体，如果变化是市场取向的，则会呈现出加速发展的趋势。这种现象，暂且称之为“激进制度变迁的增长后发优势”，以类比于美国著名俄裔经济史学家格申克隆（Alexander Gerschenkron）1960 年提出的落后经济体的“后发优势”。①

本文探讨中国和俄罗斯在从计划经济向市场经济转型过程中农村土地制度变迁方式的差异性及其历史渊源，比较两种变迁方式所引起的不同社会经济结果，从而引申出这样一个假说或者命题：激进制度变迁可能具有经济增长的后发优势。

本文除引言和结语外共分四部分：第一部分介绍文献对中俄改革方式的总体评价。第二部分回顾俄罗斯和中国土地制度变革的历史背景，简述两国农村土地制度变革的主要过程和形式。第三部分比较中俄土地改革的绩效：俄罗斯农业生产先衰落、后增长强劲，中国则先平稳增长、后徘徊乏力。第四部分从中俄农业经验中分析后发优势形成的原因。

一、对中俄改革方式的总体评价

中国 20 世纪 80 年代开始的经济体制改革和苏联 20 世纪 90 年代开始的改革都是告别计划经济，向市场经济转型的制度变迁。中国的改革自上而下，先农村后城市，由东向西，梯度推进，渐次展开，始终都处于中央政府

① Gerschenkron, Alexander, 1962, *Economic Backwardness in Historical Perspective*, Cambridge, Mass.: Harvard University Press, P. 353.

的严密监控之下。而前苏联虽然也曾立志采取渐进道路，[①] 但由于一场失败的政变导致苏联解体从而不得不采取被称为“休克疗法”的激进式变革。中国渐进式改革创造了一个经济奇迹，而俄罗斯的巨变在短期内不可避免地造成社会灾难。全世界关注转型经济的学者对这两种道路的评价是不同的。

（一）中国的改革是模范，但农村土地制度改革却停步不前

中国经济体制改革的成就举世公认。成功实现了初期制定的到2000年GDP翻两番的目标，并继续维持着高速增长的态势。它创造的经济奇迹激发了其他发展中国家和经济转型国家的效仿。中国经济体制改革的起点是从农村土地制度开始的。实行“家庭联产责任制”，把集体所有的土地以土地承包经营权的形式交给农民，极大地调动了农民生产的积极性。制度变革绩效十分明显，以至于许多国家都开始引进中国的农村土地使用权模式。尤以越南、乌兹别克斯坦最为典型。国际上对中国向市场经济体制转型的总体评价是积极的，但也对政治体制改革的严重滞后表示了担忧。

但是，中国农村土地制度改革的限度是非常狭小的。在农业经济稍见起色之后，其改革缺乏深度的缺陷充分暴露了出来。20世纪90年代中后期日益严峻的“三农”问题实质上是农村土地产权制度改革不能到位的病症之一。那些移植中国农业模式的国家也都面临着几乎完全一样的问题。[②] 对于今后农村土地改革的目标，国内主流观点仍然是“完善论”，即修补农村集体所有制，使其具备土地要素流动机制的功能。但国际主流观点和国内部分学者则一致认为，土地私有产权的确立是解决中国“三农”问题的根本出路。[③]

中国政府通过颁布《中华人民共和国农村土地承包法》（2003年），“赋予农民长期而有保障的土地使用权”，并且修改宪法加以确认，试图在农村土地集体所有制与农民私人使用土地权利的自由转让之间采取折中，但政府通过农村集体仍然牢牢控制着土地的处置权；2007年生效的《物权法》，令人遗憾地再次丧失（抑或回避?）了界定农村土地产权的机会；其结果仍然是农村土地要素与劳动要素无法自由流转。

---

① 戈尔巴乔夫·米·谢：《戈尔巴乔夫回忆录》，社会科学文献出版社2003年版，第680~696页。

② Richard Pomfret，2000，“Agrarian Reform in Uzbekistan：Why Has the Chinese Model Failed to Deliver?” *Economic Development and Cultural Change*，Vol. 48（2），January；张跃进：《乌兹别克斯坦农业改革进程及其绩效》，载《俄罗斯研究》2001年第4期，第80~84页。

③ Johnson，D. Gale：《中国农村的产权》，载于汪熙和段志煌主编：《市场经济与中国农业：问题与前景》，复旦大学出版社1998年版；Jacoby，Hanan G.，Guo Li，and Scott Roselle，2002，“Hazards of Expropriation：Tenure Insecurity and Investment in Rural China”，*American Economic Review*，Vol. 92（5）.

（二）俄罗斯改革是一场社会灾难，农村土地制度改革也流于空文

苏联的巨变令世界为之震惊。国际货币基金组织策划和推动的“休克疗法”起初在西方社会受到广泛欢迎。然而，到世纪之交的时候，俄罗斯就被看作是一场灾难，整个20世纪90年代都是俄国人民的痛苦岁月。奇怪的是，无论左派还是右派，都竞相指责俄罗斯。美国共和党多数派领导人阿米（Dick Armey）说，到1999年俄罗斯已经成为“被洗劫一空、破产了的核武化的无政府地带”；另一个共和党人李琦（James Leach）则说俄罗斯“是世界上最邪恶的窃盗政体（kleptocracy）”，比蒙博托掌控的扎伊尔更加腐败。社会主义者议员桑德斯（Bernard Sanders）1998年把俄罗斯20世纪90年代的经济业绩描述为“历史性悲剧”，自由化改革只导致了“经济崩溃”、“广泛失业”和“不堪忍受的贫困”。①

中国与俄罗斯的学者基本上也是赞美中国式渐进道路，而否定俄罗斯激进式道路。② 图1和图2分别是中俄两国GDP增长率变动的图示，似乎很可以支持前述看法。

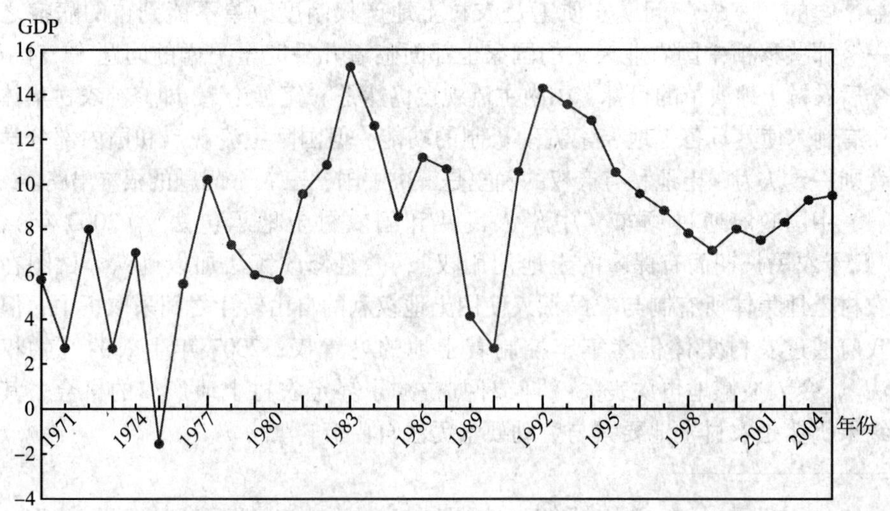

图1　中国1971～2004年GDP增长率

资料来源：UN Statistics.

① Shleifer, Andrei and Daniel Treisman, 2005, “A Normal Country: Russia after Communism”, *Journal of Economic Perspectives*, Vol. 19 (1), P. 151.

② 刘美珣（中），列乌斯基·亚历山大·伊万诺维奇（俄）主编：《中国与俄罗斯两种改革道路》，清华大学出版社2004年版。

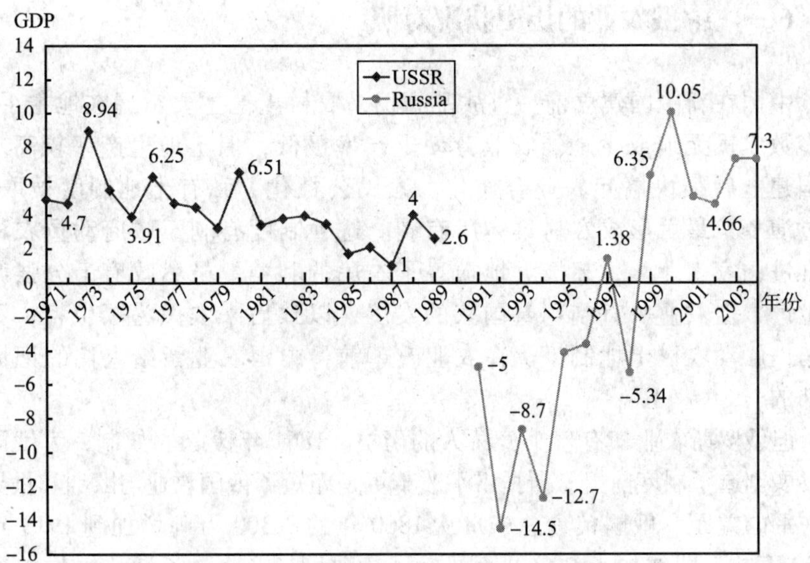

图 2 苏联和俄罗斯 GDP 增长率（1971～2004 年）

资料来源：UN Statistics.

苏联自 1981 年起增长率进入 4% 以下，这对以粗放经营为特征且片面发展重工业的经济而言是非常低的速度，直接影响到人民群众的生活水平改善。

俄罗斯农业改革同样是激进的。她追求土地私有化，意在建立美国式家庭农场。但在苏联时期农业享受政府大量补贴，而俄罗斯在实行私有化过程中政府无力对新型农业经济体给予必要支持，加之原来国营农场和集体农庄的管理者千方百计阻挠私有农民享有平等的权利，俄罗斯土地私有化的进程可谓步履维艰。①

二、中俄农村土地制度改革进程

为了更好地理解中俄农村土地制度变迁，我们有必要从历史的角度分析中俄改革的前提条件。

① Буздалов, И, 2000, "Частая собственность на замлю-основа эффективного сельского хозяйства", *Вопросы экномики*, №7, с. 35－44.

（一）中俄农业的历史状况对照

中国在新中国建立前一直战乱频仍，农村土地主要掌握在地主手里，大多数农民无地或少地。农业劳动生产率极低，但土地生产率较高。新中国建立后很快搞起农业合作化、人民公社化，私有土地制度被取消，经过演变，最后形成农村集体所有制。这种制度有利于政府动员农村资源推进国家工业化，却极大地损害了农民的利益。虽然政府十分强调农业生产，但农业一直制约着国家的发展，以致后来农民为了生存，不得不悄悄触动农村土地制度。在农业改革前，中国农业留给人们的记忆是忧郁的。

但俄罗斯农业却有着十分骄人的历史。1861 年废除农奴制，为俄国农业发展创造了制度前提。斯托雷平改革更是缩短了俄国农业与欧洲和世界先进水平的差距。俄国粮食总产量从 1860 年的 3 300 万吨增加到 1913 年的 8 600 万吨，即增加 1.6 倍；而同期马铃薯则增长了 4.6 倍。人均粮食由 485 公斤增长到 540 公斤，增加了 11%，而人均马铃薯则增长了 1.5 倍。粮食出口由 110 万吨增加到 1 060 万吨，占世界粮食出口总量的 30%，俄罗斯成为世界第一大粮食出口国（美国当时位居第三）。①

可以说，中国的小农经济给人的印象是落后、低效率；而俄罗斯的私人市场农业则成绩卓然，以致俄国一度曾被认为是欧洲的粮仓。这说明了中俄两国人民对农村土地私有化所持有的态度差异。

（二）中国农村土地制度的轻微松动

中国农业改革发源于农民对人民公社土地制度的自发触动。农业改革本身没有经济理论的支持，表现为盲目的试错过程。旧的苏联经济学的思想禁锢着政府和学术界。改革的方向、目标、前景都是摸索中逐渐比较清晰起来的。总的来说，很少受现代经济学理论的影响。

中国的农业改革虽然发端于对旧的集体土地所有制的冲击，但集体土地制度不被认为存在着根本缺陷，而是有待人们去加以完善和改进。从 20 世纪 80 年代起在全国逐渐推广的“家庭联产承包责任制”的所谓“双层经营”模式，到 90 年代基本变成家庭经营形式。而集体组织在大部分地区实际上只起到代收税费的作用，失去了经营的功能。伴随中国经济的高速增

① Думьяненко, В., 2001, “Сельское хозяйство России и США”, *Мировая Экономика и Международные Отношения*, № 8, с. 47.

长，农民的状况特别是相对收入增长缓慢的状况引起了全社会关注“三农”问题。作为应对措施，政府主要施行了粮食按“保护价”收购、“税费改革”和后来的“取消农业税”的政策。但是，涉及农业生产根本的农村土地制度，却迟迟难见改革动静。只是到了2003年，政府才正式从法律上认可了农民承包经营土地的权利，土地可以“依法流转”。农村劳动力转移、农村发展、农民收入、进城农民工社会地位、耕地保护等一系列问题尚没有解决的可行办法。

（三）俄罗斯农村土地制度的激进变革进程

1991年年底和1992年年初，俄罗斯接受国际金融组织的建议，实施一套农业改革与发展战略，其核心内容是实施土地私有化，废除国家农业生产计划指标和粮食订购任务，引入市场价格机制，建立以家庭农户（农场）经济为主要形式的现代农业体系。

土地私有化是俄罗斯改革的基本政策。这一政策把农村土地转移到农民手中，意在形成新型现代农民（farmers），建立市场农业经济。1990年通过了《土地法》，1991年颁布《俄罗斯联邦土地法典》，紧接着又实施《关于俄罗斯联邦实施土地改革的紧急措施》等一系列法律、法规。2001年10月10日，经过长达七年之久的长期争论，再次颁布新的《俄罗斯联邦土地法典》，明确规定包括农业用地在内的土地可以实行私有化。2002年，又通过《农用土地流通法》，允许农用土地买卖，但禁止将农用土地卖给外国人、无国籍人士和外资股份超过50%的合资企业。

土地私有化的成果是，到1998年年初，俄罗斯全境1 200万农村居民获得了1.159亿公顷土地，地方自治机构得到了3 600万公顷土地，而个人副业、集体果园和花园占地达840万公顷，建立土地再分配基金3 300万公顷。1998年，农业经济私有成分从1993年的64.2%上升到87.1%。2000年，97%的土地所有者已经得到了土地所有权证书。

俄罗斯耗时十年左右的土地制度改革成效十分明显。它废除了原来的土地单一国有制（国营农场和集体农庄都是国有土地的租赁者），建立了私有和合作所有为主、多种土地所有制形式并存的土地所有制关系，彻底解决了前苏联时期土地所有权与经营权分离的致命缺陷。

与土地私有化配套的改组国营农场和集体农庄的工作也取得预期成果。俄罗斯境内的1.29万个国营农场和1.25万个集体农庄到1994年1月1日有95%完成了重组和登记注册，其中大部分改组为集体企业、合作企业、股份制企业和私有企业，只有不到34%保留了原有组织形式。到1998年，新登记注册之后的私人农户（农场）和农民经济组织达28万个，各类农业企业共2.7287万家。①

三、中俄农业改革的绩效比较

中国的渐进式改革与俄罗斯激进式土地改革都产生了良好的效果，但相比之下，俄罗斯经济更显示出良好的发展趋势，在农业上表现得更加明显。

（一）中俄农业增长率变动的比较

俄罗斯农业在改革初期的波动和1999年以后的稳定增长与俄罗斯经济总体增长率变动趋势是一致的，但相对于前苏联的历史而言，农业增长的成绩更加引人注目。图3是俄罗斯1991～2004年GDP和农业产值增长率的变动状况。

与此对照的是，中国农业增长则一直呈现出平稳但低速的状况。考虑到我国人均粮食拥有量还不到400公斤这样的事实，中国农业生产的形势就更不容乐观了（见图4）。

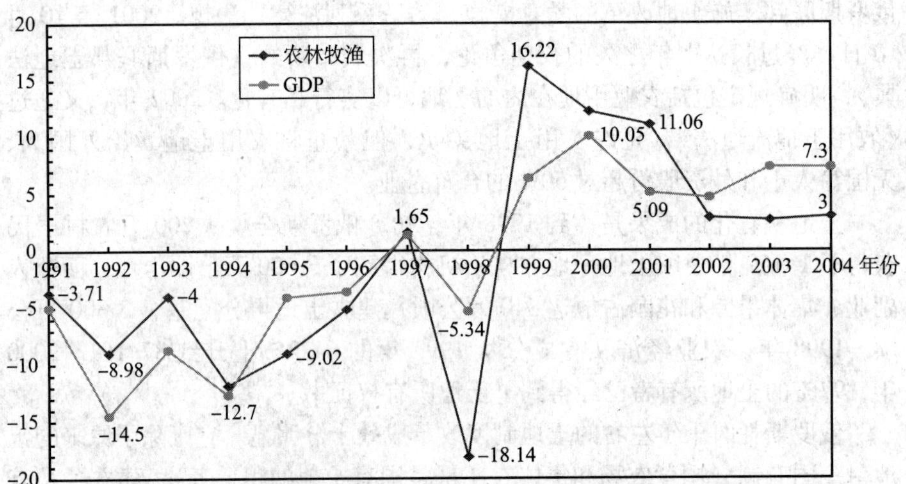

图3　俄罗斯联邦GDP与农业增长率（1991～2004年）

资料来源：UN Statistics.

① Емельянов, А., 2001, "Земельный вопрос в системе российских реформ", *Экономист*, №6, с. 3－11.

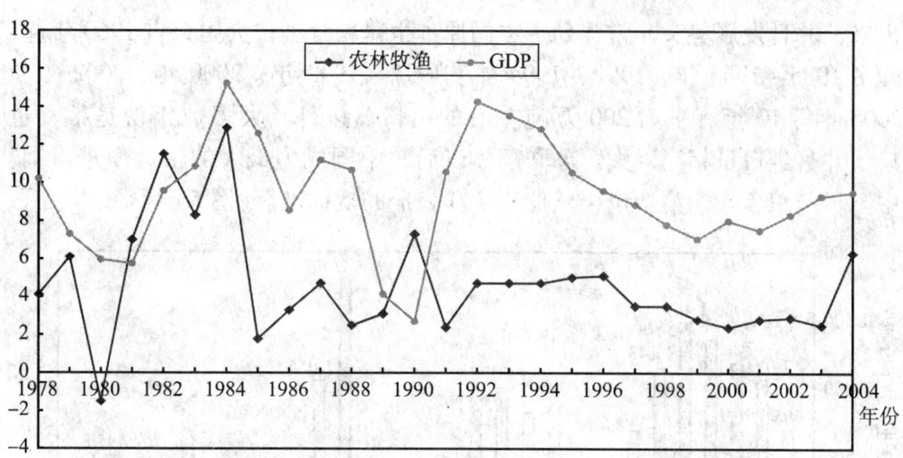

图4　中国GDP与农业增长率（1978～2004年）

资料来源：UN Statistics.

（二）中俄粮食出口状况比较

俄罗斯农业成就的最显著标志是俄罗斯一举扭转了前苏联形成的粮食净进口国的局面。俄罗斯的农业生产又开始续写1913年前的历史辉煌，已经或即将成为21世纪世界最大的粮食出口国之一。

俄罗斯农业总产值经过多年下降之后开始回升。粮食生产在1999～2002年间连年增产，2003～2005年仍维持在接近8 000万吨的水平。俄罗斯国内粮食需求约7 000万吨，这使得自2001年起，俄罗斯再度成为世界粮食净出口国。俄罗斯人均粮食消费550～600公斤，远远高于中国目标值400公斤（至今仍未实现）。俄罗斯粮食单产也提高了（表1）。

表1　　俄罗斯联邦粮食总产量、粮食出口量　　万吨

年份	粮食总产量	出口量
1999	5 470	负
2000	6 550	负
2001	8 520	320
2002	8 550	1 400
2003	7 300	1 700
2004	7 810	1 700
2005	7 800	1 249

资料来源：俄罗斯统计局（Росстат）。

前苏联是世界最大、持续时间最长的粮食进口国，它的人均粮食消费量一般都超过400公斤。苏联解体和俄罗斯激进的由计划经济向市场经济的变革，短期内导致粮食生产的下降，但激进变革的成效到21世纪终于显现了

出来，并且发展势头非常强劲。中国原本也是粮食进口大国，自1960年起，除了1985~1986年、1992~1994年、1997~1998年、2000年、2002年和2005年等10年有平均200万吨左右的出口量以外，大多数年份是粮食进口，并且进口量相当巨大。苏联解体以后，中国成为最大的粮食净进口国。中国目前粮食人均消费量仍然低于400公斤的低标准。(图5)

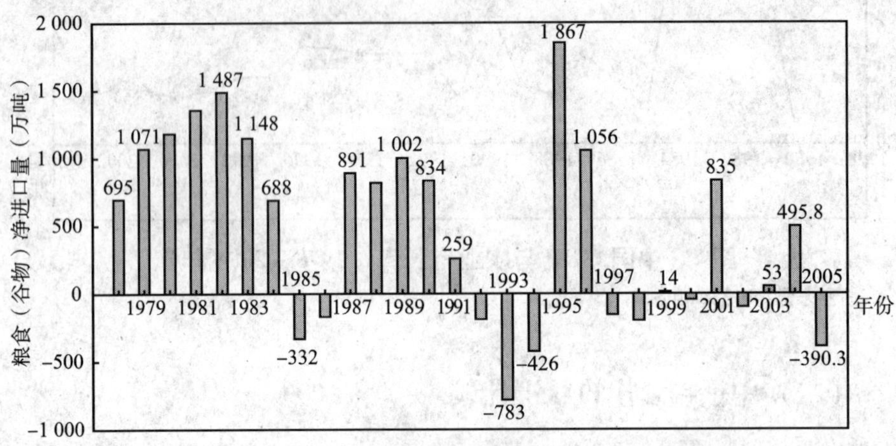

图5　中国粮食（谷物）净进口量（1978~2005年）

资料来源：据《中国统计年鉴》、《中国农村统计年鉴》和《中国对外经济贸易年鉴》历年数据整理。

四、中俄农业改革绩效差异原因解析

中国和俄罗斯的农业改革都是从计划经济向市场经济转型的变革，其最重要的变革是农村土地制度。中国是土地集体所有，但集体并不享有处置土地的权利。苏联（俄罗斯）是土地国有，集体农庄和国营农场只是土地的使用者，更无多少实质性内容的产权。集体所有制可能比国有制的土地产权更加模糊。正因为此，明晰产权是两国改革的首选目标。

（一）明晰产权的程度不同

中国的改革并没有真正动摇集体土地所有制的基本面。在集体所有制基础上的有限的使用权流转权，农民也很难行使。土地对中国农民而言，只不过是一种“生产资料”，但并不是“财产”。农民对土地的投资和关注都是不足的。

而通过私有化，俄罗斯农民把土地当作资本和家庭财富来珍视。农民建立家庭农场、按现代农业经营模式经营土地的积极性与西方同行一样，因此，俄罗斯农业向世界先进水平看齐就是十分自然的现象。“耕者有其田”，生产者积极性最大，效率最高。

（二）传统既得利益集团对改革后的经济运行影响力差异明显

中国渐进式改革，是有组织、有规划、分阶段依次进行，其推动力量恰恰是集体组织原先的干部和相关利益关系人。

而俄罗斯农业改革是急风暴雨式的。大量的集体农庄或国营农场干部在农民进行的民主选举过程中落选，改革的推动者与原来的既得利益关系人没有什么关系。这样，新制度运行的阻力和费用大大减小。

第二次世界大战后实行土地改革的国家和地区很多，但公认取得成功的只有日本、韩国和中国台湾地区。研究表明，土改成功的条件之一是改革后不存在支配农村经济文化生活的精英集团。① 既得利益集团及其社会关系网络被清除，是战后日本、西德等国崛起的根本原因。② 俄罗斯激进式改革最大限度地清除了传统既得利益关系人的社会功能，因而，为改革取得成效铺平了道路。

（三）两国农民素质和技术水平有别

俄国传统上是个农业大国，其广袤的土地和极其丰富的资源为农业生产提供了良好的自然条件。在苏联时期，政府对农业的投资形成了俄罗斯农业机械化基础好、农民受教育程度高、农业科学技术水平先进的状况，这些又创造了良好的社会条件。一旦束缚农业生产的僵化制度因素被扫除，农民迸发的生产热情和主动性理所当然地改变俄罗斯的农业面貌。

中国在二元结构下农村发展缓慢，农民社会地位低下，接受教育的机会少，文化科技水平普遍较低，农业机械化程度不足。在缺乏土地扩张机会的条件下，大多数农民仅仅把农业当作口粮的来源，无法在农业上有所成就。

五、结　　语

中俄两国的经济转型都是由计划经济向市场经济的过渡。中国的渐进式

① Powelson, John P., 1990, *The Peasant Betrayed*, Washington D. C.: Cato Institute, P. 9.

② 奥尔森：《国家兴衰探源：经济增长、滞胀与社会僵化》，商务印书馆 1999 年版。

改革，循序渐进、梯度推进、稳步发展、成效显著，受到了全世界的赞扬。俄罗斯激进式改革，一开始打乱了既有的经济结构和网络，导致生产的急剧下降和社会生活的严重衰退，受到了全世界的指责。但激进式改革呈现出后发优势：俄罗斯经济走出衰退阴影之后，发展势头十分强劲。我们特别分析了两国农业改革的差异及其绩效的不同，认为激进式改革的后发优势主要是它使土地产权明晰，清除或大幅度削弱了传统既得利益集团关系人的社会功能，为原本素质好的农民驾驭大量机械从事现代集约化农业经营创造了社会条件。这正是中国渐进式改革所不具备的。

但是，正如格申克隆的经济落后国家的“后发优势”并非必然，而只是在少数国家有所表现一样，激进制度变迁方式仅仅是增长后发优势的必要条件，其充分条件还有待人们去发掘。或许，一个亦已证明成功的市场经济体制成为改革的目标模式，可能是满足激进制度变迁增长后发优势的充分条件。

参考文献：

1. Буздалов, И., 2000, “Частая собственность на замлю-основа эффективного сельского хозяйства”, *Вопросы экномики*, №7: с. 35 – 44.

2. Думьяненко, В., 2001, “Сельское хозяйство России и США”, *Мировая Экономика и Международные Отношения*, № 8, с. 47.

3. Емельянов, А., 2001, “Земельный вопрос в системе российских реформ”, *Экономист*, №6, с. 3 – 11.

4. Gerschenkron, Alexander, 1962, *Economic Backwardness in Historical Perspective*, Cambridge, Mass.: Harvard University Press.

5. Jacoby, Hanan G., Guo Li, and Scott Roselle, 2002, “Hazards of Expropriation: Tenure Insecurity and Investment in Rural China”, *American Economic Review*, Vol. 92, No. 5.

6. Johnson, D. Gale, 2000, “Agriculture Adjustment in China: Problems and Prospects”, *Population and Development Review*, Vol. 26 (2).

7. Powelson, John P., 1990, *The Peasant Betrayed*, Washington D. C.: Cato Institute.

8. Richard Pomfret, 2000, “Agrarian Reform in Uzbekistan: Why Has the Chinese Model Failed to Deliver?” *Economic Development and Cultural Change*, Vol. 48, No. 2, January.

9. Shleifer, Andrei and Daniel Treisman, 2005. “A Normal Country: Russia after Communism”, *Journal of Economic Perspectives*, Vol. 19, No. 1.

10. 汪熙、段志煌主编：《市场经济与中国农业：问题与前景》，复旦大学出版社 1998 年版。

11. 奥尔森：《国家兴衰探源：经济增长、滞胀与社会僵化》，商务印书馆 1999 年版。

12. 戈尔巴乔夫·米·谢：《戈尔巴乔夫回忆录》，社会科学文献出版社 2003 年版。

13. 刘美珣、列乌斯基·亚历山大·伊万诺维奇（俄）主编：《中国与俄罗斯两种改革道路》，清华大学出版社 2004 年版。

14. 张跃进：《乌兹别克斯坦农业改革进程及其绩效》，载《俄罗斯研究》2001 年第 4 期。

On Advantages for Growth of Radical Institutional Transformation

——A Comparative Study of Agrarian Land Reforms between China and Russia

Yuejin Zhang

(Economics Department, Nanjing Audit University, 210029)

[**Abstract**] Both agricultural reforms of China and Russia started on the rural land systems. China took the gradual transformation path, which introduced the land property rights for the peasants on the incumbent collective ownership. The initial effects were obvious; however, the later perspective was to be obscure. In contrast, Russia took the radical transformation path, which privatized the agrarian land to the tillers, reshaping the state farms and collective farms into family run farms. The stirs led the Russian agriculture to fall sharply, and after a period of time, the situation turned up and the trend was from good to even better. Both reforms and their different performances show that there are advantages for growth of radical institutional transformation.

[**Key Words**] Radical Reforms Agrarian Land Privatization Growth Advantages of Radical Institutional Transformation

JEL Classification: O170 O570

中央与地方分权的成本收益与交易成本*

——法经济学的视角

陈正华**

【摘　要】理性选择是法经济学的核心范式，其约束中的主体要追求其利益和效用的最大化，而利益（效用）等于收益减去成本。具体到中央与地方分权问题，就必然要在制度设计和安排中追求收益最大化和成本最小化，以实现中央与地方分权利益的最大化。调整分权关系的法律制度应当既要促使分权交易费用最小化，同时还要最小化公共物品的生产成本，从而提高分权的效率，实现分权的优化。必须考虑制度本身的交易费用以及守法和违法的成本收益。目前我国中央与地方分权制度存在谈判费用、执行费用和监督费用均过高的问题。应当消除地方政府的寻租空间，压缩中央和地方两级政府的机构并裁减其冗员，同时提高中央政府和地方人大对地方政府监督的效率。

【关键词】**分权　成本收益分析　交易成本　法经济学**

中图分类号：**F810.2**　文献标示码：**A**

一、法经济学的核心范式：理性选择

（一）理性

对一个概念要作出明晰、完整、系统的定义是困难的，对于越基础、越

* 本文系国家社会科学基金资助项目（05BMZ007号）的前期成果之一。在与本文相关的讨论中，宋才发教授、潘善斌博士等提出了宝贵的建议和意见，在此表示感谢。

** 陈正华，法学博士，天津工业大学文法学院副教授；地址：天津市西青区宾水西道延长线天津工业大学（新校区）文法学院（300384）；电话：13920965478；E-mail：czh178@126.com，czh178@gmail.com.

核心的概念越是如此。笔者认为这不仅是困难的，而且是不可能的。因为人类的语言具有模糊性和不完备性，并且存在语境误读。因此，笔者并不着力去对理性下一个定义，而是通过描述和分类来认识这一概念。一般来说，理性是一个人用以认识、理解、思考和决断的能力，而理性认识是指属于概念、判断和推理阶段的认识。它反映事物的本质和内部联系，以感性认识为基础，把丰富的材料进行去粗取精、去伪存真、由此及彼、由表及里的改造制作，就会飞跃和升华到这一高级阶段的认识。这种更深刻、全面反映客观事物的认识能更有效地指导行动。在法经济学中，理性有其特定的含义、体系和逻辑层次。

魏建等学者认为，法经济学中的理性概念是一个多层次、多含义的概念，是一个从核心逐渐向外扩展的概念体系。核心层次的理性是纯粹的形式理性，认为人是其目的的理性最大化者，强调实现手段与追求目的之间一致性的最大化。目的外生于决策过程，对实现手段的唯一要求就是它能使目的实现达到最大的程度，至于如何实现没有规定。形式理性是外延最大的理性，能包含在逻辑上符合手段与目的一致性的所有行为，是其他理性的基础（魏建等，2004，P. 67）。而韦伯把人类行动分为四类：工具理性行动，即个体借助精心计算而实现其短期自利目标的行为；价值理性行动，即个体根据信仰或真善美、正义等崇高价值而采取的行动；情感行动，即由感觉或情感状态所导致的行为；传统行动，即个体依据传统而作出的习惯行为。其中，前两种行动是理性行为，而后两种行动则不是“理性”意义上的行为。另外，一些新制度经济学家把人类的理性分为三种：目标——手段理性、有限理性和创新理性（转引自丁以升，2004）。加里·S·贝克尔则把理性行为定义为指效用函数或福利函数等一致的极大化（加里·S·贝克尔，2002，P. 183）。理查德·A·波斯纳认为，“大多数经济分析是由这样的推断构成的，即以人们在社会交往中是理性的为前提来推断结果”（2003，P. 36），以及“如果理性不限于明确的市场交易，而是社会行为的一种普遍的和支配性的特点，那么这个由几代经济学家构建起来的、用来解释市场行为的概念系统就有可能用来解释非市场的行为了”（理查德·A·波斯纳，2002，P. 2）。综上所述，大多数经济学研究正是建立在“人是理性的”这一前提性假设基础上的，在此基础上构建起了宏大的经济学大厦，并依此作为分析人类行为的有力武器，开始了“经济学帝国主义”的征服之旅。

（二）有限理性

从古典经济学开始的“人是理性的”这一假设自其诞生之日起就不断受到质疑和批判。批评者的火力主要集中于几个领域：第一，不是所有人都是理性的；第二，人不是在所有时点都是理性的；第三，人无法获取完全的信息，即使获取了也没有足够的能力来处理。确实，“完全理性”的假设虽然充满学术美感，在进行数学建模分析时具有简单便捷的优势，但是与现实世界的确有很大出入。因此，经济学领域中又逐步演化出“有限理性”这一概念。

要更深入地理解现实世界中的制度，就必须承认人们只具备有限的获取和处理信息的能力这一观点。Simon 用“有限理性”这一术语来反映决策者不具有超理性——虽然可以假设他在主观上追求理性这一事实。对理性的限制意味着不是所有的经济交易都可以由合同和市场来组织。正如 Kreps 所说：一个具有有限理性的人试图最大化（其效用），但是他发现做到这一点成本极高。并且，他发现他无法预测到所有的偶然事件，认识到自己的能力有限，他就会在事前为可能会发生意外事件（这几乎是不可避免的）的事后做准备（埃瑞克·G·菲吕博顿、鲁道夫·瑞切特，1998，P. 4）。另外，行为经济学表明在许多情况下，行为人并不总能实现最大化，甚至也不追求最大化，不根据成本与收益比较，而是根据其他依据决策。当现实过于复杂或事物意义模糊时，人们就采取了多种不同于理性选择的决策方式，启示或偏见是这些决策方式的基础。对未来事件的判断，需要行为人在获知基础概率的基础上，再根据可得的特定环境下关于特定事件的信息调整基础概率，得出事件发生的判断概率。但是在利用信息对基础概率进行调整时，会产生误差（魏建等，2004，P. 77）。有学者认为，有限理性假设来自于：①现实生活是复杂的；②事物本身是发展的，因而其属性和状态是不稳定、不可确知的；③由于人自身生理和心理的限制，要穷尽所有的行为可能并预见所有行为后果，实际上是办不到的；④搜集信息、处理及计算，行为本身的执行都是有成本的。人们的理性认识有限，决定了人定之法也是有限的、不完美的。人们在法律决策过程中寻求的并非“最大”和“最优”标准，而是“满意”解（冯玉军，2005）。理查德·A·波斯纳主要是从信息获取以及处理的角度分析了有限理性，他认为：“有限理性”是指：①获得信息的费用；②处理信息的费用；③某种无法根除的不确定性，对这种不确定性的一种制度性回应就是保险；④由于人脑的结构而造成的在信息处理中的歪曲；⑤或者上述各项的某种结合（理查德·A·波斯纳，2001，P. 499）。客观地说，由于认识到人的理性是有限的，经济学中“人是理性的”这一假设得到了修正和拯救。完全理性就像物理学当中的无摩擦力世界一样，虽然有推理的便捷性，但不符合客观实际，只有加入了摩擦力这一影响因子，物理学才能准确地研究现实世界，才能为工学提供必要的理论支撑。同样，加上“有限”这一限定以后，“理性的经济人”这个概念不仅没有被削弱，其应用范围反而得到了极大的扩展，对纷繁复杂的世界也具备了更加强大的解释力。诚然，不是所有人在所有时点都按照理性来行为，但可以说大多数人在大多数时点其行为模式是遵循理性的，这就使经济学中的“理性”恢复了盎然的生机，从而为构建和发展理性选择范式提供了可能。

（三）理性选择范式

理性选择是法经济学的核心范式。范式是指一套公认的信念、标准、思想方法、统率知觉的条理化规则等。库恩认为，在历史上那些具有重要意义的科学著作，“都在一定时期里为以后几代的工作者暗暗地规定了在某一领域中应当研究些什么问题，采用什么方法”（库恩，1980，P. 8）。因此，库恩把范式看作一种科学成就，这种成就具有两个特点：第一，它“把一批持久的拥护者从与之竞争的科学活动方式中吸引过来”；第二，它“为一批重新组合起来的科学工作者留下各种有待解决的问题”（转引自张俊山，2003，P. 65）。在古典经济学中，有学者认为理性选择理论实际上是自我利益最大化理性假设的规范表述，基本上等同于“经济人”假设，因此也可以将其理解为新古典的理性选择理论。其基本思想是：经济行为人具有完全的充分有序的偏好，完备的信息和无懈可击的计算能力和记忆能力，能够比较各种可能行动方案的成本与收益，从中选择那个净收益最大的行动方案（魏建等，2004，pp. 68－69）。经过“有限理性”的限定和修正后，理性选择并不要求个人在选择时真的进行了明确的计算，他的选择之所以被认为是理性的，乃是因为其行为最终看起来仿佛是经过这样斤斤计较的计算。理性意味着行动主体对自己的手段和为特定目的所放弃的代价有事实上的估价，这种估价并不要求有心理学意义上的确定认识。正是在这个意义上，法经济学声称“立法官员和受制于法律的人们的理性行为有多大范围，对法律的经济分析就有多大范围”（丁以升、张玉堂，2003）。张建伟则从资源的稀缺性入手，对理性选择范式进行了研究。他认为：资源稀缺性是经济学分析的起点。正是因为资源稀缺，才使人们斤斤计较地进行成本—收益计算，即进行理性选择。经济学对理性选择行为是用最大化、均衡和效率这三个基本概念来描述的，这些基本概念也是法经济学分析的基本范畴和基本分析工具。最大化和均衡两个概念是经济学引入数学模型分析的基本概念。借助于这样两个概念，经济分析可以借用微积分中的推理方式对经济过程作更为精确的定量化描述。最大化是经济行为主体的目标，如：生产者——利润最大化；消费者——效用最大化；政府——税收最大化；政客——得票率最大化等。当追求最大化目标的双方当事人在市场上相遇，并且同时达到最大化收益而趋于稳定时，经济学就称之为达到了均衡。均衡概念在微观经济学供求分析中的理论含义是供求曲线的交点。该点表明除非受到消费者偏好变化或生产方技术变化等外部因素的影响，它就不会再变动（张建伟，2004，P. 49）。笔者认为，理性选择范式的含义是指基于资源稀缺性的前提且在信息不完全的条件下，处于制度约束中的主体追求其利益和效用最大化的行为模式。正是基于此，“经济学帝国主义”的代表人物加里·S·贝克尔才认为：“经济分析是一种统一的方法，适用于解释全部人类行为，这些行为涉及货币价格或影子价格，重复或零星决策，重大的或次要的决策，感情或机械似的目的，富人与穷人，男子与女士，成人与儿童，智者与笨伯，医生与病人，商人与政客，教师与学生，等等。经济分析能够想见的应用范围如同强调稀缺手段与各种目的的经济学定义一样宽泛”（加里·S·贝克尔，2002，P. 11）。由于理性选择范式的优势，法经济学具有相当的成熟性、实用性和前沿性，周林彬教授（2005）认为，“主流法律经济学自1960年以来，已经相当成熟，这种成熟性主要表现在法律经济学在其主要研究进路以及基本假设、研究范式上都取得了基本一致，有了自己的一套不同于传统注释法学的分析法律现象的思路，而且，这种思路较之于传统的注释法学思路在解释力方面取得了很大的优越性。”具体到中央与地方分权的研究领域，其中一个重要的方法就是公共选择，而“宪法和政治理论中的公共选择这一分支，在很大程度上依赖于博弈论和理性选择模型，并且可以归入法律的经济分析。”（理查德·A·波斯纳，2003，P. 36）以理性选择范式为核心的法经济学理论在中央与地方分权问题上是一个崭新的视角和方法，可能而且应当具有强大的解释力和长久的生命力。

二、中央与地方分权的成本收益分析

成本收益分析是经济学中最为常用、应用范围最广的分析方法之一。“成本—收益分析……的目标是估算项目对于作为一个整体而言的社会的总成本和总利益。”（N·格里高利·曼昆，2003，P. 192）具体到法经济学，史晋川（2003）认为，“从法律经济学的研究方法来看，法律经济学是以‘个人理性’及相应的方法论的个人主义作为其研究方法基础，以经济学的‘效率’作为核心衡量标准，以‘成本—收益’及最大化方法作为基本分析工具，来进行法律问题研究的。”理性选择范式下的主体要追求其利益和效用的最大化，而利益（效用）等于收益减去成本。那么很显然，利益和效用的最大化就有两个方面的要求：一是要求收益最大化，二是要求成本最小化。包含成本收益分析方法的法经济学已为国外政府机构和公共团体所广泛接受。譬如，前美国总统里根在1981年任命波斯纳、博克、温特等三位具有经济学倾向的法学家为美国联邦上诉法院法官，并通过12291号总统令，要求所有新制定的政府规章都要符合成本—收益分析的标准（蒋兆康，1997）。Thomas S. Ulen 也认为（1998），美国的联邦制的原因之一就是制度安排的收益大于其成本。具体到中央与地方分权问题，就必然要在制度设计和安排中追求收益最大化和成本最小化，以实现中央与地方分权利益的最大化。从我国的实践来看，单一制的国家结构形式比较适合我国的历史和现实国情，联邦制并不是恰当的选择。国家结构形式是一种制度安排，与该国的经济、政治、军事和文化息息相关，是一种内生型的变量。我们决不能脱离一国的实际情况来谈论单一制和联邦制的优劣。从我国历史发展来看，为了维护祖国统一，克服地方分离的倾向，拥有一个比较强势的中央政府是恰当的。从制度变迁的成本收益分析，（有部分学者提倡的）由单一制向联邦制变迁的显性和隐性的制度成本肯定是极为巨大的；另外，波斯纳也认为“联邦制也不是没有成本的，其中之一就是联邦制复杂的法律体系的交易成本，比如果我们拥有一套单一的执行统一实体法的司法体系的交易成本高”（Richard A. Posner，1987）。并且没有明显的证据能够证明其收益一定大于成本。

（一）中央与地方分权的成本

1. 成本。

成本这个概念在经济学中具有广泛的含义和用途。成本最简单的定义可以表述为“卖者为了生产一种物品必须放弃的每种东西的价值”（N·格里高利·曼昆，2003，P. 122）。而“机会成本是最准确与最完整的成本概念，是那种当我们自己作出决定或者分析别人的决定时要用到的成本概念……我们所作任何一个选择的总成本……是我们采取那种行动时必须放弃的所有东西。这种成本叫作行动的机会成本，因为我们放弃了拥有其他想要东西的机会”（霍尔，2004，P. 19）。按照不同的分类标准，成本可以划分为不变成本和可变成本，短期成本和长期成本，显性成本和隐性成本等。显性成本是指用货币来支付的一种成本，而隐性成本是指使用某种生产要素但又没有直接用货币支付所用的资源的成本（罗宾·巴德，迈克尔·帕金，2004，P. 200）。在中央与地方分权中尤其要关注的是既要最小化分权的显性成本，又要最小化分权的隐性成本。

2. 政府成本。

政府成本是对成本概念在政府经济学领域的借用和扩展。有学者认为：“政府成本是政府及其行政过程中所发生的各种费用及开支，以及由其所引发出的现今和未来一段时间的间接性负担。”并且认为“这些直接的或间接的费用开支和负担是可以通过优化决策和优化行政行为加以适当控制的。”

（周镇宏，何翔舟，2001，P.40）其中的“间接性负担”大致可以理解为隐性成本。政府成本通常也被称为行政成本。研究中国的政府成本具有重大的现实意义。杜刚建认为：“中国是全世界行政成本最高的国家。”（杨眉，2003）另外有专家对我国政府运行成本进行历史比较，主要从行政管理费变化、行政管理费占财政支出比重和行政管理费占 GDP 比重变化、每亿元国内生产总值花费的行政管理费变化、政府管理每万人需要花费的政府成本等方面进行分析。发现以下几个趋势：

（1）行政管理费不断增长。分析 1978～2000 年我国财政支出数据可以看出，我国行政管理费是随着政府管理社会事务的增加、社会经济的发展而不断提高的。1978～2000 年，行政管理费年均增长 19.71%，特别是进入 20 世纪 90 年代以后，行政管理费增长更快，1991 年我国行政管理费支出为 414.01 亿元，2000 年达到 2 768.22 亿元，是 1991 年的 6.7 倍。机构改革后的 1999～2000 年，行政管理费年均增长速度分别高达 26.2% 和 37.0%。而 1978～2000 年同期财政收入年均增长速度为 11.89%，财政支出年均增长速度为 12.80%，行政管理费年均增长速度大大高于财政收入年均增长速度和财政支出年均增长速度。

（2）行政管理费占财政支出及 GDP 的比重不断加大。根据 1978～2000 年我国财政支出数据计算可以得到：行政管理费占财政支出的比重由 1978 年的 4.71% 上升到 2000 年的 17.8%，行政管理费占 CDP 的比重也由 1978 年的 1.46% 上升到 2000 年的 3.1%。行政管理费占财政支出的比重和行政管理费占 GDP 的比重都是加大的趋势。行政管理费占财政支出比重的加大，意味着在财政支出总额中用于维系政府机构运行的份额在增大。

（3）每亿元国内生产总值花费的行政管理费用不断增加。据《中国统计年鉴》提供的数据计算，国内生产总值每亿元需要耗费的行政管理费用，1978 年为 135 万元，2000 年增长到 284.3 万元，2002 年每亿元国内生产总值花费的政府成本比 1978 年高出 110%。

（4）政府管理每万人需要花费的政府成本不断上升。据《中国统计年鉴》提供的数据计算，1978 年为 5.1 万元，2002 年为 231.95 万元，2002 年政府管理每万人花费的成本为 1978 年的 45.48 倍，年递增率为 17.23%，高于国内生产总值年均增长率 2.19 个百分点（栗玉香，2005）。

这些数据对于还处在社会主义初级阶段的中国来说是严重的甚至是可怕的。政府成本的每一分钱最终都是由老百姓承担的，可见中国纳税人负担之重。政府的改革和转型不仅要求建设一个公共服务型的政府，而且还要建成一个廉价的政府。一个过于昂贵的政府是中国民众难以承担的。有学者认为，造成这一现象的原因有：政府行为具有垄断性质；行政绩效评估操作困难；行政收入的非价格性；现行的一些财务制度、人事体制和领导体制存在缺陷等（卓越，2001）。由于本文的重点不在于研究单纯的政府成本，故在此不作展开。

3. 政府分权成本。

本文的重点在于最小化政府分权成本。有两层含义：第一，通过分权制度的安排和设计最小化政府成本；第二，最小化中央与地方政府权力划分的成本。

（1）适当的分权模式能够减少政府成本。首先，适当的分权模式能够减少地方政府的成本。一个地方政府的成本如果过高，存在两种选择，一是向中央政府请求财政补贴或财政转移支付；二是向辖区内的纳税人增加赋税和收费，以缓解财政压力。第一种办法由于现行制度的约束，往往效果不大（除西藏等特殊地方政府以外）；在实践中，地方政府一般采取第二种选择。一旦如此，必然会引起纳税人的反弹，通过各种途径和渠道向政府施加压力，而人民代表大会作为代议机构，可以把这种压力转移到地方政府身上，迫使其通过各种途径节约政府成本，减少赋税和收费。如果这种方案没有达到预期效果，辖区内的纳税人（尤其是企业）还可以“用脚投票”，即搬迁到赋税和收费水平较低而公共物品提供水平较高的地方。这样，也会使得地方政府为了留住税源而降低政府成本。当然，上述理论分析存在一定的制约条件：一是人大对政府的制约和监督能力不够，对政府预算的审议和监督往往流于形式，对预算外项目更是如此；二是纳税人（特别是弱势群体）的迁徙能力较低，迁徙成本较高，还要受到部分地方政府户籍管理壁垒的限制。

其次，适当的分权模式能够减少中央政府的成本。第一，中央政府作为地方政府的表率和领导，必须降低政府成本。从新中国成立以来的情况看，历次机构精简和行政费用压缩的首先倡导者和施行者基本上都是中央政府，这也是中央政府职责和使命的必然要求。在提出建立“高效政府”方针以后，随着全国人大对政府的制约和监督能力的加强，中央政府降低政府成本的压力更大。第二，地方政府降低政府成本的压力会由“递推机制”转移给中央政府，迫使其降低政府成本。由于人民作为纳税人权利意识的增强，地方政府不得不降低政府成本，这种压力可以通过人民代表大会和政府分层传导给中央政府，直接或间接地要求中央政府也采取措施降低政府成本。另外，“地方政府在地方上替代中央政府的直接管理，能够克服中央政府对社会需求的非敏感性，能够节约中央政府直接管理的成本。这是地方政府的优势。”（毛寿龙，李梅，2000，P. 310）

（2）最小化中央与地方政府权利划分的成本。政府的权利划分是需要成本的，这种成本也属于广义上的政府成本。从我国和其他大国的实际情况来看，这种权利划分的成本是巨大的，尤其是新中国成立以来，中央与地方分权模式不断进行变动，所花费的人力、物力和财力是相当可观的。因此对其采取优化和降低具有重大的意义。我国现存的分权模式应当说大体上是比较符合中国国情的，但在政府分权成本方面主要存在两个弊端：一是分权模式科学化程度不够，二是民主化程度不够，这直接导致了中央与地方政府权利划分的成本上升。为此，应当做到：首先，科学界定各级政府职能，合理设置中央及地方政府机构，控制政府运行成本初始规模；其次，积极发挥各级人大（主要是全国人大和省级人大）的民主监督职能，引导人民参政议政，在分权模式的设计、制定和运作方面充分考虑人民的需求；再次，改革现行的预算管理体制。我国现行的预算管理体制存在诸多的弊端，最典型的莫过于财政支出项目未形成一个科学合理的标准，弹性空间较大，在制度上也未形成鼓励节约、惩罚浪费的机制，反而形成了每个单位和专款专用的项目，如果发生盈余而当年度结束时未及时结账，不仅账目上的钱要充公，下一年度还会因此减少预算拨给，如发生赤字，一定带来第二年度的增款等制度安排。这实际上在怂恿每个财政拨款单位多花钱或者浪费钱财，而不是节省钱（栗玉香，2005）。这使得政府（特别是地方政府）缺乏硬性的制度约束，强化了政府自我扩张的强烈冲动，导致“帕金森定律”[①] 效应凸显。

应当设计科学有效的法律制度来最小化政府分权成本。在我国现行的法律体系中，调控政府分权成本的法律基本上处于缺位状态。从宏观上来看，这对于建设法治国家，建立高效政府是极为不利的；从微观上来看，这无异于鼓励政府官员钻制度的空子，利用职权不断推动政府规模扩大，无形中增加了政府的成本。

（二）中央与地方分权的收益

科学合理的中央与地方分权，可以给国家和人民带来巨大的收益。分权关系普遍是由宪法来构建的，其目的之一就是维护国家的民主和公民的自由，这是分权制度的最大收益。例如，Bradford R. Clark（2001）就认为，“由于存在诸如迟误、不一致和潜在的滥用权力的趋势，我们还没有找到比

① 英国著名学者诺斯古法·帕金森通过长期调查研究，写出一本名为《官场病》（又名《帕金森定律》）的书，该书在阐述英国官僚机构人员膨胀现象时，揭示了这样一个原理：对于一个不称职的官员，他可能有三条出路：一是申请退职，将位子让给能干的人；二是让一位能干的人来协助自己工作；三是任用两名水平低的助手。对于这位不称职的官员来说，第一条出路是走不得的，那样他会失去许多利益；第二条路同样也不能走，因为那样会使自己多出一个有力的竞争对手；看来只有选择第三条路最为适宜。于是，两个平庸的助手分担了他的工作，而自己则能高高在上发号施令，同时也没有人成为自己晋级的障碍，而下级既然能力不济，他们又会上行下效，为自己找两个更加无能的助手。如此恶性循环，就会形成机构重叠，人浮于事，扯皮推诿，效率低下的行政管理体系。当然，日后“帕金森定律”的含义又有深化和发展，但总的来说是指政府机构自我扩张的强烈趋势。

在宪法中对分权实施过程谨慎地进行精心设计更好的方法来捍卫自由。”在进行分权制度设计时，一个重要的原则就是在最小化分权成本的同时，最大化分权的收益，从而实现分权效率的最大化。分权的收益主要体现为：

1. 实现规模经济。

规模经济（Economics of Scale）原意是指“随着厂商生产能力的增加，长期平均生产成本呈现下降趋势，被称作规模经济。”（阿琳·霍格，约翰·霍格，2004，P. 418）而“规模不经济”正好是它的反义词。在中央与地方分权领域，规模经济可以表述为由于中央与地方两级政府规模适当，提供公共物品的长期平均生产成本呈现下降趋势。反之，如果中央与地方两级政府规模不适当，提供公共物品的长期平均生产成本就会呈现上升趋势，这时就出现中央与地方分权的规模不经济。在分权制度设计时，应当追求规模经济，避免规模不经济。有学者认为，如果中国这样的大国只有中央政府，那么政府的官僚机构就会极其庞大并且难以操纵，用各种不同的方法处理公共政策问题的试验范围也会受到制约。从经济角度来看，任何组织如果能够用分散组织来替代，就能够避免畸形庞大的规模不经济问题，许多跨国公司之类的巨型企业组织实际上也往往通过组织不同的企业分支机构作为独立的利润核算单位才实现效率的。因此，地方政府的存在是必要的，而且是可行的（毛寿龙，李梅，2000，P. 342）。对此，国外学者认为“管辖区域之间存在的规模型经济和外在化，通常被认为是两种赞成集权的最强迫性意见。”（皮特·纽曼，2003，P. 242）要实现分权中的规模经济，避免规模不经济，应当关注以下几点：首先，中央和地方政府科学地确定职权范围，在政府科层组织配置中寻求“有权必有责”、“权责相匹配”；其次，严格控制中央和地方政府规模，对于臃肿的机构必须实行精简，对冗员必须分流；再次，努力提高既定政府规模下公共物品的供给水平，不但要建设廉洁政府，更要建设高效政府。

2. 管理半径的良性组合。

从管理学的角度来看，由于信息获取的范围不同、职权设置不同、管理能力不同，任何管理组织和机构都有一定的管理半径（或称管理范围），被赋予的管理事务只有在其管理半径中，才能实现良好高效的管理；一旦被赋予的管理事务超出其管理半径，其管理将是低效甚至是无效的。在整个政府体系中，中央政府的管理半径是最大的，地方政府的管理半径相对较小，但是再强大的中央政府其管理半径仍然是有限的，如果由其管理全部公共事务，绝对是难以负荷的。而地方政府虽然管理半径较小，但提供地方性公共服务却正在其管理半径内，因此有可能实行对其辖区的有效管理。从历史上看，“地方政府产生的动因是政府的公共行政在技术上很难以较低的管理成本实现一体化，即在既定的公共行政技术条件下，政府一体化的有效管理范围小于政府政治控制范围。”（毛寿龙，李梅，2000，P. 342）要实现中央和地方政府管理半径的良性组合，必须发挥各自的相对优势，避免各自的相对劣势，才能实现整个国家政府管理的有效性和科学性。

3. 专业化分工提高政府绩效。

有学者认为，从经济上来看，分工是市场产生的技术原因，因为在分工的情况下，人们能够提高经济效益，从而以较小的成本获得更大的效用满足。由于市场化的分工所存在的市场交易成本的存在，所以企业的一体化就获得了经济上的动因，以一体化的企业组织来替代市场化的分工，以行政命令的分工来取代平等有偿的市场的分工，可以节约交易成本。与此类似，假定一体化的政府组织是一体化的行政命令式的分工合作体制，显然这种一体化的科层组织所进行的交易是需要成本的，这种成本就是交易成本。假定政府内部在军事统一控制的前提下，能够在行政事务上进行类似于市场化的分工，这一分工的具体体现就是在特定的领域内建立地方政府，中央政府把自己所拥有的权力授予地方政府，而地方政府之间的关系，则相当于市场中企业之间的关系。也就是说，一体化在中央与地方政府之间，开始为授权分工机制所取代，授权和代理之间的“市场化的交易”开始替代中央与地方政府之间的行政命令与执行关系（毛寿龙，李梅，2000，P. 309）。根据经济学原理，一般来说，地方性公共物品应当由地方政府提供，全国性公共物品应当由中央政府提供，而交叉性公共物品应当由中央和地方政府根据实际情况共同提供。这样，才能发挥中央政府和地方政府各自的比较优势，提高公共物品供给的整体水平。

4. 降低地方性制度试验的风险。

中国是一个幅员辽阔的大国，各地经济社会发展情况千差万别，而且我国处于快速而剧烈的转型阶段，各种经济、社会、文化、法律等制度变迁的速率在整个人类历史中是罕见的。这就使得中央政府处于一个两难的境地：如果墨守成规，固有的制度将不能符合时代进步的要求，整个国家的制度创新将举步维艰；如果在全国范围内快速推行新制度，给国家和人民带来的风险可能是全局性并且难以承受的。前者可以计划经济的凝固僵死为例，后者可以“大跃进”的冒进型灾难为例。在“摸着石头过河”和“干中学（Learning by Doing）”的思想指导下，我国逐渐找到了地方性制度试验这一符合我国国情的方案，降低了系统性的全局风险，提高了制度变迁的成功率。有学者认为，对于地方政府自主推行的制度创新，由于要承担一定的政治风险成本（政府创新对现行政治体制突破的风险和地方政府创新失败的可能结果），中央政府往往并不会直接予以支持；但由于地方政府客观上存在着一定的自主权，而中央政府也有着制度变迁知识、经验与方向积累的需求，中央政府在付出成本与地方创新带来的预期效益比较可承受的范围内，通常会在制度创新初期持不认可、不否定的观望态度，也就是采取“试”的策略，以期在不损害整体利益与中央权威的前提下，在制度创新中可以取得新的突破口与创新效益（于芳，2006）。如“包产到户”的家庭联产承包责任制就是先由安徽农村“偷偷摸摸”地进行试验，再逐步推向全国的。再如在集体土地流转方面，又由广东以“政府令”形式发布《广东省集体建设用地使用权流转管理办法（草案）》，使农地直接入市拥有了合法地位；而该管理办法中对农地出让、出租、转让、转租和抵押等行为所给予的颇具可操作性的具体规定，被学者点评为是“一个懂得市场需要的制度安排”，“难能可贵”，被誉为“新中国历史上的第四次土地流转改革”。这些都是通过地方性制度试验来突破原有的制度性路径依赖，分散政策风险的举措。焦西姆·冯·布朗（2002）认为地方性政治自由要求是分权的主要动力之一。这个判断是符合我国实际的，历次的地方性制度改革证明了这一点。正是在此基础上，苏力（2004）才认为目前中央地方分权问题上的基本方向和框架是正确的，不仅符合当代中国国情，而且从长远看，这可能是一种更具有活力和创造力的分权制，因为它允许有更大的地方性秩序发生、形成、竞争的自由空间。这对社会转型、改革乃至对中国这样一个不同于其他国家的大国具有极其深远的意义。

5. 利用信息优势提高公共服务水平。

“广义而言，信息是一种经验或感触，它加给事件、生活或经历以新意或某种变化。这一定义虽不是唯一的，但它却表明信息是可直观的。”（塞缪尔·A·沃尔珀特、乔伊斯·弗里德曼·沃尔珀特，1991，P. 1）政府作为公共管理和服务机构，其政策的分析、决策、制定和执行必须要求有一定的信息作为行为依据。政府需要的信息包括两类，一类是政府内部信息，另一类是政府外部信息。相对而言，政府内部信息的获取较为方便，其获取成本也较低。而政府外部信息的获取需要外向型的采集、沟通渠道，其获取成本也较高。政府外部信息主要包括辖区内的经济、社会、文化、法律等方面的信息，能顺利高效地获取和处理政府外部信息，以及根据信息迅速作出适当对策是建立高效政府的必要条件。容易得知，地方政府在获取其地方性信息方面具有优势，而中央政府的优势则在于获取全国性信息上。“与中央政府相比，省级政府在满足当地需求方面具有信息优势，因而能够更好地提供公共物品和服务，而这些公共物品和服务对当地的经济环境有较大影响。”（林毅夫、刘志强，2000）[①] 这又是一个由地方政府提供地方性公共物品的信息经济学上的理由。但是，在实践中，要防止地方政府滥用信息优势，对

① 对地方政府信息优势的研究，还可参见张澍：《财政联邦主义理论的新发展》，载《财经科学》2004 年第 5 期；严冀、陆铭：《分权与区域经济发展：面向一个最优分权程度的理论》，载《世界经济文汇》2003 年第 3 期。

中央政府进行谎报和瞒报信息。有学者以“铁本事件”为例，认为由于上下级政府间信息传递链条过长，代理人（地方政府）有足够的能力控制“私人信息”和辖区“自然状态”信息。这种严重的信息不对称造成了代理人行为的机会主义变异（李军杰、周卫峰，2005）。这就要求建立和完善政府信息公开的法律制度，既要公开各级政府的可公开信息，同时对政府的谎报和瞒报加以惩罚，减少民众获取政府信息的成本，防止民众对政府保持一种“理性的无知”，使政府行为公开化、透明化，实现建设法治国家的要求。

三、中央与地方分权的交易成本

交易成本（Transaction cost）又译作交易费用，在本文中将同时使用这两种译法。交易成本既是在成本概念基础上的深化和拓展，又具有与古典经济学意义上的成本大相径庭的鲜明个性。作为新制度经济学的核心范畴，交易成本燃起了新制度经济学的星星之火，20 世纪 60 年代初交易成本范式开始茁壮成长，到了 20 世纪 80 年代已呈燎原之势。新制度经济学已经掀起了理论分析范式的革命。在政治制度中的中央与地方分权领域，交易成本范式同样具有广阔的运用空间。

（一）交易成本概述

1. 交易成本定义。

交易成本概念被频繁地用于各种经济现象的分析，并被逐渐吸收进主流学派的理论中。交易成本成为经济理论与实际运用中具有强大解释力的分析工具，因而被广泛应用于货币和资本市场、国际贸易、国际投资、企业制度、产业组织、公共选择、政治民主、体制比较等领域。由于新制度经济学向其他领域进行全面侵蚀，企图使其赖以形成并区别于其他制度分析学派的核心分析工具——交易费用成为什么都能解释、什么都能使之合理化的万能钥匙，才激起人们对交易费用分析框架进行批判性的分析。其主要意见认为交易成本概念定义太宽，运用得太滥。按费希尔的代表性说法就是：“交易成本在理论上就有一个现成的坏名声……这部分原因是因为人们怀疑，是否只要祈求规定了适当的交易成本就能使几乎任何事物都合理化。”（陈郁，1996，P. 24）从经济学家们的论述来看，交易费用的定义主要有以下几种：

（1）科斯的定义。科斯在考察企业存在的理由时发现，交易过程需要当事人投入时间和精力，支付信息费用和其他开支，所以通过市场达成交易是要付出代价的，这个代价就是交易成本。早期交易成本概念显然具有初步认识事物时认识上处于混沌状态的特点。科斯在《企业的性质》一文中认为交易成本是“通过价格机制组织生产的最明显的成本，就是所有发现相对价格的成本”，“市场上发生的每一笔交易的谈判和签约的费用”及利用价格机制存在的其他方面的成本。

（2）张五常的定义。张五常把鲁滨逊经济中不可想象的一切费用都划入交易成本，从而“在最广泛的意义上，交易成本包括所有那些不可能存在于没有产权、没有交易、没有任何一种经济组织的鲁滨逊·克鲁索经济中的成本……交易成本可以看作是一系列制度成本，包括信息成本、谈判成本、拟定和实施契约的成本，界定和控制产权的成本，监督管理的成本和制度结构变化的成本等。”（约翰·伊特韦尔，1996，P. 58）

（3）威廉姆森的定义。威廉姆森遵循阿罗把交易成本规定为利用经济制度的成本，并且就其本身而论相当于物理学中的“摩擦”这一定义。还可对交易成本进一步细分，事先的交易成本包括起草、谈判和维护一项协议的成本。事后的交易成本则包括：当交易偏离了所要求的准则而引起的不适应成本；倘若为了纠正事后的偏离准则而作出了双边的努力，由此而引起的争论不休的成本；伴随建立和运作管理机构（通常不是法庭）而来的成本，管理机构也负责解决交易纠纷；使安全保证生效的抵押成本。威廉姆森认为，交易成本的存在取决于三个因素：受到限制的理性思考、机会主义以及资产专用性（转引自迈克尔·迪屈奇，1999，P. 29）。

（4）迪屈奇的定义。迪屈奇从管理实践经验出发，更多地从信息费用的角度理解交易成本。他认为经济组织可以具有两种形式——或者是市场、或者是公司内部组织——中之一种，由此产生的对资源配置的管理，分别导致了交易成本和组织成本。他把交易成本定义为三个因素：调查的信息成本、谈判和决策成本以及制定的实施政策的成本。他还指出，造成高昂交易成本的，并不是人们的机会主义行为，而是人们对世界的不同认识。利他动机也会导致中止合同。因此认识分歧是交易成本的核心。他认为，企业在收集信息、学习和积累知识，例如市场调研、克服信息不对称及其造成的逆向选择方面具有优势，因而能够获得谈判优势，改变交易条件，降低交易成本。据此，迪屈奇明确提出了交易成本内生性的观点。他指出，组织的作用正是在于改变市场上的主动性和利用市场的能力，降低交易成本。迪屈奇认识到机会主义不是导致合同中止的唯一因素或主要因素，机会主义之外的因素也可能导致合同中止。这就区分了机会主义因素和非机会主义因素导致的市场失灵（转引自吴振辉，2003）。

2. 交易成本的影响。

可以这样说，交易费用对于人类生活的方方面面，诸如经济、政治、文化等都有重大的影响。North认为，制度是一个社会的游戏规则，或者更规范地说，它们是为决定人们的相互关系而人为设定的一些制约，制度包括“正规约束”（规章、法律）和“非正规约束”（习惯、行为准则、伦理规范），以及这些约束的“实施特性”。Arrow将交易成本看成经济制度的运行费用。不同制度的经济绩效之所以不同，就在于不同制度的交易费用不同。交易费用高的国家，其制度的效率低；相反，交易费用低的国家，其制度的效率高。交易成本的高低还是区分高收入国家与低收入国家的重要标志，每笔交易需要较少成本的国家是高收入国家，而每笔交易需要较高成本的国家是低收入国家。第三世界的贫穷相当程度上就是因为交易费用十分高昂。有学者认为，在现实世界里，交易中总存在“冲突、依存和秩序”，总要耗费资源；无论哪种制度安排，只能使这种耗费有限地减少，不能将其完全地消除。从专业分工的角度来看，交易费用可以视为交易利益的对立物，可以理解为对交易利益的“摩擦”。交易费用的现实根源是多方面的，它们往往组合地对交易费用产生影响（伍山林，2002）。在对经济史的研究中，诺斯发现了交易费用的双重性，他认为：“市场规模的扩大引起了专业化和劳动分工，进而引起交易费用的增加。交易费用的增加引起经济组织的变迁，这反过来又降低了技术变化的费用，加速了经济增长。”（道格拉斯·C·诺斯，1994，P.74）因此，对于交易费用影响的理解不能是单向性的，要结合具体的国情进行分析。伍山林（2002）对交易费用影响的理解值得深思，他认为“首先，制度文明尽管减少了交易过程中的资源损耗，却要承担制度的制定、执行和监督的费用。其次，制度其实是其他经济要素的函数，其他经济要素一旦发生了改变，制度便要随之变迁，并且带来相应的交易费用。最后，交易者拥有的制度知识通常并不完全相同，在交易过程中，双方需要磨合或适应，并为此耗费资源。”这就是说，不能单纯把制度变迁的原因归结为交易费用，而应当结合其他经济要素进行考察。黄少安（2000）进一步认为，“在考虑变迁带来的生产力变化的同时，也考察交易成本的变化，将变迁的成本与收益作综合考察。全面考察改革的结果，肯定绩效，去除不足，就能使机会主义改革无处遁形，真正激励高水平的改革努力。”

在政治领域，政府与交易成本的关系也是复杂的。政府以及政府治理或相关的制度、法规措施可降低交易成本，毫无疑问是影响交易效率的重要方面。North将政府界定为“第三方强制力”，认为它的存在能降低交易成本。Williamson指出，政府是一个在管理货币供给、外交、法规等事务方面拥有较高效率、较低成本的政治组织。Wallis和North也明确指出，政府在建立基础设施、提供教育机会、制定法律以及保护财产权等方面可大大降低经济体的交易成本。Hall和Jones指出，制度、政府政策组成的“社会基础设施”（Social Infrastructure）是造成各国资本积累、生产效率、人均产量差别的根本原因。施莱弗和维什尼以及 Sachs 和 Warner、Campos 和 Nugent 以及世界银行等则从反面证明，政府干预、变化无常的法规措施、低效的公共服务、政府官员的腐败与寻租等均会降低经济体的交易效率。显然在构造交易效率指标时忽视政府制度层面将不能反映交易效率的全貌（转引自赵红军，2005）。政府行为决定了正式的制度安排，并且影响着非正式的制度安排，而制度的主要功能是给人们以确定的预期并起到传递信息、减少交易成本的作用。而交易成本决定了经济运行的绩效，很大程度上交易成本是由政府及相应的制度决定的（苏武俊，2005）。相反，交易成本又反作用于政府及其制度本身，两者的关系是互相影响、互相渗透的。正是由于市场中客观存在着较高的交易费用，因此，清晰的产权安排可以内化外部性，减少经济运行成本。而无论是市场谈判形成的产权，还是强制性供给形成的产权，都需要发挥政府的作用。从市场中的信息不对称来看，政府可以减少因信息不对称形成的交易成本。市场中的信息不对称普遍存在，由此形成逆向选择、道德风险等机会主义。政府则可以通过培育中介组织、发展第三产业、信息化等措施，减少因信息不对称形成的信息搜寻等外生交易成本，以及由于信息不对称所引致的内生交易成本。正是由于政府在提供公共产品、游戏规则、保护产权等方面具有规模优势，因此，在现代市场经济中，政府可以通过提供信息、公共安全、公共卫生、制定标准、培育中介组织等有效地降低交易成本，为经济主体服务。而这些产品和服务如果由私人提供，很难有效消除外部性和“搭便车”，最终形成这些产品和服务的供给不足。但如果由政府来提供这类产品和服务，不仅可以有效地防止外部性和“搭便车”行为，节约单个市场主体的信息成本、组织成本和实施成本，而且还可以收到规模经济的效果，提高资源配置效率（蒋伏心、周春平，2005）。综上所述，政府应当在交易费用方面做到两个最小化：一是使得整个国家经济制度运行的交易费用最小化；二是实现政府自身制度运行的交易费用最小化。

（二）交易成本与分权制度

理查德·A·波斯纳认为，法律经济学最具雄心的理论层面，是提出一个统一的法律的经济理论。在这一提议中，法律的功能被理解为是促进自由市场的运转，并且在市场交易成本极高的领域，通过将若干市场交易可行就可以期待产生的结果予以法律上的确认，来“模拟市场”（理查德·A·波斯纳，2003，P. 6）。在中央与地方分权方面，通过市场来交易显然是不现实的，经济学上的主要原因就是交易成本过高，另外各政府主体之间也存在着“搭便车”的潜在可能。另外，迈克尔·迪屈奇指出：“从更一般的意义来说，目标并不是节约交易成本，而是既要节约交易成本，又要节约新古典学派的生产成本。”（迈克尔·迪屈奇，1999，第39页）因此，调整分权关系的法律应当满足一个最基本的条件：既要促使分权交易费用实现最小化，同时又要最小化公共物品的生产成本，从而提高分权的效率，实现分权的优化。

应当结合多种因素来考虑法律和交易成本之间的复杂关系。有学者认为，法律就是一整套从静态到动态、从组织到行为以降低交易成本和促进经济发展为目标的制度系统。但是，如果将法律制度与交易成本结合起来看，就会得到一个这样的结论：即所有的法律制度的出发点无不是为了节约交易成本，而每一个法律制度或多或少又产生了另一种交易成本。换句话说，法律制度的确定和实施是将一种交易成本替代法律缺失情况下的另一种交易成本。法律制度的提供也是一种“稀缺”的资源，因此，利用法律制度也是有成本的，如对恰当的法律制度的搜寻费用，依据法律约束的遵守成本，遵从法律制度所放弃的机会成本（即选择不遵守法律制度的预期收益）等。正因为法律制度隐含着这种成本，个人和企业为了利润最大化，自然要比较采纳法律制度的成本和不采纳法律制度的成本孰轻孰重，从而选择一项对自己有利的成本最小化策略。也就是说，并不是有了法律，甚至有了理论上能促进市场经济发展的法律就必然能满足社会的法律需求。只有那些符合法律主体的理性选择、成本最小而收益最大的法律，才会被人们自觉遵守。对于任何一项立法，都必须考虑社会的实际需求，没有需求时强行立法（或设权），就会导致交易成本过高而难以实施，表现在法律实施效果上就是有法不依或有法难依。在法律的单位交易成本极高，守法成本远远高于最初无法律状态“私了”的花费，即超出公众承受力的场合，人们对这种法律或秩序的需求就会荡然无存，这项立法便归于失败。为此，就要从当前社会物质生活条件的实际出发，以资源的优化配置为中心，不断按照交易成本最低原则，恰当配置法律权利，进而推动法制改革和提高法律运行效率（苏武俊，2005）。具体到中央与地方分权的法律制度方面，必须考虑制度本身的交易成本、法律制度对分权交易成本的减少程度以及守法和违法的成本收益。具体而言，就是要最小化分权制度本身的交易成本，以提高分权效率；制定、执行法律的成本应当小于法律制度带来的收益；提高政府违法的成本，增加政府守法的收益，使政府行为实现法治化。

从交易费用角度考察，我国目前的中央与地方分权制度存在一些问题，笔者试图提出一些对策建议：

1. 谈判费用过高。

由于在我国目前的中央与地方分权制度中政策透明度偏低，存在着大量的不确定因素，在争取中央财政转移支付、申请特殊优惠政策等方面，各地方政府使出浑身解数，通过各种手段与中央政府沟通，力图单独同中央政府谈判。而我国省级政府（包括省、直辖市、自治区和特别行政区）共达34个之多，这种做法直接导致了谈判费用过高。

对策建议：提高分权政策和制度的透明度，减少地方政府对“跑部钱进”的预期，压缩其寻租空间。国外的经验值得研究，以美国为例，当代美国纵向层级政府之间分权关系比较明晰，一方面既能保障联邦政府的权威，发挥联邦政府在经济和社会发展中的主导作用，又能保证州与地方政府具有相对独立和明确的责权利，具有有效的行为能力，能有效治理地方事务，推动地方经济和社会的繁荣；另一方面，各级地方政府在自身管辖范围有着相对完整的权力，加之权力制约机制比较健全，政府行为比较规范，因此能够尽可能理性地从本地区的长远利益和根本利益出发来考虑问题，在与其他地方政府进行利益博弈过程中，也就更可能选择合作策略而不是对抗策略。而且，当代美国的法治比较健全，也有利于大大降低地方政府间横向关系协调中的交易费用（张紧跟，2005）。这样，其中央政府与地方政府的谈判费用自然大大降低。同时，Bradford R. Clark（2001）进一步认为，“在参议院，赋予每个州的平等表决权是对保留于州的主权份额的一种即时的宪政认可，同时也是对保护剩余主权的一种措施。”这样的制度安排无疑可以促进地方民众的政治权利得以实现，并在很大程度上减少谈判的交易费用。笔者建议，可以立法规定政府之间交流和沟通程序和方式的透明化、制度化，并接受公众和媒体的监督，以降低不必要的谈判费用。

2. 执行费用过高。

执行费用主要指政府在分权并供给公共产品过程中所发生的筹资费用、投资成本和分配成本。其中最为突出的是中央和地方两级政府的筹资费用都较高。筹资费用主要是税收征收过程中发生的交易费用，包括征收成本与纳税成本，主要是税务机关征税所发生的成本与纳税人缴税所发生的奉行成本。政府对税收的征收不仅要通过专门的程序确定税率、税基，而且还要设置专门的机构，配备专门的人员、设备进行征收监管，所以这些投入都属于征税过程中发生的交易费用。纳税人履行纳税义务，必须花费时间与精力了解税收规则，进行纳税申报，如果税务机关所在地与纳税人所在地距离较远，那么纳税人还要承担一定的交通费用。另外，税务人员为了完成税收任务频繁地登门及可厌的稽查，使纳税人遭受不必要的麻烦和困扰，成为纳税人负荷的一些黑费用。截至2004年1月，我国在编税务人员总数已达100万人（不含各种类型的临时工等人员），这一数字是日本的9倍，加拿大的20倍，美国的11倍；而1998年全国税收总额约为9 000亿元，仅为日本的1/5，加拿大的1/2，美国的1/30。人力资源重复配置在造成征税成本绝对额超高的同时，还带来两个突出问题：一是人均税收贡献率偏低。按照1998年的全国平均水平测算，税务人员的人均税收贡献率每百元成本支出仅有 4 500 元税收收入。二是人力资源内耗严重。由于上述问题的存在，不仅不能刺激税收效率提高，还不可避免地增加其他类型的征税成本以及有关的纳税成本。由于多方面的原因，我国目前的税收成本总额尚无准确的统计数字，但从公布的有关数据情况看，仅直接用于税收征稽的成本与国际相比就有巨大的差距。以 1995 年为例，美国的征税成本为 0.6%，日本为 0.8%，法国为 1.9%，加拿大为 1.6%，而我国仅预算内支出的征税成本就在 5% 以上，如果加上尚未进入统计的预算外支出，则成本更高（王磊、刘希勤，2006）。这就使得我国中央和地方两级政府在征收国税和地税的效率低下，直接导致我国分权制度的执行费用过高，这对于建立高效政府，促进人民福利是极为不利的。

对策建议：由于分权制度的执行不具有可竞争性，无法引入竞争机制进行运作，降低执行费用具有很大的难度。但是笔者认为还是有章可循的，这就要求做到：一是加强全国和地方两级人民代表大会的监督作用。把审核、考察政府预算及其执行情况工作作为人大职能的重点之一，配备相应的财经专家，使人大能真正看懂政府预算，对预算的制定和执行情况进行全过程全方位的有效监督。二是压缩中央和地方两级政府的机构和冗员。毋庸讳言，我国的政府规模是较大的，每万人供养的政府官员比例在世界上都是较高的，这不仅使人民负担增加，政府效率降低，更重要的是为了保证政府部门的运转和政府人员的工资，有时就会出现政府擅自设立行政许可、乱收税费等设租、寻租现象，对整个国家的经济政治伦理造成极大的伤害。三是真正实现科学分权，科学行政。要按照客观规律来管理国家事务，减少执行的失误，提高执行的效率。

3. 监督费用过高。

监督费用主要是指中央政府为了保证地方政府根据宪法和法律以及按照中央政策行事，对地方政府进行监督所投入的资源。有学者认为，保证政府部门有效率地供给公共产品，通过各种监督手段建立约束机制非常必要，因此在公共产品的政府供给中必然会发生相应的监督费用。由于政府部门产权的特殊性，政府部门不能像私人部门那样供给各种各样的物质激励手段；同时，道德风险和代理风险也可能出现在政府部门供给公共产品的过程中。当某一个制度执行的监督成本过大时，则说明此项制度是失败和无效的（王磊、刘希勤，2006）。但监督费用本身具有双重性：一方面，监督费用确实是资源的消耗，需要耗费财政收入进行支持；另一方面，一定的监督又是必须的，能够给国家减少不必要的损失。因此，不能单纯地认为只要监督费用低就一定是好的，而应结合监督效率、监督效果以及监督费用三个因素进行综合考察。

对策建议：从两个方面入手，一是提高中央政府监督的效率，即运用各种手段优化组合进行监督。譬如国土资源部利用卫星遥感进行全国土地资源调查，直接避免了地方政府谎报瞒报的现象。这就是利用新的监督手段减小监督费用的有力证明。二是加强地方人大对地方政府的监督，减少中央政府监督的费用。从监督的便利性和有效性来看，地方人大作为地方政府的双重监督者之一，监督的成本较低，反应也较为迅速。

参考文献：

1. 阿琳·霍格、约翰·霍格：《经济学导论》（第3版），华夏出版社2004年版。

2. 埃瑞克·G·菲吕博顿、[德] 鲁道夫·瑞切特：《新制度经济学》，上海财经大学出版社1998年版。

3. Bradford R. Clark, 2001, "Separation of Powers as a Safeguard of Federalism", *Texas Law Review*, May.

4. 陈郁：《企业制度与市场组织——交易费用经济学文选》，上海三联书店1996年版。

5. 道格拉斯·C·诺斯：《经济史中的结构与变迁》，上海人民出版社1994年版。

6. 丁以升：《法律经济学的意义、困境和出路》，载《政治与法律》2004年第2期。

7. 丁以升、张玉堂：《法律经济学中的个人主义和主观主义》，载《法学研究》2003年第6期。

8. 冯玉军：《法经济学范式的知识基础研究》，载《中国人民大学学报》2005年第4期。

9. 黄少安：《关于制度变迁的三个假说及其验证》，载《中国社会科学》2000年第4期。

10. 霍尔等著：《微观经济学：原理与应用》（第2版），东北财经大学出版社2004年版。

11. 加里·S·贝克尔：《人类行为的经济分析》，上海人民出版社2002年版。

12. 蒋伏心、周春平：《交易费用视角的政府行为——以温州模式为例》，载《中国工业经济》2005年第6期。

13. [美] 理查德·A·波斯纳：《法律的经济分析》，中国大百科全书出版社1997年版。

14. 焦西姆·冯·布朗：《地方分权与减缓贫困》，载《中国经济时报》2002年1月9日第5版。

15. 李军杰、周卫峰：《基于政府间竞争的地方政府经济行为分析——

以“铁本事件”为例》，载《经济社会体制比较》2005 年第 1 期。

16. 理查德·A·波斯纳：《超越法律》，中国政法大学出版社 2001 年版。

17. 理查德·A·波斯纳：《正义/司法的经济学》，中国政法大学出版社 2002 年版。

18. 理查德·A·波斯纳：《法律理论的前沿》，中国政法大学出版社 2003 年版。

19. 栗玉香：《改革政府：降低运行成本》，载《社会科学》，2005 年第 9 期。

20. 林毅夫、刘志强：《中国的财政分权与经济增长》，载《北京大学学报》（哲学社会科学版）2000 年第 4 期。

21. 罗宾·巴德、迈克尔·帕金：《经济学精要》（第 2 版），中国人民大学出版社 2004 年版。

22. 迈克尔·迪屈奇：《交易成本经济学》，经济科学出版社 1999 年版。

23. 毛寿龙、李梅：《有限政府的经济分析》，上海三联书店 2000 年版。

24. N·格里高利·曼昆：《经济学原理》上册（第 3 版），机械工业出版社 2003 年版。

25. 皮特·纽曼：《新帕尔格雷夫法经济学大辞典》（第一卷），法律出版社 2003 年版。

26. Richard A. Posner, 1987, “The Constitution as an Economic Document”, *George Washington Law Review*, 56 (1), November.

27. 塞缪尔·A·沃尔珀特、乔伊斯·弗里德曼·沃尔珀特：《信息经济学》，吉林大学出版社 1991 年版。

28. 史晋川：《法律经济学评述》，载《经济社会体制比较》2003 年第 2 期。

29. 苏力：《当代中国的中央与地方分权——重读毛泽东〈论十大关系〉第五节》，载《中国社会科学》2004 年第 2 期。

30. 苏武俊：《交易成本与制度创新》，载《财经理论与实践》2005 年第 5 期。

31. Thomas S. Ulen, 1998, “Economic and Public-Choice Forces in Federalism”, *George Mason Law Review*, Summer (6 Geo. Mason L. Rev. 921).

32. T. S. 库恩：《科学革命的结构》，上海科学技术出版社 1980 年版。

33. 王磊、刘希勤：《交易费用、政府边界与财政体制改革》，载《中央财经大学学报》2006 年第 2 期。

34. 魏建、黄立君、李振宇：《法经济学：基础与比较》，人民出版社 2004 年版。

35. 吴振辉：《交易成本与一般均衡》，浙江大学硕士论文2003年。

36. 伍山林：《交易费用的批评性考察》，载《财经研究》2002年第8期。

37. 严冀、陆铭：《分权与区域经济发展：面向一个最优分权程度的理论》，载《世界经济文汇》2003年第3期。

38. 杨眉：《中国行政成本全球最高，国家主席带头压缩》，载《财经时报》2003年6月7日第3版。

39. 于芳：《政府创新的博弈分析》，载《理论导刊》2006年第5期。

40. 约翰·伊特韦尔：《新帕尔格雷夫经济学大辞典》（第二卷），经济科学出版社1996年版。

41. 张建伟：《转型、变法与比较法律经济学：本土化语境中法律经济学理论思维空间的拓展》，北京大学出版社2004年版。

42. 张紧跟：《当代美国地方政府间关系协调的实践及其启示》，载《公共管理学报》2005年第1期。

43. 张俊山编著：《经济学方法论》，南开大学出版社2003年版。

44. 张澍：《财政联邦主义理论的新发展》，载《财经科学》2004年第5期。

45. 周林彬：《从法学的不自足到法律经济学的推进》，载《中山大学学报》（社会科学版）2005年第4期。

45. 周镇宏、何翔舟：《政府成本论》，人民出版社2001年版。

46. 赵红军：《交易效率：衡量一国交易成本的新视角——来自中国数据的检验》，载《上海经济研究》2005年第11期。

47. 卓越：《行政成本的制度分析》，载《中国行政管理》2001年第3期。

On Cost-Benefit and Transaction Cost of Decentralization between the Central Government and Local Governments: Law and Economics Perspective

Zhenghua Chen

(School of Humanity and law, Tian Jin Polytechnic University, 300384)

[**Abstract**] Rational choice is the hardcore paradigm of Law and Economics. It means that the benefit (utility) equals to the remaining sum that income subtracted from cost. In decentralization issue, the institutional design and arrangement should pursue both the maximization and minimization inevitably, in order to realize the maximization of benefit in decentralization. The legal institution regulating decentralization should urge the minimization of transaction cost in decentralization and cost of public goods simultaneity, in order to promote the efficiency and optimization of decentralization. Two factors must be considered: the transaction cost of institution in decentralization and the cost and income of observation or transgressing the law. At present, the cost of negotiation, execution and supervision in decentralization institution are exorbitant. As a solution, the rent-seeking opportunities of local governments should be eliminated, and the supervision of National and local People's Congress should be enhanced, the organizations and supers in central government and local governments should be reduced, the supervising efficiency of central government and local People's Congresses to the local governments should be promoted.

[**Key Words**] Decentralization Cost-Benefit Analysis Transaction Cost Law and Economics

JEL Classification: K190 G000 H100

社会扩展秩序中的“人类意识”刍议

——哈耶克的自生自发社会秩序之检视

朱富强*

【摘　要】哈耶克的自发秩序观可归结为“一个中心，两个基本点”，其中心论题是扩展秩序，而市场和法制则是秩序扩展的基本保障，其基本含义就是在一般性规则之下通过社会主体之间的自由竞争以推进社会秩序的扩展。然而，任何抽象规则的形成和贯彻都存在着人类有意识的能动作用，人类社会秩序的扩展也同时包含了自发和自觉两方面的动力，每一方面的合理而谨慎运用都可能促进社会的进步，而它们的共同基础是伦理的认同。而且，本文通过对哈耶克思想作一整体性检视后发现，哈耶克并不是自发秩序的绝对信奉者，其自发秩序与其说是达尔文主义的，不如说是拉马克主义的；不过，由于哈耶克本人的意识形态取向以及对当时日益偏盛的理性实践的过激反应，导致了他集中主要精力去发掘西方社会中的自由演化传统。

【关键词】**自生自发秩序　扩展秩序　伦理　哈耶克**
中图分类号：**F012**　文献标示码：**A**

一、前　　言

西方主流学者基于自然主义的思维传统往往喜欢强调抽象规则具有开放性，把抽象规则视为自生自发秩序发展的结果，也是社会秩序持续扩展的基础。其中，对自发秩序阐述最深刻的当数哈耶克，他几乎一辈子都在对社会中的自然秩序的特性进行阐发，甚至有学者认为，“自生自发的秩序”概念

---

* 朱富强，经济学博士、硕士生导师、副教授，现任教于中山大学岭南学院；地址：广州市新港西路135号，中山大学岭南学院（510275）；电话：（020）84111007；E-mail：zhufq@mail.sysu.edu.cn。

是哈耶克最伟大的发现，亦是法学和经济学的根本原理（邓正来，1998，P. 8）。在哈耶克看来，这种自发秩序强调个人的互动，认为绝大多数人类秩序都是基于个人行动所生产的先前未预见的结果，这包括三方面的含义：“第一，人类赖以取得成就的许多制度乃是在心智未加设计和指导的情况下逐渐形成并正在发挥作用的；第二，套用亚当·弗格森的话来说，‘民族或国家乃是因偶然缘故而形成的，但是它们的制度则实实在在是人之行动的结果，而非人之设计的结果’；第三，自由人经由自生自发的合作而创造的成就，往往要比他们个人的心智所能充分理解的东西更伟大。”（哈耶克，2003，P. 12）也正是基于对自发秩序的整个探究，哈耶克首先考察人们如何利用自己不知道的知识，从而发现了优于中央指令的自发形成的市场秩序。他认为，经济学的根本任务都是在于解释这种整体的市场秩序是如何形成的；接着，哈耶克又进一步考察自发秩序中人们的行动应该遵循何种规则问题，这种规则是特殊性规则还是表现为一般性抽象结构的法律。他认为，遵循一般抽象性的法律有助于保持个人的自由，因而他的后半生都在探讨法律是如何产生的，有什么特点。

然而，这种将社会扩展秩序建立在一般抽象规则之上的观点显然把法律制度先验化了，似乎这种抽象规则一开始就是源于自然法而存在的，且一旦存在就不再改变；特别是，这种观点也是与哈耶克的演化思想相悖的，因为既然社会秩序乃至社会规则都是演化的，那么当然也就不可能是一般性和普遍性的。事实上，从人类规则演变史中可以看出，人类社会并没有绝对抽象的一般规则，而只有与特定社会环境相联系的具体规则；并且，这种社会环境本身就体现为特定共同体的环境，当前基于市场的抽象规则也是共同体扩展到一定阶段的产物。即使如此，当前的世界市场也并非是同质的：一方面，在不同市场上所内含的市场伦理存在很大的不同；另一方面，由此产生的抽象规则的特质也存在很大差异。涂尔干（2000，P. 185）曾指出，“有人总是喜欢把以共同信仰为基础的社会与以合作为基础的社会对立起来看，认为前者具有一种道德特征，而后者只是一种经济群体，这是大错特错的。实际上，任何合作都有其固有的道德”，“每个社会都是道德社会”，只不过“在现代社会里，这种道德还没有发展到我们需要的程度”。也就是说，人类既存的各种社会形态都具有共同的道德伦理基础，而且，这种道德伦理是扩展的，正是基于伦理认同半径扩展的基础上，人类社会秩序也开始了不断扩展的历程；实际上，这也正如 E. A·罗斯（1989，P. 146）所说的，风俗的束缚力所产生的后果不只是约束，它产生出某种调节作用，一旦我们把伦理因素考虑进去，那么社会协调也就有了坚实的基础，秩序也就不断扩展了。因此，本文通过对哈耶克自生自发秩序的反思来探索社会秩序持续扩展的基础和动力。

二、推动社会秩序扩展的两个基本动力

根据普里高津的热力学理论，系统可以分为三类：孤立系统、封闭系统、开放系统。对于孤立系统，熵永不减少，系统达到最大程度无序的平衡态；对于一个只和外界交换能量的封闭系统，可能在平衡态附近形成低温有序结构（如晶体结构）；但只有与外界交换物质和能量的开放系统，由于存在来自外界的负熵流，才有可能在远离平衡态的条件下，在微观涨落的基础上通过非线性相互作用的机制形成功能有序的耗散结构，即从无序产生有序。也就是说，封闭状态下的自生自发只会招致在一定平衡点附近的振动，而难以形成扩展的趋势；也即，扩展秩序的维持往往是难以靠自发力量来保障的。普里高津这种分析思路可以很好地应用于对社会制度的理解：在一个封闭自发性的博弈中，每个人从个人理性出发并预期对方的可理性化策略，最后达到了纳什均衡；尽管这种均衡单凭个人力量无法改变，但是，它往往不是帕雷托有效的。显然，要使得这种均衡具有开放性和扩展性，就必须凭借外来的力量，博弈本身就应该保持与外界的联系；譬如，外来的制约、相关信号等都是促使博弈双方跳出囚徒困境的动力源。

哈耶克在《两种秩序》一文中将秩序分为：自发（生成）秩序（endogenous order 或 spontaneous order）和设计（或建构）秩序（exogenous order 或 made order）；自发秩序是指没有人有意识地去做，而设计秩序则是以有组织的方式进行。尽管哈耶克这种区分有利于我们更好地认识人类社会中业已存在的秩序之特质，但是，由于哈耶克（2000a，P. 361）强调，自发秩序不是人特意建立的，因而也是没有目的的；因此，后来一些学者误以为哈耶克强调自生自发秩序不受人类活动的影响，是一种纯粹的自然自生现象。实际上，哈耶克（2000d，P. 501）本人就特别批判了源自亚里士多德的那种将秩序分为自然的和人为的古典两分法，认为这种两分法极具误导性，因为他们所旨在的这种界分既可以指独立存在之物与作为人之行动之结果的东西之间的界分，也可以指独立于人设计的东西与作为人之设计的东西之间的区别。根据哈耶克的看法，那些经由传统上人之惯例所形成的结构，既不是自然的（natural），也不是人为的（artificial），而是“人之行动而非人之设计的结果”；因此，被古希腊人合在一起通称为与自然规则相对立的那些实现经过深思熟虑而后制定的外部规则（thesis）和根据人们之间的约定俗成而产生的内部规则（nomos）是有区别的。为此，哈耶克进一步提出了内部秩序（cosmos）来指称所谓的自生自发的秩序，而用外部秩序（taxis）来指称那些以确定或实现具体目的为特征的组织形式。

可见，哈耶克实际上确立了“自然”、“人为”和“人之行动而非设计”的三分观，而就社会秩序而言，则存在“人为”和“人之行动而非设计”的二元观。显然，任何一种社会秩序都是由人的互动而引发的，从而也就都打上人类理性的烙印；这也意味着，在人类社会的世界里，没有任何独立于人之计划与人之行动之外的纯粹的自然秩序。当然，也正因为人在共同作用所形成的秩序下进行行动，这种行动也必然受到他人或社会的影响，因而必然带有一定的强制性而不是纯粹自发的，如韦伯（2000，P. 79）就强调，“每一不是经过所有成员个人自由的契约产生的秩序，都是强制的秩序”；也正因如此，目前基于多数票通过规则的民主决策（只要不是基于一致同意的基础上）就带有强制性，尽管它也具有深深的个人主义的某些色彩。事实上，一方面，哈耶克谈到自发秩序时，主要是指在特定因素的相互作用下引发产生的秩序，即使那些有个体行为所导致的有序的社会结构（如语言、宗教、法律、货币、市场）等也应该被看成是个体活动的偶然的、自发的副产品（H·布荣，2001；邓正来，2001，P. 18）。另一方面，哈耶克又强调，自生自发的社会秩序并不是自然生成的，而是“这些秩序的要素在回应它们的即时环境时遵循某些规则的结果”（邓正来，2001，P. 18）；事实上，那些“非意图产生的结果反过来会对个体的行为产生影响，这样，个体引发的后果同个体本身就构成相互作用，而不仅仅只是个体之独立行为间的相互影响”（H·布荣，2001）。然而，由于哈耶克极力强调自发秩序所具有无意识的特征，同时又对人类有意识的努力极不信任，使得那些崇尚自由主义的学者逐渐完全漠视了人类活动对社会秩序扩展的影响，更不用说对有意识活动的提倡了。

实际上，作为无意识的对应面应该是有意识，或者说是自觉，而不是设计；例如，M·波兰尼（2002，P. 123）就曾提及了两种秩序：有意（deliberate）秩序和自发（spontaneous）秩序。而且，尽管自觉的活动包括了设计方面，但是自觉并不等于设计而是具有更广的含义，因为自觉也可以是有意识地遵循业已确立的规则或规范系统的秩序。当然，M·波兰尼（2002，P. 123）认为，两种秩序“乃是相互排斥的”，但是，他也承认，有意的合作秩序的建立，也“并不排除其成员之间所有的相互调整”。其实，尽管自发秩序很大程度是人类劳动的副产品，但这种副产品的出现也不是没有目的的，没有目的的东西在人类社会的演化中迟早会遭到淘汰；因此，笔者宁可相信边沁的话，“秩序意味着存在着一个目的”（参见哈耶克，2000a，P. 361 注释）。特别是，由于这种副产品也是人类劳动的凝结，并且在人类今后生存中将扮演着越来越重要的作用（朱富强，2004），人们就越来越难以忽视它，而是赋予越来越强的主观动机。譬如，当一个组织面临急剧变化的环境时，如果想继续生存，就必须进行功能的适应性改变，超越原有功能的束缚，显然，这也就打上了人类的主动作用。

适应、信息、市场或价格体制是哈耶克对问题进行深刻而重要的系统阐述的三个关键要素，他认为“社会的经济问题主要是迅速适应特定时间和地点环境的问题”；但是，由于大量的信息是分散而专有的，因而哈耶克强调分散的决策容易适应变化。同样，巴纳德（1997，P.5）也关注经济中的适应性问题，认为“一个组织的持续取决于在不断变动的外界环境中，物的、生物的和社会的各种物质、要素和力量的复杂性之间维持平衡。这就要求调节组织内部的各种过程”；但是，使巴纳德感兴趣的不是自发的组织，而是那种“有意识的、有计划的、有目的的协作”性组织（巴纳德，1997，P.4）。事实上，哈耶克（1997，P.53）认为，“分工之所以能达到使现代文明成为可能的程度，是由于这样一个事实，就是它不是被有意识地创造出来的，而是人们无意间摸索到的一种方式，它使分工能够远远超过计划所能达到的限度”；但是，哈耶克所谓的分工仅仅是基于市场的社会分工而言的，而基于组织的内部分工则往往体现了管理者的设计，如在企业中就存在有意识的分工，这也正是巴纳德所关注的。因此，社会秩序不是全然无意识的或者全然有意识的，而只是不同的学者基于不同的认识而选择阐述的重点不同而已。譬如，孟德维尔、斯密等认为，人们通过无意识的无形的手的非合作博弈能自发地产生有利于整体的市场秩序；相反，边沁和康芒斯等却强调，市场秩序并非只是无形的手之结果，也是集体行动实际从利益冲突中创造利益的相互关系的产物。总之，无论如何，任何社会秩序必然会受到的人的影响，甚至往往会受到人有意识行为的影响。

显然，在一些基于互动的人们之间所进行的博弈中，人们自发地从个体理性出发可能达到基于联合理性的帕雷托最优；但是，在更多的其他一些类型的博弈中，帕雷托最优的实现却有赖于博弈者之间有意识的协调。也就是说，通过具有合作博弈性质的集体选择过程中的个人相互作用也可以产生市场秩序，这就是自觉的动力。因此，我们认为，人类社会的扩展秩序根本上包含了这样两方面的动力：自发动力和自觉动力。其实，尽管现代的新古典经济学家普遍崇尚市场的自发秩序，但这仅仅是西方的社会制度经过古典经济学家在体制内在的努力已经逐渐完善下的产物，而非常多的古典经济学家都是改良主义的坚定奉行者，如李斯特、穆勒、马克思、西斯蒙第或维克塞尔乃至斯密和马歇尔都是如此；而且，即使在现代社会中众多的学者也早已认识到这一点。例如，布坎南（2001）就写道，“我们径直面临着这样一个问题：若无人承担改造社会的责任，社会如何能不通过演变的力量而得以进步？我是一个拒绝在文化演变力量面前百依百顺的人。我曾在许多场合说过，我们有一种道义责任认为，我们能够在社会安排上进行建设性的设计，并实行改革。”同样，波普尔（1998，P.58）也认为，历史的发展存在零碎工程师的自觉作用，他们的任务“就是设计社会制度并重建和运转现有社会制度”，并且为了实现某种目标或结果，自觉地利用一切有用的技术知识。当然，在波普尔看来，苏格拉底等零碎工程师都承认自己的无知，他们从错误中学习，仅仅对社会制度作零碎的修补，而“把最终目标看作是超越技术的职权之外的物理工程”，“把人类活动的结果看作是取决于历史的力量，而且位于它的职权范围之内”（波普尔，2000，P. 337）；因此，波普尔（2000，pp. 337 – 338）认为，尽管零碎工程师的任务“也是设计社会机构，重建和操作现存的社会机构。（但）术语‘社会机构’在这里是在一种非常广泛的意义上使用的、包括具有一种私人或公众特征的实体……（而且，零碎工程师）认识到：只有少量的社会机构是自觉被设计的，绝大多数的社会机构都像非预谋的人类行为的结果一样，是‘生长出来的’”。

事实上，波普尔已经根据人类能动作用的方式和强度将人类有意识的行为作了划分：基于建构理性的整体主义的或乌托邦的社会工程和基于演化理性的零碎的社会工程；因此，根据这三种行动，波普尔又把哲学观分为：非理性主义、批判的理性主义（即演化的理性主义）和非批判的理想主义（即建构的理性主义）。这意味着，把推动人类社会秩序扩展的动力分为自发和自觉两个方面就显得过于简单了。当然，也有其他一些学者曾对之作了更进一步的细化分析；例如，布坎南（2002，P. 76）就特别强调立宪主义，他将制度的形成途径归纳成四种途径：一是纯粹偶然形成的，二是社会进化过程中残存下来的，三是因技术上的需要而产生的，四是基于建设性的构想设计出来的。再如，福山（2002，pp. 193 – 194、pp. 240 – 241）也将人类社会秩序的起源和规范的创立区分为四种途径：一是理性的、等级制的选择，如《美国宪法》；二是非理性的、等级制泉源，如摩西从西奈山上带下来的《十诫》；三是理性的自发协商的结果，如撒克逊、法兰西传统中的习惯法；四是从非理性泉源那里自发产生出来的，如乱伦禁忌或民间宗教。实际上，福山提出的这四种规范可以被描述为政治的、宗教的、自我组织的或是自然产生的；因此，根据这一划分，人类社会的基本秩序以及传统规范领域就可用四个象限来表示，如图 1 所示。

不管如何，就人类历史发展而言，人类自觉推动的秩序实际上也是普遍存在的，甚至可以说，几乎所有的正式制度的设立都含有人类的自觉能动因素。事实上，理性是人区别于动物的根本性特征，但不同的人的理性程度是不同的；Z·鲍曼（2003，P. 31）写道，“哲学家们是被赋予了直接接近纯粹的、没有被狭隘的利益所蒙蔽的理性通道的群体，因此他们的任务就是发现哪些行为是指示明智的人去做的行为。发现以后，他们就与‘人们熟知’的权威一起将结果传达给理性天赋不够、不能自己发现的人。”因此，社会的发展和秩序的设立和改进往往首先建立在是那些理性程度较高的社会精英

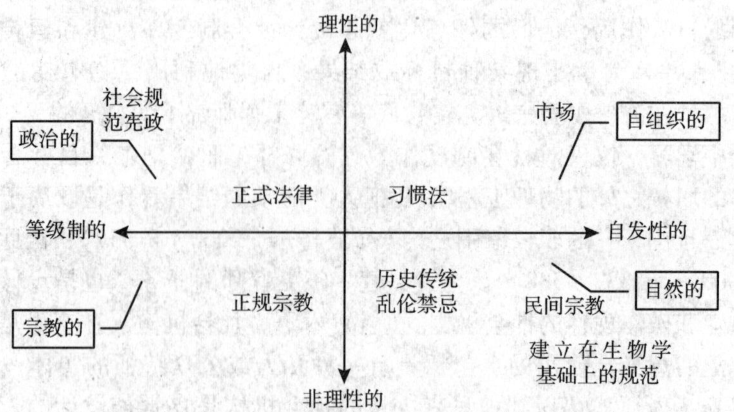

图1　人类社会的基本秩序及传统规范领域

对人类经验进行总结的基础之上，而不仅是人们的盲目互动。汪丁丁（1995，pp. 71－72）就举例说，孙中山以中国文化为理由设计了“五院制”宪政体制，其效果不错；因此，“我们固然难以设计文化，却可以通过对文化遗产的理解设计出更有效率的制度”。其实，即使被哈耶克誉为自发秩序典范的美国也是如此，当时洛克和孟德斯鸠基于理性思维设计了立法、行政、司法三权分立的政府形式，而作为启蒙运动理性后继者的那些美国国父们则把它运用到美国制度的建设上，并且进一步细化了。同样，哈林顿（1963）在《大洋国》中设计了两院制议会，并主张议员实行轮换制，如每隔两年部分议员轮流去职，再由选举补充轮换之数，而这些也为美国的议会制度所采纳。正因如此，像V·奥斯特罗姆（1999）就把美国的立宪设计视为第一次以深思熟虑和自由选择为基础的“复合共和制”，他说（2000），“美国政治制度的建立，是一系列相对自觉努力设计的结构，那些参与创建美国共和国的人认为，人类能够通过深思熟虑和自由选择，运用已知的原则来建立适当的政府，以使人们能够对政府行为行使根本控制；政府是人类能够设计和使用的人工制品，为他们的理想抱负和目标服务，并受到作为其服务对象的人民群体的控制。”

因此，一个从长期来看是基于历史演进自发而成的秩序，在形成之初的短期内实际上都打上人的印记，是不同时期的精英阶层理性思维和总结的结果，从而在一定程度都是理性“设计”而成的；当然，在长期的发展过程中，这些精英基于传统基础上不断地对人类制度进行零星地改造。实际上，正如我们在前言中指出的，尽管人类的制度从起源上说是演变的，但最终却转入到建构的轨道；而且，“当原始法律一经制成‘法典’，所谓法律自发的发展，便告中止。自此以后，对它起着影响的，如果确有影响的话，便都是有意的和来自外界的”（梅因，1959，P. 11）。正因如此，启蒙运动思想家从历史演变中梳理出三权分立的体制，而美国的国父们则第一次在社会中构建了该制度的框架，自此以后，后来的精英也一直在进行着有意识的修订，从而形成了当前这种较为成熟的美国制度，这点连哈耶克（1999，P. 280）本人也不得不承认；[①] 正如达仁道夫（2000，P. 41）所写的："甚至美国的宪法——在近代史上，它最接近一项自觉的社会契约。而且也是产生于18世纪的契约讨论过程中的——必须通过补充条款、联邦法院判决和惯例，不断重新适应，才能保持其作为一个生机勃勃的秩序工具的地位。社会契约不是社会的基础，而是历史的主体。它不是一劳永逸地拟就的，而是要由每一代人重新制订的。"实际上，尽管英美的普通法主义竭力鼓励人们通过市场进行交易，但是，在实践中却渗入了人类非常强烈的有意识的理性；事实上，"在因通过自愿交易来配置资源的成本过高从而抑制交易的情况下，即在市场交易作为资源配置方法不可行的情况下，普通法就通过模仿市场这样的方式来给行为定价。例如，侵权制度就以市场起作用时所能导致的对安全的资源配置方法来分配铁路和农场、司机和行人、医生和病人之间的事故责任。"（波斯纳，1997，P. 330）

总之，人类社会的扩展秩序实际上包含了自发和自觉两个方面。如果过分强调自发秩序，"认为这类市场纯属自发发展，实在是过于简单化了"，因为"一个社会没有组织化的干预，不可能改变其社会规则而跟新的环境相适应"（卢瑟福，1999，pp. 107－109）；而如果过分夸大人类自觉理性的作用，那么也将潜在着"理性自负"的危险，因为这很可能导致计划和设计领域的扩大，从而对个人的行动空间产生侵蚀。事实上，现实社会的发展不是单纯的市场自然演变或人为设计的结果，而往往是看不见的手和看得见的手相互影响并发挥作用的结果；而且，按照福山（2002，P. 241）的看法，理性化、官僚化、由地位转向契约是秩序创设的基本发展途径，而现代社会的秩序主要来源于由国家来体现的正式的、理性的法律权威。所以，针对哈耶克强调"法官不是构建而是发现自发演变的规则"这一观点，卢瑟福（1999，P. 105）就反驳说，即使我们同意说习惯法常常是接收首先作为

---

① 哈耶克（1999，P. 280）写道，"往往大家都从下面这个事实中形成不少看法，即美国宪法是设计出来的产物，而一个国家的人民有意识地建立一个他们希望在其下面生活的政府类型，这在近代史上尚属第一次。美国人自己也意识到他们这一手笔的独特性质，而且，在某种意义上他们也的确是受到一种理性主义的精神所指引，被一种追求有意识地建构和务实程序的愿望所指引，这种愿望，与其说是接近于'英国式'的，不如说是更为接近于我们曾称为'法国式'的传统；"当然，基于哈耶克的一贯理念，他更热衷于挖掘美国宪法粗线条的框架性和精致化过程中的演进性，他继续写道，"令人瞩目的是，最后产生出来的政府架构，与任何事先明确预料的结构相比，是多么的不同，而最后产生的结果，又是在多么大的程度上取决于历史的偶然或是取决于传统原则在新形势下的运用。联邦宪法所包含的那些发现，或者产生于传统原则在具体问题上的运用，或者在生产时是一些普遍性所引出的只能朦胧认识到的后果。"

习俗演化的规则，也不可能否认法官必须在相互冲突的规则之间进行决策，而且必须在规则缺位时构造新的规则。事实上，尽管长期和短期的因果关系论述不同，但实际上都反映了相同的事实，即短期内人们往往在主动行动；霍奇逊指出，“几乎任何一类现象，任何一类决策都将服从于精心设计的、有意识的或‘有计划’的干预”（转引自卢瑟福，1999，P. 107）。

三、对哈耶克发展动力观的重新审视

我们知道，哈耶克强调自生自发秩序的作用，强调一般规则的生成，并反对政府的特殊命令，即使政府的本意是好的。他（哈耶克，1999，P. 405）说，“一旦承认了一个政府目标是合乎情理的，人们就会认为，运用违背自由原则的政府手段也是合乎情理的……如果把眼前似乎是满足一种需要的最佳方法的东西当作一切未来发展的唯一出发点，那么我们也许较快地达到了我们的眼前目标，但我们可能同时会妨碍自己发现其他更有效的替代性方案。那些最迫不及待地想充分利用我们现有知识和理论的人，往往由于他们所采用的方法造成了对未来知识增量的最大损害。”正因为如此，一般的学者都把哈耶克归为绝对的经验主义者，并绝对地排斥理性的有意识作用，但显然，这犯了邓正来（1998，P. 71）所说的“以某种‘同质化’标签遮蔽哈耶克繁复且无法化约的社会理论建构过程”的“印象式”理解的错误。例如，哈耶克的关门弟子林毓生所说，哈耶克的学术“虽然重视经验并汲取了英国经验论特别是休谟的优点，在出发点上却更接近新康德学派。事实上，哈氏……在基本立场上……是反对经验主义的”（转引自邓正来，1998，P. 72）；而且，哈耶克（1997，P. 24）自己也强调，“也许对自由主义危害最大的，莫过于某些自由主义者单纯从某种经验主义出发的顽固态度，而尤以自由放任原则为甚。”

事实上，按照哈耶克一贯的思想，他强调的显然不是绝对意义上的自发演进，而是强调那些在短期看来是能动的东西，长期上都是自发演化的。例如，他说（哈耶克，2000c，P. 3），“社会的有序性极大地增进了个人行动的有效性，但是社会所具有的这种有序性并不只是因那些为了最近个人行动有效性这个目的而发明或设计出来的制度或管理所致，而在很大程度上是由那个起初被称为‘增长’而后又被称为‘进化’的过程所促成的；在这个过程中，一些惯例一开始是出于其他的原因而被采纳的，甚或完全是出于偶然的缘故而被采纳的；而后这些惯例之所以得到继续，乃是因为它们使它们产生于其间的那个群体胜过其他的群体。”特别是，就人类社会中的共同体而言，它往往在两种力量的作用下不断成长或壮大；譬如，企业组织中的协调就有两种力量：一是由管理者实施的显性协调，一是基于企业文化的隐性协调（朱富强，2005）。实际上，对这一点哈耶克也已经有了较为明晰的认识，他（哈耶克，2000c，P. 68）就指出，“在某些情形下，同一个这样的群体，有时候（比如在从事大多数日常事务的时候）会作为一种自生自发的秩序发挥作用，而这种秩序是在遵循约定性规则而无须服从命令的情形下得到维护的，但是在另一些时候（比如在狩猎、迁移或打仗的时候），它则会作为一个组织而按照头领的指导意志行事。”因此，针对学术界长期对哈耶克思想的片面看法，笔者认为，我们有必要对哈耶克有关扩展秩序的思想重新作一梳理。

其一，哈耶克不是一个纯粹自发秩序的坚定鼓吹者。一方面，哈耶克也认识到了纯粹自发秩序的困境。哈耶克在《法、立法与自由》中就指出，“鉴于各种原因，自生自发的发展过程可能会陷入一种困境，而这种困境则是仅凭自身的力量所不能摆脱的，或者说，至少不是它能够很快加以克服的。”（参见哈耶克，2000c，P. 135）但是，由于他“无所作为，（因而）选择了回避和沉默”（王昊语，见哈耶克，2000b，中文版导言）。另一方面，哈耶克也承认人的自觉理性对秩序扩展的推动力。例如，哈耶克认为，个人可以通过违背传统规则和通过实验新的做法，而像发明者那样生成“新的变量”，而这些变量可能在社会共同体中变成新的行为常规性，并在与传统的和其他新的行为方式的竞争中通过群体中愈来愈多的个体的模仿而胜出（邓正来，1998，P. 36）；他（哈耶克，2000b，pp. 57 – 58）写道：“我完全赞成进行试验——当然也赞成比保守主义政府乐于允许的更多的自由。对于那些我与之讨论问题的理性主义知识分子，我所反对的不是他们在从事试验；相反，他们从事的试验太少了……我反对这样的理性主义，因为他们声称自己的试验由其性质所定是理性的结果，他们用伪科学的方法论为这种试验乔装打扮，借此在有势力的人之间招兵买马，让极为可贵的传统行为方式（在世世代代的进化过程中进行试错试验的成果）受到无端的攻击，从而使他们自己的‘试验’避开世人的审查。”事实上，尽管哈耶克强调理性是演化的，但并不认为理性是毫无作用的；相反，他说，“毋庸置疑，理性乃是人类所拥有的最为珍贵的禀赋。我们的论辩只是旨在表明理性并非万能，而且，那种认为理性能够成为其自身的主宰并能控制其自身的发展的信念，却可能摧毁理性。”（转引自邓正来，1998，P. 14）可见，哈耶克难以被称为绝对的自发秩序信仰者，他一方面宣称改善整个制度结构是危险的“理性结构主义”；但另一方面，他却又主张对社会制度——立宪结构进行基础改革，而不愿对制度采取一种自由放任主义立场。事实上，哈耶克不但认为政府应该且可以提供市场所不能提供的服务，而且也支持政府出面保障一个“最低社会保障水平”；同时，在教育体系上，哈耶克也不是排斥国家提供教育资金，而仅仅是反对国家垄断（参见哈贝尔曼，2001）。而且，哈耶克甚至号召在自由主义旗帜下再创造一个类似“瑞典模式”的东西，而“瑞典模式”则表示一个遵照社会民主主义原则的先进福利国家的目标（参见雅赛，1997，P.29）；为此，赫柏把哈耶克称为“适度的、有节制的福利国家论”的拥护者（米塞斯，1995，P.25）。也正因如此，有人甚至认为，哈耶克对计划经济和国家干预的批判，对市场秩序和价格功能的挖掘，以及在《自由宪章》中对积极的政治秩序的勾勒，都体现出了“建构主义”的特性，以致“他的自由至上主义和无政府资本主义的学说和批评者论据充分地认为《自由宪章》违背了古典自由主义对国家、政策和民主的普遍怀疑”（参见内夫，2001）。

其二，哈耶克的思想也是在不断演变的。在早期，哈耶克将阐发和“设计”一个自发的社会秩序作为自己毕生坚持不懈的努力方向，但到晚年，他的思想逐渐演变成开始追寻一种人类合作的扩展秩序，这种合作的扩展秩序的范畴要大于原先的自生自发秩序。例如，他（哈耶克，2000c，P.88）在后期的著作中承认，“为了追求自己的目的，个人能够参加（或创建）那种使他能够参与多人协调行动的组织，实际上也是他的自由的一部分。尽管利他主义者的某些目的只有凭靠集体行动才能够达到，但是纯粹自私的目的也常常可以经由集体行动而实现。无论在利他主义与集体行动之间，还是在利己主义与个人行动之间，都不存在必然的联系。”例如，哈耶克受到广泛讨论的货币发行非国有化的主张，以及两个分别选出的议会之间职能划分的主张，实际上就带有明显的个人理性设计的痕迹。正因如此，哈耶克似乎明显又是一个“结构理性主义者”或“理性结构主义者”（布坎南，1989，P.110）。所以，帕普克（2001）写道，“哈耶克并非一个鼓吹‘最小国家’的教条主义者，也不是类似那些无政府资本主义、反对国家结构的自由主义者，这在《自由宪章》一书中已得到充分体现。无论是对税收资助下的教育事业，还是国家组织的社会福利救济，只要这二者赖以生存的征税符合‘禁止歧视’的原则，并且无损于竞争市场，哈耶克都不表示原则上的反对。”特别是，哈耶克在其后期的著作《法、立法与自由》中还对政府的作用提出了期待，他（哈耶克，2000d，P.332）写道，“我们认为，在发达国家，政府应当运用它所享有的经由征税而筹集资金的权力，并由此而为人们提供市场因种种缘故而不能提供或不能充分提供的一系列服务。显而易见，上述情形不仅是毋庸置疑的，而且我们的这个观点也根本不是在提倡上文所谓的‘最小国家’说。的确，我们甚至还可以认为，即使政府因为人人都自愿遵循传统的正当行为规则而不再需要使用强制，我们还是有强硬的理由把另一种权力赋予政府当局，使它们能够要求其居民纳税并用这些税款去资助上文所说的那些服务。”正因如此，就整个人类社会发展的秩序而言，哈耶克也认为人类的能动性具有非常重要的作用，因为人类秩序根本上不同于自然秩序。事实上，在哈耶克看来，人类的价值有三个渊源：一是遗传决定的，二是理性发展的，三是体现在传统中、由社会实践者不断进行的选择过程；其中，他特别强调第三个渊源，这显然引入了人的理性，而哈耶克把这种由众多个体从自身理性出发共同作用而产生的秩序称为自发秩序，并把它同自然秩序和人为秩序相对应。

其三，哈耶克的自发秩序与其说是达尔文主义的，不如说是拉马克主义的。一方面，哈耶克的自发秩序立基于两种规则：一是先天的、遗传继承的关于人的行为的普遍规则，它们形成于人种的生物进化的过程；一是习得的、文化传承的关于人的行为的规则（邓正来，1998，P. 38）。在哈耶克看来，先天性行为规则反映的是同质的人性，因而正是文化规则的可变性导致了社会秩序的多样性；因此，J·布坎南（1989，P. 115）认为，哈耶克更“是一个文化进化论者，而不是一个生物学进化论者”。另一方面，哈耶克也指出了人类社会进化与生物自然进化的区别，就在于人类社会的演化过程中渗入了人之理性的作用；他（哈耶克，2000b，pp. 23－24）说，“文化进化的学说和生物进化学说虽然在某些方面有相似之处，但它们并不完全一样。它们往往以十分不同的假设作为起点。文化进化正像朱利安·赫胥黎所言，是‘一个和生物进化极为不同的过程，它有自己的规律、机制和模式，不能单纯地从生物学基础上加以解释’……按照现在的生物学讨论所采用的说法，文化进化是在模拟拉马克主义。进一步说，文化进化的产生，不仅通过生理上的双亲，而且通过无数个‘祖先’，向个人传递各种习惯和信息。这个过程利用学习手段，加快了文化特性的传播速度。”正是基于文化规则的演化及其与生物进化的差异的角度，我们认为，尽管在总体上哈耶克坚持秩序是基于历史文化传统演进的，但是，如果要将哈耶克的制度演变的观点归为社会进化的观点的话，这种进化论也应该是拉马克式的。事实上，哈耶克曾指出，生物学中的“自然选择”、“生存竞争”和“适者生存”等观念，在社会科学领域中并不适用；因为在社会演进中具有决定意义的因素并不是个人的生理的且可遗传的特性的选择，而是经由模仿成功有效的制度和习惯所作出的选择（韦森，2001，P. 43）。而且，哈耶克还批评威尔逊（Wilson）、皮尤（Pugh）等社会生物学家，认为他们把“进化视作一个纯粹的遗传过程的观点，则是毫无道理可言的，因为他们完全忘记了与这种遗传进化过程相似但却更为迅速的文化进化过程”（哈耶克，2000d，P. 499）。可见，正如布荣（2001）指出的：“哈耶克在论述规则系统的选择问题时所运用的进化理论决不是斯宾塞所谓的达尔文主义的进化论，甚或社会达尔文主义的进化论。在哈耶克称之为‘文化进化’过程中的最小选择单位并非独立的个体，而是由个体组成的、实践着某一规则系统的群体。哈耶克的文化进化理论与其说与达尔文学说、倒不如说与拉马克主义更有异曲同工之处，因为在规则系统的选择，这些体系的传递主要是依靠模仿和学习过程而不是靠基因遗传。”

其四，哈耶克所谓的自生自发秩序所依据的规则本身也往往是人为有意识作用的结果。哈耶克强调，自生自发秩序所依据的规则有两种类型：一是自生自发形成，二是人类改进甚至制定的规则；正如他（哈耶克，2000c，P. 67）所说，“尽管自生自发秩序立基于其上的规则也可能是自生自发形成的，但是，实际情况却未必始终如此。毋庸置疑，一种秩序之所以最初是以自生自发的方式形成的，乃是因为个人所遵循的规则并不是可以制定的产物，而是自生自发形成的结果，但是需要强调指出的是，人们却逐渐学会了如何改进这些规则；也因此，人们至少可以想象，自生自发秩序的形成乃是完全以可以制定的规则为基础的。”正因为如此，哈耶克（2000c，P. 67）认为，“我们必须把由遵循规则而产生的秩序所具有的自生自发特性与这种秩序立基于其上的规则所具有的自生自发性起源区别开来；再者，一种不得不被称之为自生自发的秩序，也可能是以那种完全是可以设计出来的规则为基础的”；而且，“即使是那种以人造的规则为基础的秩序，也可能具有自生自发的特征。这可以见之于下述事实，即这种秩序的特定表现形式将始终取决于诸多情势，而这些情势则是那些规则的设计者所不知道也不可能知道的。此外，这种秩序的特定内容还将取决于一些具体情势，而这些情势则是仅为那些遵循规则并把它们适用于特定事实的个人所知道的情势”。可见，在哈耶克看来，自生自发秩序的内涵是广泛的，不仅自然的个体，即使人为的组织也是自生自发秩序的一个细胞，一种力量；究其原因在于，“尽管一些群体会为了实现某些特定的目的而组织起来，但是，所有这些分立的组织和个人所从事的活动之间的协调，则是由那些有助益于自生自发秩序的力量所促成的。家庭、农场、工厂、商行、公司和各种结社团体，以及包括政府在内的一切公共机构，都是组织，但是反过来它们又会被整合进一种更为宽泛的自生自发秩序之中。”（哈耶克，2000c，P. 68）特别地，就文化的起源而言，哈耶克（2000d，P. 500）也强调，“文化既不是自然的也不是人为的，既不是通过遗传承继下来的，也不是经由理性设计出来的。文化乃是一种由习得的行为规则构成的传统”；也就是说，哈耶克在制度的演变过程中强调的是学习和发展的过程，而达尔文式的进化论则强调个人的选择以及与生俱来的能力的选择。

其五，哈耶克对秩序自发性的片面强调也是对实践的过激反应。由于自法国大革命之后，接连不断的社会主义运动以及西方爆发的两次大型的世界大战，都造成了人类社会的急剧动荡；特别是，哈耶克本身深受希特勒的纳粹德国的思想压制甚至人身迫害，这不由地使他对那些“致命自负”的理性主义领导人实施强制性计划表示严重的关切和质疑。也正是出于对长期的实践中那些“自负的理性”对人类自由进行压制的反思，使得哈耶克将其主要精力和目的都放在如何避免人类自由可能遭受破坏的思考上；正如冯克利所说的，哈耶克“几十年著书立说只是为了一个十分单一的目标。这种目标的单一性，有时甚至使他的思想显得重复而乏味。他不断扩大视野，不懈地调动各个领域中的知识，唯一的动机就是他终生未变的一种强烈关切，即论证市场秩序的形成与个人自由的关系和这种文明受到威胁的原因”（哈耶克，2000b）。事实上，根据新制度经济学的理论，制度的变迁显然是从中发现利润的人受之诱导而推动的结果，因而制度的发展很大程度上是“人为”的结果；因为毕竟制度的最终设立是由人来完成的，社会自发的发展只是为这种制度变迁创造了条件而已。然而，基于秩序的自发观，哈耶克（2000c，pp. 502－503）尽管承认“人类最为显著的特征乃在于他拥有模仿的能力和传承其所习得的东西的能力。人类历史很可能起始于他所拥有的那种在不同情势中知道做什么事情——或在更多情况下知道不做什么事情——的高超能力”；但是，他依然强调，“对于人类来说，那么能够使他所作所为于其所处的环境相调适的规则，肯定要比有关其他事物如何表现的那种‘知识’更重要”。而且，尽管哈耶克承认组织的存在，他也把这些组织视为“只有在一个更为广泛的自发秩序中才能找到立足之地”（哈耶克，2000b，P. 38）。因此，尽管哈耶克强调人类行为习惯的习得性，并指出习得的习惯可经由模仿而得以传播，甚至可以传播到不同“文化”的群体中去；但是，他还是过分强调了个体对环境和传统的依赖性，他（哈耶克，2000d，P. 503）说，“一种独立于任何习知这类行为规则的单个个体而存在的行为规则传统，开始调整和支配人们的生活。只是当这些习得的规则开始把某种能够使人们在行动中据以预测外部事件的环境模式纳入其间的时候，我们所说的理性才凸显出来了。自此以后，人们在思考行为规则系统方面所投入的智力，才可能大大超过了它们在思考其环境方面所耗用的心力。”也正因如此，相对来说，人对传统的能动性方面在哈耶克的表述中就相对隐藏了；王昊就指出，“市场经济造成的环境问题、物质不平等给人们带来的痛苦以及资源浪费、人的技能天赋的不能充分发挥等等，表明国家对经济的干预是有其客观存在的理由的，哈耶克对此也心知肚明，尽管他坦然承认这些事实，但他却无所作为，选择了回避与沉默。”（哈耶克，2000b，中文版导言）

最后，需要指出的是，哈耶克本人的理论打上了浓厚的意识形态色彩，甚至由此使自己的理论具有了一定程度的封闭性。这是因为哈耶克首先从事的是心理学和哲学的研究，认为只有作为个体的人才具有感觉和主观的收益意识，后来对经济学的研究又将他引入到了维塞尔和米塞斯的门下，并成为年轻维也纳知识分子中的一员，因此，他年轻时的思考就已深深植根于以门格尔为首的奥地利学派的个人主义方法论中，并强烈反对脱离个体的抽象概念和整体分析。正因如此，邓正来（1998，P. 73）指出，哈耶克本人具有两重知识性格：一方面，哈耶克是20世纪最为重要且最具有原创力的社会理论家；另一方面，他又是20世纪自由主义意识形态的最为重要的捍卫者之一，是各种形式的集体主义的坚定批判者和古典主义的弘扬者；然而，正因如此，却构成了哈耶克社会理论研究中意识形态的封闭性与其学术研究的开放性之间的高度紧张。而且，邓正来认为，长期以来，不仅这种紧张因其意识形态的封闭性而对人们确切认识哈耶克社会理论在学术研究层面的贡献构成的一种障碍，而且，对于那些持非自由主义意识形态的论者平实地理解他的社会理论在重视上的贡献也构成了一种障碍；特别是，哈耶克在主张自由主义意识形态方面的封闭性，实际上还在相当大的程度上构成了那些自视为“自由主义者”的论者沉湎于意识形态脉络下的问题论辩而无视哈耶克社会理论的知识洞见的当然理由。事实上，哈耶克本人也意识到这一点，他（哈耶克，2000b，P. 37、P. 38）说，“根据我的核心目标，我必须强调有助于形成自组织结构的行为规则的自然进化。这种对扩展秩序或宏观秩序的自发性的强调，如果让人觉得专门设立的组织在宏观秩序中丝毫不重要，那就是误解了我的意思”；但是，由于哈耶克“无法在这里作进一步的阐述”，从而误导了一大批的信奉者。而且，这种意识形态的封闭性造成的影响还不仅对于他人，也影响他自己的理论发展；Andrew Gamble 在《哈耶克：自由主义的铁笼》中就根据哈耶克关于“每一种社会秩序都立基于一种意识形态之上”的观点，认为哈耶克意识形态的封闭性阻碍了他本人进一步发展其在社会科学方面的洞见（参见邓正来，1998，P. 73）。

总之，上面的分析表明，哈耶克并不是一个片面的固执的自发主义者，否则他就会陷入无政府主义和极端保守主义，而这两者都是他努力脱离干系的。实际上，尽管哈耶克（1999，P. 45）认为，“文明是人行动的产物，或者更恰当一些说，是数百代人行动的产物。但这并不意味着文明就是人们设计的产物，甚至也不意味着人们清楚文明发挥功能或继续存在的基础”；然而，尽管哈耶克强调社会秩序、人类文明甚至一切人类事物的演化性，但是，他对普遍主义的抽象规则的强调却似乎又偏离了演化思维，而带有强烈的建构性色彩。事实上，如果根据演化的思想，社会秩序和文明都是逐步推进的，都存在一个伴随共同体扩展的过程；而如果在交往的共同体规模还很小的情况下，就贸然摧毁原先基于特殊主义的缘伦理关系，而刻意建设所谓的一般性规则，只会造成共同体秩序的失范。因此，从哈耶克对抽象规则的片面强调这点看，显然，他自身也不知不觉地陷入了建构主义思维之中，不过这点连他自身也没有丝毫察觉；究其原因在于，西方文明本质上是创建性的，哈耶克浸淫于这种文化之中，虽然会对别人身上表现出来的极端的建构理性主义进行揭示和批判，但对自身固有的相似倾向却是“不识庐山真面目，只缘身在此山中”了。当然，作为一个洞察力敏锐的学者，他可以很清楚地看到他人身上所带有建构理性主义潜在的危险，特别是，启蒙运动以后，社会中愈演愈烈的建构理性已经对社会实践产生了巨大的破坏作用；在这种情况下，哈耶克才努力去发掘西方社会中的另一理性传统，这是他认为可以对当前产生“致命的自负”建构理性主义进行制约的力量。正因如此，哈耶克强调，充分发挥个体能动性的意义，强调给予人们自由思想和行动的自由，从而鼓吹自由主义；但是，即使如此，他（哈耶克，1999，P. 115）还是承认，“这并不意味着假定一个人总是可以对其利益作出最佳判断”，这不但需要不断提高自身的理性，而且还需要向他人或社会进行学习。可见，正是基于启蒙运动掀起的建构理性主义对人类行为所产生的压制现实，哈耶克特别强调个人根据自己所掌握的信息以追求自身目的的重要性，只有这样才可以充分发挥人的主动性和积极性；他（哈耶克，1999，P. 115）说，“只是意味着我们永远无法确知谁比他更清楚其利益，意味着我们希望充分利用这些人的能力，因为这些人能够对我们使环境服务于人类目的的努力作出一些贡献。”然而，哈耶克这里显然又把人置于同等理性或者同等绝对无理性的境地，而没有看到社会成员之间确实存在不同的理性程度，因而一些人需要社会提供信息、进行引导；譬如，父母之所以能够给子女以教导，也就在于父母的社会性更高，更可以长远地看待问题。

事实上，在某种意义上说，哈耶克又是一个精英自由主义者，承认人之间理性程度的差异，正如他（哈耶克，1999，P. 57）宣称的，“对所有人来说，部分人自由比没有人自由要好，许多人享有完全自由也要比所有人享有有限自由要好。关键的一点是，做某件事的自由之重要性与想做这件事的人之数量，两者没有联系，而且还可能成反比……如果我们假定只有大多数人行使的自由才是重要的，那么必将造成一个停滞的社会，它具有一切不自由的特征。”而且，哈耶克还把这种精英思想与家庭出身联系起来，如他（哈耶克，1999，P. 131）所说，“某些具有社会价值的品质很少是通过一代人获得的，它们往往是经过两代、甚至三代人连续不断地努力，才最终形成。这恰恰意味着：一个社会的部分文化遗产，通过家庭能够获得更有效的传播。同意此点，也就无理由否认，如果不把上升限于一代人，如果不故意地使每个人从相同的水平起步，如果不剥夺孩子们从其父母可能提供的较好的教育和物质条件中获益的机会，社会就可能获得更出色的精英任务。不否认这一点只意味着承认：隶属于某个家庭也是个人性格的一个组成部分；社会既是由家庭又是由个人构成的，在人们努力追求更美好之事物的过程中，家庭内部文化遗产的传播同有益的生理属性的遗传是同等重要的工具。”正因如此，哈耶克所宣扬的自由往往是精英的自由，是要赋予那些勇于承担社会责任的精英以更高的自由，因此，他（哈耶克，1999，P. 115）强调，“让人承担责任，必须假定人们具有作出理性行动的能力。其目的在于促使人们的行动比处于其他状态时更具理性。它预先假定人们具有最低限度的能力来学习和预见，因为他们必须据此才能受到关于自己行动后果的知识的指导”；而且，“自由和责任的这种互补关系，意味着要求自由的论据只适用于那些能够承担责任的人，而不适用于婴儿、白痴或疯子。自由的前提是，一个人有能力通过经验进行学习，并且用获取的知识指导行动，而对于那些学习不够或无力学习的人，自由是无效的”。可见，哈耶克不是不承认社会发展中的理性的作用，也不是不承认社会精英对社会的引导作用；但是，他强调，为了使这种引导具有可预见性，它必须是普遍和抽象的，而不能基于特殊的命令，“政府可以通过强制人们遵守那些从以往的经验来看最有助于自生自发秩序之型构的抽象行为规则的方式，去增进不确定的任何人成功地追求同样不确定的任何目的的机会”（哈耶克，2000d，P. 14）。

四、两种动力共同的伦理基础

秩序的扩展具有自发和自觉两方面的动力，每一方面的合理谨慎运用都可能促进社会的进步，而它们推进社会秩序扩展的方式则是促进人们合作，协调人们行动。正如哈耶克（2000b，P. 90）指出的，“人类表现出智力的提高，更主要的原因不是个人私有知识的增加，而是收集各种不同的分散信息的方式，这反过来又产生了秩序并提高了生产力。”当然，任何一方使用不恰当都可能促使秩序扩展的中断，在以市场和法律方面为主的自发动力方面则主要表现为内卷化倾向，而在以设计和建构为主的自觉动力方面则表现为“理性的自负”的“奴役之路”。因此，布坎南（2002，P. 76）认为，规定了人类行为特定背景环境的制度性约束可能与人作为一种名副其实的“社会动物”的资格并不相符；而在道德—伦理上的资格“相对纯粹”的范围内也许存在另一种适宜的方法，能够缓解这种不相符所造成的冲击；修改各项制度（法律的、政治的、社会的、经济的）的目的就在于使这些制度与关于人类道德上的限度的经验现实更贴切相称。当然，这里所谓的道德并不是纯粹的利他主义，因为如哈耶克（2000b，P. 91）指出的，“严格地只去做那些对具体的他人明显有利的事情，并不足以形成扩展秩序，甚至与这种秩序相悖。”事实上，这里强调的伦理是基于“为己利他”行为机理之上的体现互惠合作性的社会关系，这种伦理本身就是人们之间合作互动的产物，从而也就体现了应然的要求；而且，合作伦理的扩展就造就了人类文明，显然，正是文明的进化不断推动了人类社会秩序的扩展。因此，要有效弱化、甚至是避免市场和法制两方面内含的可能缺陷，根本上还在于社会伦理的扩展。

一方面，针对自发动力而言，尽管市场机制以及法律制度在一定程度上可以限制人们可能的机会主义行为，保护个人的自由领域，帮助人们避免和缓和冲突，增进劳动和知识的分工；但是，正如涂尔干指出的，没有任何征兆表明由利己主义带来的有机团结可令共同体的普遍规范功能自动取消，相反，如果没有普遍化的道德规范，科学和工业的进步必然会导致失范。事实上，在一个自由的社会中，每个人都以法律所赋予的权利采取行动，而不考虑法律之外的后果，就会陷入囚徒博弈所反映的那种困境之中；而社会伦理则提供了一个基本社会责任，譬如“己所不欲，勿施与人”就提出了不要损害他人利益来实现自身目的的要求，那么在这种伦理约束下就有助于跳出囚徒困境。因此，伦理可以更好地培养人的社会责任，如哈耶克（1999，P. 113）所说，“声称某人要为他的所作所为负责，其目的在于，使其具有责任观念时的行动不同于缺乏责任观念时的行动。我们让某人承担责任，并不是想说明他可能已经作出不同的行动，而是想使他作出不同的行动。如果由于我的粗心或疏忽给某人招致损害，尽管这样的粗心或疏忽‘我在当时的情形下很难避免’仍不能免除我的责任，但它会强迫我比以前更加注意此类行动可能招致的后果。”正因如此，阿罗（2000，P. 115）认为，如果使实用主义规范下的行为与道德规范下的行为相一致，那么市场机制将更为有用；如果委托人与代理人之间形成的相互信任和信赖关系足以强烈到这样的地步，以至于即使进行欺骗是“理性的经济行为”，代理人也不会实施欺诈，这才是一个成功的经济体制。实际上，众多的史实也表明，注重价值理性的社会的效率并不比纯粹形式理性的社会的效率更低。

另一方面，针对自觉动力而言，顾准（1994，P. 375）曾指出，“革命家本身最初都是民主主义者，可是，如果革命家树立了一个终极目的，而且内心里相信这个终极目的，那么，他就不惜为达到这个目的而牺牲民主，实行专政”；结果，建构理性往往会产生“致命的自负”，导致高尚的目的最终却是伤害了他人，甚至造成整个社会的倒退，这已为近代无数的历史实践所证实。显然，如果存在一个良好的伦理，譬如说“己所不欲，勿施与人”的黄金箴言，那么就有助于培育理性设计者的责任伦理，促使他站在对方的角度进行换位思考问题，从而尽力减少或避免“好心做坏事”的现象发生。特别是，在一个群体行动中，由于人的行为具有传染和扩散的效应，当一个极端的个人主义者形成一个群体时，群体的行为往往表现为更加极端，实际上，心理学的理论已经证实了这一点；此时如果没有一个基本伦理的内心感召，那么，就出现极具破坏性的行为发生，德国的纳粹暴行、苏联的肃反运动以及中国的文化大革命都是这类例子。相反，在一个良好的伦理环境中，偶然萌发的违规现象就会受到集体的制约，自以为好心的冲动也必须考虑他人的反应，从而抑制不良冲动的扩张；特别是，伦理是在人们长期的互动中逐渐凝结而成的，它关注的是社会的长期利益，从而可以避免基于短期利益的理性计算带来的后果。事实上，这也正如哈耶克（2000d，P. 41）所指出的，“集中关注特定的结果，必定会导致短视，因为只有在短期内，特定结果才是可预测的；此外，对特定结果的关注，还会导致特定利益群体之间或特定利益之间的冲突，而这种冲突也唯有通过一个权力机构的裁决才能够得到解决。因此，倾力关注可见的短期结果，会一步一步地把整个社会变成一个可操纵的组织。”

正因为人类社会发展两种动力的存在以及这两种动力的持续发展依赖于共同的伦理基础，因此，布坎南（1989，pp. 116－117）虽然认为自生自发秩序可以在更为广大的社会领域中得到应用，并把自生自发秩序与个人利益的追求联系起来；然而，他却不主张将其扩张适用于制度和法律结构层面。相反，布坎南比较重视道德秩序的扩展，因为在他（布坎南，1989，P. 127）看来，“任何社会相互作用中的个人行为，总是在一种处理方向不同的两个以上的拉力之间的紧张状态中产生的：一方面是对狭隘的短期的个人利益的追求，另一方面是对明智的长期个人利益的追求；而这第二种行为被描绘为包含了对相互作用过程中其他人的平等权利的尊重”；而“习俗、法律、传统、道德戒律——所有这一切都是被设计出来或涉及到对这种短期追求私利行为进行约束或控制。唯有这些制度约束运行有效，从市场过程中出现的自然秩序才能使不同的个人评价达到最大化。”即使是哈耶克（2000b，P. 8）也认为，从历史上看，“休戚与共的利他主义是人的本能，相互合作的集体主义在原始的小团体中起决定性的作用，因为他们只能以这样的方式生存，而孤立的个人不久就会成为死人。”因此，霍布斯建立在原始人个人主义之上的所谓的“一切人反对一切人的战争”，纯属无稽之谈；特别是，如果没有基于合作伦理的人类文明的存在，现代社会的众多日常商业活动就根本不可能发生，也就不可能有哈耶克所谓的“人之合作的扩展秩序”之自发型构与扩展的可能。

事实上，尽管哈耶克的自生自发秩序理论强调规则的抽象性，强调市场的普遍性和同质性，似乎撇开了具体的伦理因素；但是，在哈耶克著作的字里行间仍然透露出对伦理的关注，对责任的重视。譬如，哈耶克强调，自由主义并不是无条件的，而是与一定的责任相对应的；他（哈耶克，1999，P. 107）说，“自由不仅意味着个人拥有选择的机会和承受选择的负担，它还意味着个人必须承担自由行动的后果，并接受对自己行动的赞扬或非难。自由与责任不可分。”显然，这种责任并不是法律意义上的强制义务，而是一种出自内心的社会关怀，它的外延要比法律的规定广得多；如哈耶克（1999，P. 114）所说，“‘责任’这个概念的意义远远大于‘强制’，其中最重要的或许就在于它在指导个人自由地作出决定中所发挥的作用。一个自由社会，可能比任何其他社会更需要通过某种责任感来指导人们的行动，这种责任感的范围超越法律所规定的义务；自由社会也可能更需要社会舆论来赞同个人应为其努力的成功和失败承担责任。既然人们已获得允许按照自己认为合适的方式来行动，那么，它也就必须为其努力的结果负责。”

显然，这种出自内心的社会责任也就是一种伦理约束，它不但能够调节法律所及的领域，也可以使抽象的法律具体化，从而有助于社会秩序的扩展。正如哈耶克（1999，P. 114）所说，“之所以让人承担责任，是因为我们推测这种实践会影响其将来的行动；其目的在于让人们知道在将来可比较的情势中他们应该考虑一些什么问题。由于人们一般都对自己行动的环境知道得最清楚。所以我们让他们自己作出决定。”也正因如此，哈耶克还对那种用科学的谬误去不断地摧毁那些不可替代的价值的现象进行批评，他（哈耶克，2000d，P. 526）说，“逻辑实证主义长期以来一直都在努力证明，所有的道德价值都是‘毫无意义’的，甚至是纯粹‘情感的产物’；此外，逻辑实证主义还完全无视这样一种观念：由事物进化或文化的进化选择出来的那些情感性的回应方式，对于一个发达社会的凝聚力来说具有至高无上的重要意义。再者，从唯科学主义的唯建构论渊源中衍生出来的那种知识社会学，也试图以同样的方式贬损所有的道德观念，因为它生成这些道德观念的捍卫者乃是为了他们自己的利益而主张这些观点的。”基于伦理对秩序扩展的基础性作用，哈耶克（2000a，P. 62）强调，“只有在自由的行动受着强有力的道德信念引导时，自由社会才会良好地运行……对此我还要补充说，要想让自由有良好的表现，不但需要强有力的道德标准，而且要有一种特定类型的道德标准；在这些道德标准成长壮大的自由社会里，一旦它们变得无所适从，也会毁了自由，同时也就毁了一切道德价值的基础。”所以，韦森（2002，P. 7）指出，“哈耶克式的人之合作扩展秩序本身就要求一个道德基础。因为，‘合作’本身就意味着扩展秩序的参与者是有道德的。”

当然，需要指出，伦理首先是在小共同体之内产生的，它伴随着共同体的扩展而逐渐普遍化；同时，伦理的拓展又进一步强化了更大规模共同体成员之间的联系。事实上，在古希腊时期，由于人们的生活局限在一个非常小的城邦共同体中，因而古希腊有公民和外乡人之分；甚至亚里士多德也坚信，人类之间的秩序只能扩展到传令官声音所及的范围之内，而人数过多将无法产生一个井然有序的秩序，因而拥有一个 10 万人的国家是不可能的（哈耶克，2000b，P. 7）。但是，随着罗马帝国的建立，罗马统治者已经能够把其命令传送到埃及、希腊、小亚细亚、叙利亚等地；而且，已经基本消除了本地人和外乡人的区分。究其原因在于，亚里士多德时期的伦理关系仅仅是反映了当时范围狭小的合作现状，仅限于相互了解和信任的同胞之间的交往，在这个小的范围之内，传统的缘关系可以协调成员的活动，但这种缘协调却不适用于外人；而到了罗马帝国时代，随着罗马法的推行，更广范围的人们都认同了一种基本的交往关系。换句话，在古希腊时期，由于伦理认同半径范围狭小，因而在一个很小的范围内划定了个人决定之可调整范围的禁令；但是，当人类通过发展和学会遵守一些往往禁止他按本能行事的规则（先是在狭小的部落里，然后扩展到更大的范围），从而发展了道德观念，建立了文明秩序后，人们的交往半径就大大扩展了，从而推动了社会秩序的扩展。

而且，需要指出的是，随着共同体的扩展和伦理认同半径的延伸，伦理本身也越来越普遍化和抽象化；但不管如何，这种越来越抽象化的纽带也是一种伦理关系，即使形成了普遍的市场规则，其中也内含了特定的伦理关系。哈耶克（2000b，pp. 8－9）正确地指出，“这些规则实际上构成了另一种道德”，而他之所以用“道德”一词来定义它就在于他认为这种道德“制止或限制了‘自然道德’，即让小群体聚集在一起并保证该群体内部进行合作的本能，其代价则是阻止或堵塞了它的扩展”。显然，哈耶克把新的规则视为一种新型的道德是正确的，因为任何规则都源于惯例、习俗和社会伦理；但是，在另一方面，哈耶克却将新型道德与传统的缘道德割裂开来了，没有看到两者之间的继承性（参见朱富强，2005，第7章）。事实上，也正因为如此，哈耶克过分强调了新型道德的抽象性，而没有剖析伦理的演化和扩展的历程；譬如，哈耶克（2000a，P. 302）就写道：“随着抽象的价格信号取代同伴的需要，成为人们努力获取的目标，便出现了利用各种资源的全新的可能性——然而为了鼓励人们利用这些可能性，也需要完全不同的道德态度。变化主要发生在港口或通商要道发展起来的贸易和手工业的城镇中心，那里的人们摆脱了部落道德的束缚，建立起了商业社会，并逐渐发展出了新的交换游戏的规则。”事实上，市场是自人类社会出现以后就存在了，这首先出现在共同体内部，然而随着共同体扩展而延伸；事实上，即使在当今世界中，市场在某种意义上也是特定共同体内部的市场；所以，我们可以看到，世界上不同地区的交换方式依旧存在巨大的差异，这说明，世界市场没有一体化，那么市场伦理也就没有普遍化；显然，市场伦理普遍化的发展过程，也就是世界市场一体化的推进过程。

最后，需要指出的是，尽管斯密相信事物的“自然”秩序可以从一般判断中演绎出来，但又更经常地用实际历史过程来检验自己的结论；事实上，他的分析往往建立在社会经验的基础之上，其对人性的分析也是出于对现实社会性的观察以及对人性本能的挖掘。显然，正是基于人的原初本能与今后日益扩展的社会性相结合，最终形成了基于“为己利他”机理的分析思路，并在此基础上奠定了不断扩展的人类行为秩序；特别是，斯密还生活在资本主义秩序不断扩展的阶段，因而他能够充分洞悉这种扩展过程及其基础。相反，哈耶克却生活在资本主义秩序已经形成，其扩展限度也已经基本饱和的时期；因此，哈耶克关注的是在成熟的资本主义秩序中的特征：存在一种普遍遵守的抽象规则。也正因如此，哈耶克强调普遍的市场秩序，这显然与斯密对这种人性解读和对秩序的认识存在很大不同；哈耶克（2000a，P. 227）写道：斯密的“教导却冒犯了一种人类从早期朝夕相处的部落社会中继承下来的根深蒂固的本能，人们在这种社会里经过数万年时间形成的情感，在已进入开放的社会时仍然支配着他们。这些遗留下来的本能，要求人们应当致力于为它所认识的同胞（即《圣经》中的‘邻人’）提供可见的好处”。显然，哈耶克的分析在某种程度上是静态的，他不但忽视了人类交往范围和半径的扩展性，也忽视了人们在不同交往圈的内外所表现出来特性的差异性；也正因如此，哈耶克（2000a，P. 228）才会认为，所谓根据不同的人和群体的需要或表现在他们中间分配物质财富的“社会公正”是一种返祖现象，是与个人可以把自己的知识用于自己的目的的开放社会不相协调的。

五、结　语

森（2002，P. 261）曾指出，“社会价值观对确保多种形式的社会组织的成功，可以发挥——而且一直发挥——重要作用，这些社会组织包括市场机制、民主政治、基本公民权利和政治权利、基本公共品的提供以及公共行动和抗议机构与制度”；而且，运用带有社会责任感的理性思考有助于建立更为完善的社会正义，更加关怀于我们互动的其他人的利益，从而更有助于推动社会秩序的扩展。事实上，社会责任感与我们的自由也存在密切联系，哈耶克也曾指出，“如果没有根深蒂固的道德信念，自由便不可能被减到最小程度；只有当个人能够自觉遵守一定的原则，强制才能被减到最小程度”（哈耶克，1999，P. 96）；而“文明的发展之所以有可能，在很大程度上就是因为人类用那些理性不及的习俗约束了自己所具有的先天性动物本能；而且一如我们所知，也正是那些理性不及的习俗，才使得规模日益扩大的有序之群体的形成具有了可能”（哈耶克，2000d，P. 500）。也就是说，社会秩序的扩展、人类文明的升华都依赖于合作性伦理的培育，关于这一点我们又可以通过对我们身处其中的儒家文化的思考来获得更深切的认识。根据梁漱溟的看法，儒家文化是礼乐文化，这种文化是对人在社会中的等级身份进行规范、涵濡与意义化的文化；显然，这种文化对社会中个体的行为起到了一定的规范作用，这在某种程度上是与法律互补的。而且，这种礼乐与律法又存在很大的不同，因为虽然二者都对人的等级身份进行规定，但是，律法中只有硬性的义务，而缺乏“仁”与“和”去对硬性的义务进行化解与升华，从而缺乏人性的根基和中和的艺术；相反，“礼”虽然以“义”为基础，规定了“仁”的行为必须与等级身份相适应，但又用“仁”与“和”对“礼”之义进行涵濡和升华，从而使得社会中等级身份的对立在“礼”和“乐”的精神中淡化和消亡（蒋庆，2003，P. 322）。

可见，西方崇尚自然主义的社会秩序是一维的，仅仅把抽象的法律制度视为社会秩序扩展的基础，从而形成了社会的单面结构，这就不可避免地会产生建构和演化的悖论；相反，中国社会所强调的社会秩序却是多维的，“仁、义、礼、智、信”一层一层地展示了人类社会的关系和个体行为的依据，从而形成了差序性的社会结构，可以在德、法结合的基础上形成建构和演化的统一。因此，从这个角度上讲，笔者以为，儒家的礼乐文化实际上更有助于推动社会秩序的持续扩展。实际上，哈耶克本人也是在人类学和历史学的基础上来发现他的自发秩序的，这种秩序不是抽象推导出来的，而是建立在对长期正常的发展进行观察的基础之上，体现了一种演化经验的知性梳理；所以，内夫（2001）说，“在他的政治著作中，哈耶克从未把自己看作是永恒真理‘宣布者’或者历史性的世界规律的发现者，而是把自己看作迷信的揭露者和公众对虚假真理的盲从和流行错误的警告者”。但是，哈耶克的信徒们却开始把基于普遍主义的抽象规则视为扩展秩序的唯一基础了，而殊不知，抽象规则本身源于伦理关系的扩展，而且，迄今为止也没有绝对普遍的抽象规则；森（2002，P. 263）指出，“建立在人际安排与共享的理解之上的机构和制度，其运行是以共同的行为模式、相互信任以及对对方道德标准的信心为基础的。”

参考文献：

1. 阿罗：《社会选择：个性与多准则》，首都经济贸易大学出版社 2000 年版。

2. V·奥斯特罗姆：《复合共和制的政治理论》，上海三联书店 1999 年版。

3. V·奥斯特罗姆：《被遗忘的传统：宪法层次的分析》，载迈克尔·麦金尼斯主编：《多中心治理与发展》，上海三联书店 2000 年版。

4. 巴纳德：《经理人员的职能》，中国社会科学出版社 1997 年版。

5. Z·鲍曼：《后现代伦理学》，江苏人民出版社 2003 年版。

6. M·波兰尼：《个人知识：迈向后批判哲学》，贵州人民出版社 2000

年版。

7. 波普尔:《历史主义贫困论》，中国社会科学出版社1998年版。

8. 波普尔:《开放的思想和社会：波普尔思想精粹》（米勒编），江苏人民出版社2000年版。

9. 波斯纳:《法律的经济分析》（上、下），中国大百科全书出版社1997年版。

10. 布坎南:《自由、市场与国家：80年代的政治经济学》，上海三联书店1998年版。

11. 布坎南:“由内观外”，载曾伯格编:《经济学大师的人生哲学》，商务印书馆2001年版。

12. 布坎南:《财产与自由》，中国社会科学出版社2002年版。

13. 布荣:《自发社会秩序和文化进化》，载G·帕普克主编:《知识、自由与秩序》，中国社会科学出版社2001年版。

14. 达仁道夫:《现代社会冲突》，中国社会科学出版社2000年版。

15. 邓正来:《自由与秩序：哈耶克社会理论的研究》，江西教育出版社1998年版。

16. 邓正来:《法律与立法二元观》，上海三联书店2000年版。

17. 福山:《大分裂：人类本性和社会秩序的重建》，中国社会科学出版社2002年版。

18. 顾准:《顾准文集》，贵州人民出版社1994年版。

19. 哈贝尔曼:《关于国家的社会政策的合法性》，载G·帕普克主编:《知识、自由与秩序》，中国社会科学出版社2001年版。

20. 哈林顿:《大洋国》，商务印书馆1963年版。

21. 哈耶克:《通往奴役之路》，中国社会科学出版社1997年版。

22. 哈耶克:《自由宪章》，中国社会科学出版社1999年版。

23. 哈耶克（2000a）:《经济、科学与政治：哈耶克思想精粹》，江苏人民出版社2000年版。

24. 哈耶克（2000b）:《致命的自负》，中国社会科学出版社2000年版。

25. 哈耶克（2000c）:《法律、立法与自由》（第1卷），中国大百科全书出版社2000年版。

26. 哈耶克:《法律、立法与自由》（第2、3卷），中国大百科全书出版社2000年版。

27. 哈耶克:《个人主义与经济秩序》，生活、读书、新知三联书店2003年版。

28. 蒋庆:《政治儒学：当代儒学的转向、特质与发展》，生活、读书、新知三联书店2003年版。

29. 罗斯：《社会控制》，华夏出版社 1989 年版。

30. 卢瑟福：《经济学中的制度》，中国社会科学出版社 1999 年版。

31. 梅因：《古代法》，商务印书馆 1959 年版。

32. 米塞斯：《自由与繁荣的国度》，中国社会科学出版社 1995 年版。

33. 内夫：《哈耶克对‘社会正义’的批评：二十个命题》，载 G·帕普克主编：《知识、自由与秩序》，中国社会科学出版社 2000 年版。

34. 帕普克：《知识问题及其影响：序》，载 G·帕普克主编：《知识、自由与秩序》，中国社会科学出版社 2001 年版。

35. 森：《以自由看待发展》，中国人民大学出版社 2000 年版。

36. 涂尔干：《社会分工论》，生活、读书、新知三联书店 2000 年版。

37. 汪丁丁：《经济发展与制度创新》，上海人民出版社 1995 年版。

38. 韦伯：《社会学的基本概念》，上海人民出版社 2000 年版。

39. 韦森：《社会制序的经济分析导论》，上海三联书店 2001 年版。

40. 韦森：《经济学与伦理学：探寻市场经济的伦理维度与道德基础》，上海人民出版社 2002 年版。

41. 雅赛：《重申自由主义》，中国社会科学出版社 1997 年版。

42. 朱富强：《有效劳动价值论：以协调洞悉劳动配置》，经济科学出版社 2004 年版。

43. 朱富强：《博弈、协调与社会发展：协调经济学导论》，广东人民出版社 2005 年版。

On the Human's Consciousness Driving Social Order to Extend Continuously

——An Examination about Hayek's endogenous order

Fuqiang Zhu

(Lingnan College, Sun Yat-Sen University, 510275)

[**Abstract**] Hayek's view of endogenous order, which means free competition under a general abstract rule will lead social order to extend continuously, can be reduced to "one center and two fundaments", thereinto, the centre task is extensive order and the market and law is its guarantee. However, the forming and carrying through of any abstract rule must include the action of human's consciousness, and there are two kind forces to promote social order to extend: spontaneous force and self-conscious force, whose common foundation is ethics. What's more, by a full Examination of Hayek's thought, this paper found that Hayek was not steadfast believer in endogenous order and he is Lamarckist rather than Darwinist. Nevertheless, because of his ideology and ultra-reaction to rationalistic practice, Hayek focus to excavate the tradition of latitudinarianism and evolutionism rooted in western society.

[**Key Words**] Endogenous order Extensive order Ethics Hayek

JEL Classification: A130 K000 Z130

信息不完备与市场合约执行机制

——以转型经济为背景的文献综述

叶林祥*

【摘　要】市场的本质是交易，但在信息不完备时，很多有利可图的交易无法达成。本文通过对转型经济中合约执行机制有关理论与实证文献进行梳理后发现，正式合约执行机制能解决或减轻交易的信息不完备。当正式合约执行机制不存在或不适用时，非正式合约执行机制能补充或替代正式合约执行机制，从而提高市场效率；但非正式合约执行机制有时会产生排他性和价格合谋。因而，在转型经济中，采取积极而切实的措施发展司法体系就至关重要。

【关键词】信息不完备　市场机制　合约执行机制

中图分类号：F064.2　文献标示码：A

一、引　言

经济发展的经验告诉我们，市场是世界各国促进经济增长的关键之所在，同时它也是关乎穷人生活的核心问题。市场的本质是交易，在信息——关于交易的另一方和交易本身的信息——不够完备的世界里，很多有利可图的交易无法达成（Wilson，1985）。以商品买卖为例，如果买卖双方相互不了解，买方会担心卖方收到货款后提供次品甚至不提供商品；而卖方担心买方收到物品后不付款。事实上，在一次孤立的交易中买卖双方都有违约的动机：如果一方预期另一方事后会违约，那么自己事前最优选择就是不交易，这会导致交易的囚徒困境。另一方面，如果买卖双方对交易品的信息不对称，卖方知道自己所卖交易品的质量，买方只知道交易品的平均质量，因而

* 叶林祥，经济学博士，南京财经大学经济学院讲师；地址：南京市亚东新城区文苑路 3 号南京财经大学经济学院（210046）；电话：025－84028879；E-mail：dashuihe@ sina. com. cn。

只愿意根据平均质量支付价格，此时逆向选择问题就出现了。质量高于平均水平的卖方将退出市场，留在市场上商品的平均质量将会下降；这个过程不断进行，最后整个市场可能彻底萎缩。此外，在一个缺乏商品信息的市场中，企业都是垄断的“孤岛”：消费者搜寻物美价廉产品的成本很高，一方面可能会降低对优质产品的搜寻，另一方面可能导致最终购买的商品由于搜寻成本而价格提高。此时，由于没有实现消费者与销售商之间的最优匹配，导致经济效率的损失（Diamond，1971）。

为了保证市场的正常运行，需要有相应的机制解决或者减轻信息不完备性问题，这些机制就是合约执行机制①。合约执行机制对于市场运行的重要性很早就得到了认识（Macaulay，1963；Barton，1983；Greif，1993，1994；Milgrom 等，1990；Stiglitz，1999；世界银行，2002），但由于数据收集、变量选取等方面的困难，相关的经验研究非常少见。而包括中国在内的前计划经济国家向市场经济制度的转型为我们提供了独特的机会（Johnson 等，1999a），使我们能更好地理解市场运行所需要的支持机制。在这些转型经济国家，其法律制度要么是缺位的要么是不健全的（Hay 和 shleifer，1998；Hendley 等，1997），用正式机制解决争议执行费用太高或者效率太低（世界银行，2002）。但是，市场仍然欣欣向荣地发展起来了，此时支持市场交易的是一些非正式合约执行机制。这些非正式合约执行机制如何解决市场的信息不完备性问题？在建立市场经济制度的过程中，正式合约执行机制与非正式合约执行机制的互动关系怎样？本文以转型经济为背景，围绕合约执行机制，通过对相关理论与实证文献的梳理，以期回答上述问题。

非正式合约执行机制可分为两类：第一类称为“个人实施”机制，其典型特征是对欺诈行为由受害者本人实施惩罚（Rubinstein，1982；Fudenberg 和 Maskin 等，1986）；第二类称为“社会实施”机制，其典型特征是对欺诈行为由社会中的其他成员实施惩罚（Kandori，1992）。此外，还有些学者对不同合约执行机制的关系进行了研究（Johnson 等，2002）。

二、“个人实施”机制

合约执行机制的“个人实施”包括两种情形：直接机制和双边锁定。

---

① 合约执行机制是指那些被企业用来执行合约以及解决与贸易伙伴争议的机制。它可以分为正式合约执行机制与非正式合约执行机制：以国家强制力（如国家司法系统）为实施保障的合约执行机制为正式合约执行机制；单纯建立在重复关系之上，依赖博弈双方自我实施的声誉，或者依靠社会规范，或者依靠缺乏强制力的私人司法系统来组织实施的合约执行机制为非正式合约执行机制。

（一）直接机制

信息的缺乏可能会导致很多有利可图的交易无法达成。如果交易方能够直接搜集到关于贸易伙伴以及交易品的信息，那么就可以避免交易的囚徒困境。首先，在交易之前，交易方可能会实地查看一下客户的工厂、仓库或商铺。对客户的实地查看可以揭示客户的敬业精神、竞争力、发展前景以及固定资产投资水平等方面的信息。机器与厂房等固定资产投资作为一种沉淀成本在一定程度上可以作为传递客户资质的信号。其次，在交易中，与客户的直接交易又可以揭示客户资质方面的信息。一般而言，供求双方在初次交易中通过相互试探并以现金方式结算，来降低交易的风险；此后，随着多次的合作，对贸易伙伴的了解逐渐增加，为其提供的信贷①也会逐渐增加。这样，交易方就能区分好的客户与不好的客户（Ghosh 和 Ray，1996；Watson，1995）。此外，担保和商标也可以作为传递商品质量的一个信号，能够部分地解决买卖双方之间的信息不对称问题，从而有利于交易的顺利进行。例如，在转型之初的保加利亚，商品质量是一个普遍问题，导致市场规模无法扩大；随后一些企业开始提供质量担保并且承诺退换不合质量要求的商品，从而市场逐步获得了发展（Koford 和 Miller，1995）。本文把这种情形区分为合约执行的直接机制。相关的实证研究表明：合约执行的直接机制能够促进交易方之间的合作。McMillan 和 Woofruff（1999）对越南 259 家非国有企业的调查中发现，46% 的企业在其商业关系开始前，至少参观客户企业一次；交易之前参观过客户的企业要比没有参观过客户的企业为其客户多提供 8% 的贸易信贷；交易关系持续了一年②的企业对其客户提供的贸易信贷要比新客户高 7%，交易关系持续了两年的企业对其客户提供的贸易信贷要比新客户高 14%。Johnson 等（2002）对波兰等 5 个转型经济国家 1 471 家私有企业的调查中发现，交易之前拜访过客户的企业比没有拜访过客户的企业为其客户平均要多提供 7% 的贸易信贷；交易关系持续了一年的企业要比交易关系只持续了两个月的企业为其客户多提供 15% 的贸易信贷。

---

① 在实证研究中，一般用卖方为买方提供的贸易信贷量度量交易双方合作的程度。这主要基于以下几个方面的合理性：第一，即使在发达的市场经济国家，中小企业融资的主要途径仍然是从产品供应方获得贸易信贷。第二，在转型经济国家，由于正规金融市场的缺失，从产品供应方获得信贷对于私有部门而言是非常普遍的。贸易信贷占交易的比例在波兰、斯洛文尼亚、乌克兰分别为 84%、57%、45%，只有在俄罗斯，贸易信贷的比例比较低，为 12%（McMillan 和 Woodruff，1999 年）。第三，产品供应方愿意在正式的合约履行监督部门缺位的情形下提供信贷，那么说明产品供应方一定相信货款会得到支付，因此产品供应方提供的贸易信贷数量可以作为买卖双方合作程度的一个替代性指标。

② 在实证研究中，一般用交易关系的时间长短代表与客户直接交易的经验。

（二）双边锁定

经济转型早期，企业的交易伙伴大多位于同一城市甚至是邻近的商户。当交易双方之间交易的产品是一种专用性产品①或者因为信息不充分时，企业寻找可供选择的其他交易伙伴就非常困难。此时，交易双方事实上存在着一种双边锁定关系（Kranton，1999；Ramey 和 Watson，2001）。在这种情形下，任何一方解除未来合作关系的威胁都会迫使另外一方不敢违约；当事人为了合作的长远利益会放弃不履行合约、欺诈、坑蒙拐骗等机会主义行为（Rubinstein，1982；Fudenberg 等，1986）。这说明当市场制度不完善时，交易商之间实现双边锁定的条件比较容易满足。因此，在信息缺乏以及运输成本很高的欠发达国家，这种自发的合作比较普遍。例如，在泰国农村，大米与橡胶以不同的方式进行交易（Siamwalla，1978）：大米通过直接拍卖的形式被销售；而橡胶的购销双方维持的是一种长期、稳定的锁定关系。交易方式的不同主要源自交易双方之间的信息不对称：大米买方能很容易地判断大米的质量；而橡胶的质量只有在交易之后的几个月进行加工处理时才能辨别，买方必须信任卖方清除了橡胶中的杂质，而这种信任建立在双边锁定关系之上。McMillan 和 Woodruff（1999）以越南转型经济为背景，发现买卖双方合作的意愿与双边锁定程度显著相关。其研究表明：如果以一公里范围内生产相同产品的卖方数量度量双边锁定程度，以卖方为买方提供的贸易信贷的数量衡量交易双方的合作程度，则周围一公里范围内没有竞争者的卖方要比周围一公里范围内有竞争者的卖方为其客户多提供 15% 的贸易信贷；周围一公里范围内竞争者每减少一个，企业为其客户要多提供 3% 的贸易信贷。Johnson 等（2002）对波兰等 5 个转型经济国家的调查得到了相似的结论：周围一公里范围内竞争者每增加一个，企业为其客户提供的贸易信贷平均要减少 2%。

三、“社会实施”机制

合约的执行机制除了“个人实施”外，更常见的是“社会实施”机制。

---

① 专用性商品是指卖方根据买方定购或者为某个特定客户生产的商品。McMillan 和 Woodruff（1999a）对波兰、罗马尼亚、俄罗斯、斯洛文尼亚和乌克兰 5 个转型国家的调查发现，只有 11% 的供应商为其客户生产专用性商品。McMillan 和 Woodruff（1998a）对越南的调查发现，只有 15% 的供应商为其客户生产专用性商品。在转型经济中，这些数据仍然有夸大的可能，有些看似专用性商品实际上可能是由于市场分割造成的。

梳理合约的“社会实施”机制，包括以下三种情形。

（一）关系网络

在交易双方之间不存在双边锁定时，合作一般不会自动实现。但是当存在着一个交易者群体，并且群体内部企业之间的交易频繁、信息流畅时，对违约行为的惩罚不仅仅来自于被欺骗的企业，同时也来自于群体内部其他企业，那么企业间的合作关系，即合约的执行得到了“社会实施”——通过关系网络的方式。关系网络通过提供以下两个功能促进交易者之间的合作。第一，提供信息。各种形式的关系网络都在向群体内的成员传递有关商业机遇、壁垒和潜在合作伙伴资质等方面的信息；而获得有关交易伙伴的品格和商业环境等方面的信息则可极大地降低交易风险。17 世纪和 18 世纪的亚美尼亚商人，以及直至今天的华人移民贸易团体，都在他们内部共享有价值的商业信息以方便交易。全世界各种小商业和贸易团体的成员，都在使用一些不太复杂的手段交流信息（世界银行，2002）。第二，惩罚机制。在关系网络内，每个成员都会遵守合作的社会规范：如果他们不遵守，违约的信息会很快在网络内部传开，以后他们就会被排除在关系网络之外。当代的印度尼西亚农村，信贷交易通过关系网络——违约者将被排除在未来的交易之外的惩罚机制，约束信贷的参与者，使之不能对同一关系网络内的成员违约（Hayami 和 Kawagoe，1993）。

McMillan 和 Woodruff（1999）对越南企业的调查中发现：1/4 的企业通过其他竞争性企业、供应商等商业关系网络发现客户；17% 的企业通过家庭等社会关系网络发现客户。McMillan 和 Woodruff（2001）研究表明，在越南，通过商业关系网络发现的客户比其他途径发现的客户平均能多获得 10% ~20% 的贸易信贷；通过社会关系网络发现的客户比其他途径发现的客户平均能多获得 4% 的贸易信贷。Johnson 等（2002）对波兰等 5 个转型国家的调查中发现，45% 的企业的客户关系通过商业关系网络建立，17% 的企业的客户关系通过社会关系网络建立；通过商业关系网络发现的客户比其他途径发现的客户平均能多获得 12% 的贸易信贷，通过社会关系网络发现的客户比其他途径发现的客户平均能多获得 14% 的贸易信贷。

关系网络通过提供信息以及协调对违约行为的社会惩罚促进了企业之间的合作。那么，能否将关系网络的信息效应与社会惩罚效应分离开？答案是肯定的。企业通过关系网络对客户资质所了解的信息在交易关系之初非常重要，这是因为在交易关系建立之后，与客户直接交易获得的信息能够替代通过关系网络获得的初始信息的作用。因此如果关系网络的信息效应大，那么它对合作的影响会随着时间的推移逐渐减弱。另外，由于关系网络的惩罚效应具有持久影响，因此如果社会惩罚在促进合作方面作用很大，那么关系网络的社会惩罚效应就应该是持久的。

在实证研究中，一般用三个变量进一步度量关系网络：①企业发现客户的途径。企业通过什么途径了解客户？是商业关系网络还是社会关系网络？②初次交易中是否涉及到亲朋好友。如果在交易中涉及到亲朋好友，那么它们不仅提供了客户的信息，还提供了社会惩罚的功能。③企业和客户的其他供应商的交流频率。与客户的其他供应商的交流不仅提供了关于客户资质的信息，还可以对违约客户进行严厉的惩罚。将代表关系网络的三个变量分别与交易关系的时间进行回归，就可以发现关系网络担当了信息效应还是社会惩罚效应。McMillan 和 Woodruff（1999）对越南企业调查研究发现：通过商业关系网络发现客户的企业，为其客户提供的贸易信贷从第一年的8%，增加到第四年的13%，增幅很小；而在初次交易中涉及到亲朋好友以及和客户的其他供应商每月交流至少一次的企业，为其客户提供的贸易信贷，变动非常稳定。这些实证研究的结论表明，关系网络担当了重要的社会惩罚功能。

（二）市场中介组织

对违约行为的惩罚是实现合作的一个必要前提，但是在进退自由的开放社会中，对违约行为的惩罚难以自动实现。市场参与者要实施社会惩罚，首先必须要知道违约事件发生的时间及发生的原因；其次，还必须要有一个组织协调对违约行为的社会惩罚。否则，市场参与者即使知道了违约的信息，由于不存在协调机制可能会对违约方实施差别化的惩罚，此时违约方仍然可能有利可图，这样的社会惩罚对违约行为起不到威慑作用。更有可能的情形是，一个卖方欺诈了一个买方后，其他潜在的买方几乎没有什么激励惩罚这位欺诈性的卖方；如果潜在的买方都不实施社会惩罚，这会进一步鼓励卖方的欺诈行为，最终将没有交易达成。在转型经济中，为了解决信息以及对违约行为的协调问题，一些寻利的贸易协会等市场中介组织很快就出现了（McMillan，1997）。这些中介组织，通过发布一些合约履行情况的信息，帮助会员公司更有效地相互协作。企业一旦毁约，在中介组织的作用下，将会遭受比失去订单更为严重的后果（McMillan 和 Woodruff，2000；Recanatini 和 Ryterman，2000）。同时，这些中介组织通过扩大规模，使得特定交易双方再次交易的可能性下降，从而每个成员都有积极性惩罚违约方；另一方面，由于和组织其他成员交易的概率仍然很大，使得每个成员都不敢违约（Milgrom 等，1990）。此外，这些中介组织还可以通过强制性的规定，惩罚那些没有惩罚应该受到惩罚的交易方，也会促进交易方之间的合作。①

相关研究表明：在波兰等转型经济国家，超过2/5的企业是贸易协会的成员；贸易协会成员企业比不是贸易协会成员企业为其客户多提供6%的贸易信贷（Johnson等，2002；Frye和Shleifer，1997；Hendley等，2000）。同时与多个客户进行交易的批发商与贸易协会的功能一样，通过提供信息以及协调对违约行为的社会惩罚，促成更多交易的达成。一个供应商如果生产了一件低质量的商品，和它交易的批发商就会终止交易；那么这个供应商不仅会失去购买此商品的客户，而且还会失去其他潜在的客户。从而供应商没有生产伪劣产品的动机。在激烈的市场竞争中，一个从事多种商品交易的批发商有很强的激励去检查并确认交易品质量：一旦供应商违约，就终止交易；否则它的声誉会受到影响，将来会失去更多的业务。同时，这样还可以避免贸易伙伴之间由于信息不对称所产生的问题。几乎同期的研究也表明，通过批发商进行的交易比不通过批发商进行的交易将能更好地实现买卖双方之间的匹配。

（三）私人黑帮势力

直接机制、双边锁定、关系网络以及中介组织有时不能确保合约的有效执行。此时，私人黑帮势力就应运而生（Hay等，1996；Hay和Shleifer，1998）。在转型经济中，尤其在俄罗斯和乌克兰，私人黑帮势力是一个特别令人关注的问题。一些媒体、甚至包括一些学者，普遍持有这样的观点：由于企业缺乏正式的合约执行机制，俄罗斯私人黑帮势力就出现了（Shleifer，1994；Black和Kraakman，1996）；企业经常依赖私人黑帮势力执行合约，没有它们的帮助就很难继续从事商业活动（Shelley，1995；Syfert，1999）。另外一些研究从以下两个角度对这种观点提出质疑：①认为私人黑帮势力的出现并不是正式合约执行机制缺乏所导致；②认为私人黑帮势力执行合约的情形比较少见。

① 商人法就是一个典型的例子。商人法是在中世纪早期的欧洲，由商人自发形成的私人法典（the private code of laws）。它由当地官员或商人作为裁判者，用来规范争议判决活动。经济发展的历史表明，它对于扩大欧洲的贸易和促进欧洲经济的繁荣具有重要作用。商人法通过发布一些合约履行情况的信息，帮助会员更有效地相互协作。但是商人法只有在每位商人在交易之前都调查了其潜在贸易伙伴的资质并且不与不良记录的贸易伙伴进行交易的前提下才会发挥作用，而调查贸易伙伴的资质是一项耗费成本的活动，因而每位商人都有“免费搭车”的激励。商人法通过以下两个规定解决了“免费搭车”问题：第一，对于那些没有遵守判决的商人将永远不再有与团体中的商人进行交易的机会；第二，那些在交易之前没有调查贸易伙伴的商人在遇到纠纷时将没有资格要求仲裁，这使得每位商人在交易之前，都有激励调查贸易伙伴的资质，并且不与没有信誉的商人进行交易（Milgrom等，1990）。

Hendley 等（2000）研究表明，不能求助于法院执行合约的前提假设被夸大化了：当对法院与私人黑帮势力执行合约的能力进行比较时，多数企业经理认为私人黑帮势力仅仅在速度上优于法院；而在公正性、执行成本、确定性以及保密性等方面都不如法院。一方面，在俄罗斯，当争议出现的时候，企业并不拒绝使用法院。这表明通过正规法律制度解决争议是可行的，企业并不缺乏正式的合约执行机制。从而不能用正式合约执行的缺乏来解释私人黑帮势力的出现。调查发现，在俄罗斯，有一半的企业要么有一个内部安全部门要么雇佣一个外部安全公司，以帮助收款以及处理与贸易伙伴之间的争议。这些部门的主要功能是保护自己的财产，而不是通过恐吓贸易伙伴来执行合约。与这种观点相类似，Handelman（1995）研究表明，在俄罗斯，私人黑帮势力的出现是因为国家太软弱，没有能力控制犯罪；另一方面，不完善的制度环境通过腐败进一步增加了犯罪活动。

此外，一些研究对私人黑帮势力执行合约的比例进行了研究。McMillan 和 Woodruff（1999）发现，在越南，只有2%的经理承认雇用过私人黑帮势力收款；在波兰、罗马尼亚也发现了相似的结果。Johnson 等（1999a）发现，只有1/4 的俄罗斯小企业是通过私人黑帮势力处理其与供给商和客户关系。对于俄罗斯的大企业，Hendley 等（2000）发现，大部分是通过司法制度而不是依靠私人黑帮势力执行合约。他的研究表明，利用私人黑帮势力防止或者解决与供应商之间的争议的大企业不到3%；利用私人黑帮势力调查客户支付能力的大企业不到2.5%。

四、各种合约执行机制之间的关系

经济转型中，企业之间的合约被非正式交易关系执行的同时，司法力量也开始培育出来。那么，以司法力量为基础的正式合约执行机制与前文所分析的非正式合约执行机制，是一种什么样的关系？

首先，梳理关系网络、贸易协会、批发商等非正式合约执行机制与正式合约执行机制的关系。Johnson 等（2002）对5 个转型经济国家的私有企业进行了调查。当被问及“如果一个从来没有与你交易过的供应商提供比现有的供应商低10%的价格，你是否愿意接受”时，如果对于供应商的初始信息来自于社会关系网络，企业接受新供应商的可能性降低8%；如果对于供应商的初始信息来自商业关系网络或者贸易协会，企业接受新供应商的可能性不会受到影响。这说明，商业关系网络与贸易协会具有开放性，而社会关系网络具有封闭性。对此的一个解释是：亲朋好友等社会关系网络是通过时间慢慢建立的；而商业关系网络与贸易协会能够迅速容纳新成员。由于商业关系网络与贸易协会都是开放性的，所以能够迅速接纳陌生的贸易伙伴，尽管其风险也高。有效的司法制度降低了与陌生客户交易的风险，从而商业关系网络与贸易协会在法律制度有效时能更好地发挥作用。在法律制度无效时，企业只能通过社会关系网络和批发商等途径了解客户资质的信息，并对违约行为进行严厉的惩罚，以保障交易的顺利进行。此时，社会关系网络和批发商代替了法律制度的合约执行功能。一些实证研究证实了上述理论分析的结论。Hendley 等（2000）、McMillan 和 Woodruff（2000）、Johnson 等（2002）等研究显著表明，认为法院有效的企业更有可能通过商业关系网络与贸易协会发现客户，不大可能通过社会关系网络与批发商发现客户；认为法院无效的企业更有可能通过社会关系网络和批发商发现客户。这些结论表明，商业关系网络和贸易协会是正式法律制度的一种补充，而社会关系网络和批发商是正式法律制度一种替代。

其次，分析合约执行的直接机制与正式机制的关系。在对客户还不够了解时，有效的司法制度为企业提供了一种合约保障；但是随着交易经验的增加，企业对其特定客户掌握的信息就越多，这会替代司法制度的合约执行作用。这可以从交易经验对合作的影响随着时间逐渐增大，而法院对合作的影响随着时间而逐渐减弱得到证实。Johnson 等（2002）发现，交易关系持续了一年的企业要比交易关系只持续了两个月的企业为其客户多提供 15% 的贸易信贷；而认为法院有效的企业比认为法院无效的企业为其客户提供的贸易信贷，在交易关系之初的两个月要高 17%，但是过了几个月之后却只高 12% 左右。McMillan 和 Woodruff（2000）对越南的调查研究发现，交易关系持续了三年的企业为其客户提供的贸易信贷要比刚刚建立交易关系的客户多 21%；而认为法院有效的企业比认为法院无效的企业为其客户提供的贸易信贷，在交易关系之初高 6%，但是六年后却只高 3%。

最后，分析双边锁定与正式合约执行机制的关系。如果交易双方存在着锁定，由于交易的是一种专用性产品，更换交易伙伴存在着很大风险，运行有效的司法制度能够降低这种风险。此时，司法制度是对双边锁定的一种替代。Johnson 等（1999）对 5 个转型经济国家企业进行了调查，当被问及“如果一个从来没有与你交易过的供应商提供比现有的供应商低 10% 的价格，你是否愿意接受”时，发现，对于专用性商品，认为法院有效的买方有 21% 的可能性拒绝新供应商，而认为法院无效的买方会有 33% 的可能性拒绝新供应商；对于通用商品，法院的影响要小得多——认为法院有效的买方有 13% 的可能性拒绝新供应商，而认为法院无效的买方会有 16% 的可能性拒绝新供应商。因此，运行有效的法律制度会降低企业之间的双边锁定程度。

五、结　　语

（一）非正式合约执行机制的不足

当市场参与者不能依赖法律制度执行合约时，非正式执行机制通过提供合约保证支持了交易的进行，从而提高了经济效率。但是，非正式合约执行机制容易产生排他性和价格合谋问题。

首先，双边锁定以及封闭的关系网络会产生排他性。未来的长期合作关系使得企业不愿意与关系之外的企业进行交易，这种排他性会导致经济效率损失。McMillan 和 Woodruff（2000）对波兰等 5 个转型国家的企业经理进行了调查，当被问及“如果一个从来没有与你交易过的供应商提供比现有的供应商低 10% 的价格，你是否愿意接受”时，只有 38% 的东欧被访者和 29% 越南的被访者表示愿意接受新供应商，其余的被访者表示要么拒绝新供应商，要么表示在接受新供应商的同时仍与原先的供应商进行交易。企业不愿意承担风险与价格更低的新供应商进行交易，这会导致：①有时会错过有利可图的交易。②潜在的更有效率的企业没有办法成长起来，同时不利于企业家才能的发挥（Klemperer，1995）。

其次，市场中介组织容易产生价格合谋问题。在进退自由的开放市场中，为了实现交易方之间信息共享、对违约企业的惩罚等合作，贸易协会、批发商等市场中介组织就应运而生。中介组织所拥有的客户信息以及对违约企业惩罚的协调，很容易导致企业之间的价格合谋。正如亚当·斯密所指出的：“同业中人甚至为了娱乐或消遣也很少聚集在一起，但他们谈话的结果，往往不是阴谋对付公众便是筹划抬高价格。”企业之间实现的价格合谋会改变交易双方相对的讨价还价地位，最终可能导致垄断定价的无效率。当然，企业之间价格合谋程度取决于这些中介组织的性质。一些中介组织是中立的，不会偏袒交易中的任何一方。如中世纪的商人法，此时企业之间不会价格合谋。有些中介组织虽然只代表交易中的一方利益，但由于受到激烈的竞争，也会保持中立。这也是为什么批发商在保证合作方面比贸易协会更有效的直接原因。批发商虽然不能实施直接的惩罚，但是批发商之间的竞争促使他们保持诚实与公正——良好的声誉能够带来长期的业务增长与利润增加。贸易协会担当了合约执行机制功能时也同样孳生了价格合谋。

（二）总结性评价

在司法制度不完善时，直接机制、双边锁定、关系网络、贸易协会和批发商等非正式合约执行机制提供了合约保证，有利于交易的达成和经济效率的提高。但是它们的成本是不同的：贸易协会、商业关系网络增加了交易方之间的合作，同时也增加了与新供应商合作的意愿；而社会关系网络、批发商虽然增加了交易方之间的合作，但减少了与新供应商合作的可能性。随着司法制度的不断完善，社会关系网络和批发商的作用会不断减弱，商业关系网络和贸易协会作用会不断增强。因此，采取积极而切实的步骤发展司法体系对转型经济至关重要。完善的司法制度有两个方面的重要作用：①降低了与新客户的交易风险。此时企业更愿意接受价格更低的新供应商，从而有利于私有经济的成长。②增加了专有投资。随着经济的发展，交易物品和交易形式变得复杂多样，企业需要为客户进行专有投资。由于专有投资的收益期长，非正式合约执行机制往往不能确保交易的达成。这时就需要国家以立法形式将市场中的交往规则以国家意志加以体现并以国家力量保证其实现。

在转型经济中，非正式合约执行机制是促进市场交易的一种重要方式，有时也是对正式合约执行机制的一种补充。许多成功的制度安排之所以能够顺利运行，正是因为他们能够驾驭或者适应主导市场的非正式合约执行机制。对非正式合约执行机制更为深刻的理解，有助于在设计正式合约执行机制时充分利用现存的非正式规则，广泛地依赖于自我实施，而只把异常的情况留给正式的实施机制（斯通安等，2002）。

参考文献：

1. 世界银行：《建立市场体制》，中国财政经济出版社 2002 年版。

2. McMillan, J. and Woodruff, C., "Private Order Under Dysfunctional Pubic Order", *Michigan Law Review*, 2000, Vol. 98, pp. 2421 – 2458.

3. Akerlof, G., "The Market for 'Lemons': Qualitative Uncertainty and the Market Mechanism", *Quarterly Journal of Economics*, 1970, Vol. 84, pp. 488 – 500.

4. Carmichael, H. L. and MacLeod, W. B., "Gift, Giving and the Evolution of Cooperation", *International Economic Review*, 1997, Vol. XXXVIII, pp. 485 – 509.

5. McMillan, J. and Woodruff C., "Interfirm Relationships and Informal Credit in Vietnam", *Quarterly Journal of Economics*, 1999, Vol. 114, No. 4, pp. 1285 – 1320.

6. Simon, J., McMillan, J. and Woodruff, J., "Courts and Relational Contracts", *Journal of Law, Economics and Organization*, 2002, Vol. 18, No. 1, pp. 221 - 277.

7. Kandori, M., "Social Norms and Community Enforcement", *Review of Economic Studies*, 1992, Vol. 59, pp. 63 - 80.

8. McMillan, J. and Woodruff, C., "Dispute Prevention without Courts in Vietnam", *Journal of Law, Economics and Organization*, 2001, Vol. 15, No. 3, pp. 157 - 208.

9. Milgrom, P., North, D. and Weingast, B., "The Role of Institutions in the Revival of Trade: The Law Merchant, Private Judges and the Champage Fairs", *Economics and Politics*, 1990, Vol. 2, pp. 1 - 23.

10. Biglaiser, G. and Friedman, J. W., "Middlemen and Guarantors of Quality", *International Journal of Industrial Organization*, 1999, Vol. 12, No. 4, pp. 509 - 531.

11. Handelman, S., *Comrade Criminal: Russia's New Mafiya*. Yale University Press, 1995.

12. Hendley, K., Murrell, P. and Ryterman, R., "Law, Relationships and Private Enforcement: Transactional Strategies of Russian Enterprises". *Europe-Asia Studies*, 2000, No. 4, pp. 627 - 656.

13. 亚当·斯密:《国民财富的性质和原因的研究》(上卷),商务印书馆2002年版。

Incomplete Information and Contract Enforcement

——A review on the background of the transition economies

Linxiang Ye

(Nanjing University of Finance and Economics, 210046)

[**Abstract**] The nature of the market is trade. When information is incomplete, many profitable deals can not be made. For market to function, there must be some mechanisms of contract enforcement to transmit information. This article finds that a well-functioning legal system can be used to mitigate information asymmetries. When legal mechanism of contract enforcement is absent or inadequate, informal mechanisms of contract enforcement can substitute for or complement to courts in allowing deal to be made. While informal mechanisms of contract enforcement fosters economic efficiency by making gains from trade realizable, it sometimes also harms efficiency by excluding new entrants from trading or by achieving price collusion. So it is important to take measures to develop a well-functioning legal system.

[**Key Words**] Incomplete information Market mechanism Mechanisms of contract enforcement

JEL Classifications: D020

基于人性结构和制度功能有效性的制度变迁理论*

杨依山**

【摘　要】对制度变迁的经济学研究大体上可分为基于供求分析框架的制度变迁理论和寻找心理认知基础的制度变迁理论。本文在前人研究的基础之上，提出制度功能的有效性概念，并采用人性结构分析方法研究制度变迁，并尝试重构制度变迁理论。

【关键词】**制度变迁　制度有效性　人性结构**

中图分类号：**F014.36**　文献标示码：**A**

一、引　言

制度的内涵和外延对于不同经济学家来说是不同的。随着研究的深入，研究者对制度、制度之间的关系，制度和受制度约束的组织之间的关系的认识和理解也逐步深入。制度的定义也经历了“人们的思想习惯”、“交易活动的集合”、“行为规则”，以及“行为规则和各种组织”到“博弈均衡”的演变过程。在这一过程中，制度的种类日益繁多，制度和组织的关系，以及代表着人与人之间关系的制度之间的关系也日益错综复杂。这种复杂性也从客观上造成了制度变迁理论的多样性。

综观制度变迁理论的发展演变，可将其分为基于供求分析框架和寻找心理认知基础的制度变迁理论。基于寻找心理认知基础的制度变迁理论，用博弈论作工具，侧重于研究和分析诺斯等认为的习俗、伦理等非正式制度；而

---

* 本文是教育部重大攻关项目“马克思主义产权理论、现代西方产权理论与中国改革实践”（项目批准号：04JZD007；首席专家：黄少安）的系列成果之一。特别感谢黄少安教授对本文的悉心指导。

** 杨依山，山东大学经济研究院（中心）博士生；地址：山东省济南市山大南路27号山东大学经济研究院（中心）（250100）；E-mail：yangyishan2002@yahoo.com.cn。

基于供求分析框架的制度变迁理论侧重于解释诺斯认为的宏观层次的正式制度。运用博弈论作为分析工具研究非正式制度或者微观层面的制度变迁，很多时候无法把分析扩展到宏观层面的制度背景。同时，基于供求分析框架的制度变迁理论虽然解释的主要是正式制度等宏观层面的制度，但这是一个微观理论框架。这样，我们就遇到了用微观框架分析宏观问题的困境。如果我们不能把受制度约束的个人很好地归类，形成一个个拥有相同特质的群体，然后考察群体之间的制度博弈，就很难完全解释宏观层面的正式制度变迁。所以，我们就需要在非正式和正式制度之间寻找一个桥梁，也就说在宏观和微观之间寻找一个理论通约的路径，从而构建一个更具普遍性的制度变迁理论。

本文在前人研究的基础之上，提出制度功能的有效性概念，并采用人性结构分析方法研究制度的变迁，尝试重构制度变迁理论。除引言外，本文分为三个部分：第二部分分析制度的功能，定义制度功能的有效性；第三部分提出基于人性结构和制度功能有效性的制度变迁理论，采用制度的有效性概念，用人性结构分析方法对制度的产生和变迁进行解释；第四部分是小结，给出一些总结性的评论。

二、制度的功能及其功能的有效性

（一）制度的功能

人性是复杂多变和不可靠的，相对可靠的是制度。人类的聪明之处在于运用较为可靠的制度约束不可靠的人性，使不可靠的人性变得相对可靠，以有利于调节人与人、人与物之间的关系。一种制度，不管它是正式制度，还是非正式制度，它都是人们有意识地达到一定目的的。即人们总是抱着功利的目的来构建制度或者说制度总是围绕着人的需要而沿着类似一种生物演化的轨迹产生和变迁。

不同层面的制度拥有不同的功能，就算同一种制度，随时间的变化，功能也会变化。一种制度也可以有多种功能，不同的制度也可以拥有相同的功能，就是说不同制度的功能之间可以交叉重叠互补。可用 F_{nit}（I_1，I_2，…，I_i，…，I_I）表示第 n 个人或 n 个群体对第 i 个制度功能的评价。$n=1$，2，…，N；$i=1$，2，…，I。因为一个社会群体拥有众多的个体，众多的个体组成众多的群体，而且存在众多不同的制度，所以制度功能的评价体系是一个极其复杂的系统。

（二）制度功能的有效性

在人们的制度博弈过程中，我们可根据制度满足人们需要的不同情况评价这种制度是有效的、无效的或者有限有效的或者完全无效的。制度功能的有效性可以分为主观性和客观性两种。主观性就是不同的个体或者不同的群体对同一制度的评价，很多时候这种评价是不一样的，并且评价会随着个体或群体地位和认识的改变而改变。制度功能有效性的客观性就是，一种制度对在这个制度背景下交易的主体来说起到的作用，它是否可以协调人们的交易活动，使人们更有效地交易，从而促进交易的发展，以及它在整个社会的发展中起到了什么样的促进作用。评价一个制度，主要根据有效性的客观性标准，但我们也不要忽略了有效性的主观性标准，因为它也关系着交易主体的福利水平。制度的设计和变迁最好是制度有效性的主观性和客观性标准的完美统一。在这种情况下，社会的进步达到了最优境界，也就是布坎南所说的制度变迁中的“一致性认可”。

制度功能有效性有暂时性和历史性的特性。一个制度产生了，目前起到的作用也许没有达到人们设计它的时候期望它所能够起到的作用，可是随着时间的推移，它的作用也许能够达到人们的期望，甚至会超出人们当初设计它时对它的期望；也可能一个制度，目前起到了人们预期的作用，可是随着时间的推移以及各种条件的改变，制度的有效性减弱或者制度无效了，甚至会起反作用。

（三）制度功能有效性的测度

诺斯（1994）和林毅夫（1994）等人对制度效率的有关问题进行了探讨。诺斯提出了“适应性效率”标准。所谓适应性效率，是指处于该项制度下的人或组织同该制度的适应程度。由于适应性效率纯属一种主观感受上的经验范围，客观上难以进行数量描述，因而除了在该制度约束下的行为主体能够直接体验到适应性效率外，外部观察者通常无法直接把握。林毅夫（1994）就提出：“制度的效率由它对国民总财富的影响界定。”这就是说，我们可以国民总财富的增长幅度等指标来间接反映制度结构的效率。袁庆明（2002）则从以下三个角度衡量制度的效率。首先，考虑制度带来的净收益与制度投入的净成本的比例；其次，制度的对比效率；再次，制度的边际效率。值得肯定的是，他们对制度效率衡量问题进行了有益的探讨。不过我们需要进一步探讨，他们只是笼统地说制度效率，实际上我们探讨制度功能的有效性应该说是更为贴切和准确。下面我们就借鉴他们的成果进一步地探讨。

一项制度的形成、执行和事后监督，在这个制度环境下的人都会为之付出成本，差别就在于每个人付出成本的大小而已。所以，本文就从个体和群体的成本—收益出发并且引入“认知”，来考虑制度有效性的测度。一项制度对某个体和群体的有效性可表示为：$V=I/C$，V 表示有效性指标，I 表示收益，这个收益包括很多内容，比如社会地位的上升，物质利益的增加，名誉提高、影响扩大等有利的因素，它会随着别的制度环境的改变、技术进步、地理环境、资源以及人对自身与他人认知的变化等因素而改变；C 表示形成和运行这个制度付出的总的成本，当然这个成本也和收益一样包括很多内容，并且影响 I 的因素同样影响它。制度的成本和收益在现实中是很难度量的。对于不同的制度成本和收益度量的难度也各不相同。但是我们可以用这个指标粗略地度量，以便说明我们要分析的问题。我们用 V_{iit}（I_1，I_2，…，I_i，…，I_I）表示第 i 个人或 i 个群体对第 i 个制度功能评价的有效性。$i=1$，2，…，N；$i=1$，2，…，I。因为一个社会群体拥有众多的个体，众多的个体组成众多的群体，而且存在众多的制度，评价标准又有主观性和客观性，所以有效性的评价体系也是一个极其复杂的系统。V 的值是一个区间，值越大说明制度越有效。可以根据值大小把制度功能的有效性区分为：完全无效、有限有效和完全有效。在研读文献的过程中，发现以往的制度经济学家们大都认识到制度的功能性。可是在讨论制度的变迁时，很少有人提及制度功能的有效性，也没有定义和衡量制度功能的有效性，没有认识到制度有效性的主观性以及客观性，没有认识到制度功能有效性的暂时性和历史性的关系及其转变等问题，更没有运用制度功能的有效性来解释制度的产生和变迁。所以，下文将尝试探讨这些问题。

三、基于人性结构和制度功能有效性的制度变迁理论

（一）人性及人性结构

人类作为一种生物演化至今，其人性的基本含义不算复杂。可是，随着人类的进化，问题的复杂之处在于不同的人拥有不同的人性，而且人性是动态变化的，所以以人为基本单位的社会群体所面临的问题也就变得日益复杂起来。社会学家、哲学家等学者对于人性的研究和探讨一直持续不断。东西方对于人性的定义和看法也有很大差别。“人性善”和“人性恶”的争论就一直贯穿于中国哲学的讨论中。在西方，休谟、弗洛伊德和马克思等哲学家

也对人性进行了深入的研究。马克思认为人有动物属性和社会属性两大基本人性，并且人性是一切社会关系的总和。弗洛伊德把人的心理分为“本我”、“自我”和“超我”三个部分。“本我”包含了所有原始的遗传的本能和欲望，“自我”所代表的是理性和判断，“超我”则代表一种对“本我”的道德限制。他还认为：人类社会的风俗、习惯、宗教戒律、道德规范、法律等归根到底都是作为对人的本能的一种节制而产生的。还有，在经济学中，“经济人”假设的含义也随经济理论和其他学科的发展得以扩展，从斯密只是“追求利益最大化”到“追求效用最大化”，人的理性也从“完全理性”到“不完全理性”，人性也从“完全自私”到“利他”，形成一个含义复杂，拥有不同人性因子的“经济人”假设。

黄少安教授在研究产权问题时就认为：“人格”是决定人的行为的动机或意志。“人格结构”是指人的不同动机及其层次性或重要性的排列顺序，或者不同的隐性或显性程度。“人格”可能是多重的，而且对于主体而言，可能具有不同的重要性，就好像统计学中的“权重”不同一样。多重的人格中，有些显性程度高，有些深藏于人的意识之中。我们这里整合了哲学意义上的和经济学中扩展了含义的“经济人”假设的内涵，把“人性结构”分为“个体人性结构”和“整体人性结构”。“个体人性结构”可定义为个人的各种人性因子组成，比如：利己、自私、残忍、善良、利他、合作等，不同的因子共同构成“个体人性结构”，在不同时期、不同情况下，各种因子所占比例不同，而且动态变化；“整体人性结构”可定义为一个群体大部分人所具有的各种人性因子组成，这个群体可以是一个群体、一个阶层、一个民族、一个社会、一个国家。“个体人性结构”到“整体人性结构”的过渡，就给个体到群体的过渡提供了基础，也就找到了寻找心理认知基础的制度变迁理论和基于供求分析框架的制度变迁理论所需要的宏观层面的理论基础。

可用 $H_{it}(h_1, h_2, \cdots, h_n)$ 表示第 i 个个体或者第 i 个整体在时间 t 所拥有的人性结构，$i=1, 2, \cdots, I$；$t=1, 2, \cdots, T$。我们知道，“人性结构”中的各个组成人性因子都会对拥有这种“人性结构”的主体产生影响。外界条件的不同，人性因子是动态变化的，有的从隐性变为显性，有的从显性变为隐形，有的从次要地位上升为主导地位，有的从主导地位下降到次要地位。可是在一个时期内，主体的“人性结构”是稳定的，除非发生了突发事件足以影响主体原来的“人性结构”解体，形成新的“人性结构”。单个个体之间的博弈使单个个体形成了稳定的“个体人性结构”，从而也使整个他所在的群体形成了稳定的“整体人性结构”。这些相对稳定的“个体人性结构”和稳定的“整体人性结构”也是风俗、习惯、制度、法律、意识形态的根源，并且它们之间关系可谓错综复杂，所以就造成制度变迁理论的多样性和决定制度变迁力量的多元性，我们的研究需要做的是，区分这不同的力量，并且知道何种力量起到何种作用，制度变迁的根本性动力是什么，并区分不同时期、不同地区和国家的看似类似的制度变迁的不同之处。

（二）理论框架介绍

理论假设前提是个体或整体拥有 $H_{it}(h_1, h_2, \cdots, h_n)$ 所代表的人性结构。本文应用个体人性结构到整体人性结构的变化和过渡，使寻求心理认知基础的制度变迁理论和基于供求分析框架的制度变迁理论拥有一个宏观层面的分析工具，这样就有可能把这两者整合到一起，不仅解释微观层面的制度变迁，而且解释宏观层面的制度变迁。$H_{it}(h_1, h_2, \cdots, h_n)$ 是个体和群体所处的制度环境，$F_{nit}(I_1, I_2, \cdots, I_i, \cdots, I_I)$ 是不同的个体和群体对制度 $I_t(i_1, i_2, \cdots, i_n)$ 所要求的功能，$V_{it}(V_1, V_2, \cdots, V_n)$ 代表对 $F_{nit}(I_1, I_2, \cdots, I_i, \cdots, I_I)$ 有效性的评价。这样个体和群体根据自己的实力和自己的 $H_{it}(h_1, h_2, \cdots, h_n)$ 进行各种博弈，其他环境的改变（新的地理、能源的发现以及新的技术的革新）和任何其他量的变化都会引起这四个量的变化，变化到达一定程度制度变迁就会发生。制度变迁、人性结构的演变和其他各种变化是交织在一起的，这样就使人类社会的各种组织以及组织里的人及其它们之间的关系，变得极其复杂和诡异。如果我们想探询其中的规律，就要把它们看成一个系统，研究个体人性结构的变化、整体人性结构的变化和因为这样变化所引起的制度变迁，我们也可以先分析一个制度，然后再把领域拓展，分析各种制度之间的关系，一一探究各种人性因子和制度的根源，然后利用研究结论解决我们面临的有关问题。

我们可以用如下形式表示四个变量之间的关系：

$$H_{it}(h_1, h_2, \cdots, h_n) \Leftrightarrow I_t(i_1, i_2, \cdots, i_n) \Leftrightarrow F_{nit}(I_1, I_2, \cdots, I_i, \cdots, I_I)$$
$$\Leftrightarrow V_{iit}(I_1, I_2, \cdots, I_i, \cdots, I_I) \Leftrightarrow H_{it}(h_1, h_2, \cdots, h_n) \cdots$$

需要说明的是，根据分析的具体问题这四个变量的位置可以变动。我们也可以专门拿出其中两个量或者三个量的组合来分析。这样，在特定的人性结构和其他综合因素下，就形成了特定的制度，这样就可以解释不同民族、不同地区的制度的差异。而且由于外来冲击的影响，引起人性结构和其他综合因素的变化，从而使现有制度的功能不能很好地满足制度约束下的人们的需要，如果外来冲击的力量足够大，使这种变化到了一定程度，就会引起新制度的产生和原有制度的变迁。如果外来冲击的力量不足够大，引起的人性结构和其他综合因素的变化没有使现有制度改变，虽然此时现有制度的功能已经不能很好地满足制度约束下的人们的需要了，可是人们还是不改变它，这种现象就可以称为诺斯认为的“制度陷阱”或者“制度惰性”。

这样运用人性结构概念，制度功能的有效性以及有效性的暂时性和历史性，再加上考虑各种冲击的影响，我们就可以解释各种制度的产生和变迁，以及制度的层次性和互补性。

（三）理论的进一步分析

图 1 表示人类社会制度文明发展的不同阶段，代表了一个由各种层次的制度形成的制度体系。人类的制度文明大体按照这个顺序演进。

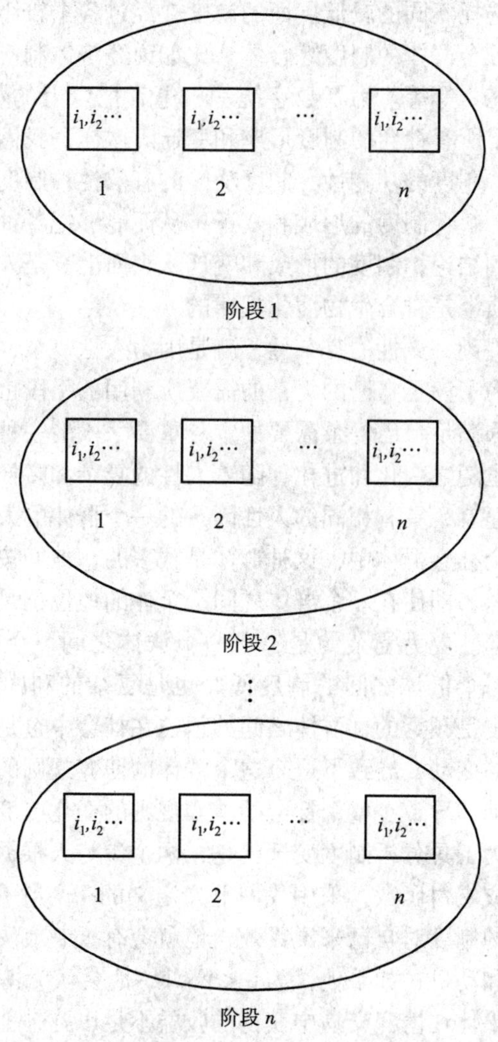

图 1　人类社会制度文明发展的不同阶段

我们可以用如图1所示说明微观层面和宏观层面的制度产生和变迁以及整个人类社会的制度的产生和变迁。

椭圆表示整个大的社会体，在椭圆里，有 n 个正方形，每个正方形表示整个社会中的按整体人性结构归类的较小社会群体，正方形里有 i_1，i_2，…，i_n 个个体，i_1，i_2，…，i_n 表示单个的个人，它们拥有大体相似的个体人性结构。我们也可以把群体的大小和制度的层次对应起来。每个小的群体可能对应较低层面的制度，比如说习俗、惯例等一些约定俗成的规则，当然也要遵守大的制度环境，哪种制度何时力量大，就看当时群体里的人的博弈了。当然，不同小群体选择的较低层面的制度又是不同的。正是这些为数众多的较小群体选择不同的较低层面的制度，经过各个较小群体的博弈，才形成了整个大的社会群体的制度综合体。比如说经济体制、所有权制度、政治体制、意识形态，等等。为了数字统一，笔者把以上的数目都假设为 n。以上图1则表示了所有社会的制度形成和变迁。这样，我们就可以用人性的复杂性或结构性，制度的功能性，制度功能的有效性，制度有效性的暂时性和历史性等概念，解释制度的形成和变迁，从而能够把各种制度变迁理论整合在一起，并得到结论，制度的形成和变迁从表面上看是人为设计的，但这种人为的设计本质上是符合生物演化规律的。

前面我们也提到，人性的复杂性，就是因为人性复杂，人的需要复杂和多样化，所以人为了满足自己的复杂的需要所利用的手段也是复杂和多样化的，各种制度是人满足自己复杂需要的十分重要手段的一种，随着人类的演变和进化，制度也随之变化和进化，随着人性的复杂和多样化，制度也随之复杂和多样化。还有，具有相同的人性因子的一个群体的人群的需要是大体相类似的，在一个社会群体中，这种群体是很多的，他们按各自的需要相互之间进行制度博弈。即使在一个群体之间，个体的地位也是不同的，个体之间也存在制度博弈。更为复杂的是，在一个群体之间，个体的地位是变动的，也就是说同一个群体之间的制度博弈也是复杂的和剧烈的；在群体之间，人员的流动也是频繁的，群体之间的地位在社会中也是变动的。一个群体之间个体地位的变动，导致了适合这个群体的博弈规则的变化或变迁。群体之间地位的变动，导致了整个社会的博弈规则的变化或变迁。

用博弈论作为工具分析制度变迁就是，两个参与人根据成本—收益计算得出各自的支付或支付函数，采用我们上文定义的 V，当一个人认为 $V=0$，他就会认为现存的制度对自己来说无效，他就会有抵制或反抗甚至有使制度变迁的强烈冲动和动机；如果他认为 $0<V<1$，他会认为博弈规则对他来说部分有效，但如果他在博弈交易中获得的收益不足以弥补他付出的成本，他也会有抵制或反抗甚至有使制度变迁的强烈冲动和动机，不过没有 $V=0$ 强烈；如果他认为 $V=1$，他的成本和收益是相等的，他想变迁制度的冲动和

动机就看这个人的偏好了；如果他认为 $1 < V < +\infty$，他从博弈中获得的收益大于所付出的成本，他想继续维持现有博弈规则，随着 V 的增大，他想保持现有博弈规则的冲动和动机就越大。如果另一个博弈参与人和他的评价是同步的，则博弈规则会随着他们对 V 有效性的评价，而决定是否保持现有博弈规则或者变迁现有博弈规则。如果两个人的评价正好是相对的，现有博弈规则的保持和变迁就看这两个人的力量对比了。不管制度变迁与否，都是力量强大的那个人取胜，当然这个博弈也会随着博弈背景的改变而改变。还有，个人对制度功能有效性评价的暂时性和历史性，他们会根据各种因素的变化来决定博弈规则的有效性，从而根据自己的力量来决定自己保持或改变博弈规则的冲动和动机的强弱。

我们也可以运用同样的原理分析一个群体和另一个群体之间的博弈规则的变迁。只是我们根据上文所作的人性假定，把一个群体看作拥有相同的人性，也可以说拥有相同的利益，也许这种利益是经济利益，也许这种利益是政治利益，也许可能是其他的利益，也可能仅仅是相同的价值观或者人生活的态度和方式（如果一个社会群体进化到足够高的文明阶段，人们之间存在的冲突和争夺的目标就从经济和政治利益转变到价值观念和人的存在方式）。再扩大之，我们也可以分析一个拥有很多博弈群体的大的社会群体和另一个拥有很多博弈群体的大的社会群体的博弈以及博弈规则的变迁。

从图形来看，这个群体会从状态 1 进化到状态 2，直到状态 n。当然由于单个社会群体所处的环境不同，它的状态并不是从低级到高级按部就班地变迁的。也许它会从中间某个阶段变迁，也许会跳过某个阶段或某几个阶段。如果我们从一个社会群体，从一个国家、一个民族来说，在某个历史时期，制度变迁也许会符合上文提到的各种变迁理论。不过如果我们从整个人类群体出发，从人类社会从低级到高级整个发展历程来看，它必然会从状态 1 进化到状态 2，直到状态 n。

四、小　结

既然制度是一系列规范，一个人的活动就面临着很多约束。在研究问题时，我们必须根据需要，把参与人面临的制度以及制度所处的背景界定清楚。随着时间的推移，各种影响制度的因素、制度之间的关系和地位会随之变化。在此过程中制度的功能也是变化的，这种变化可能是约束功能减弱，也可能是约束功能增强。这种变化达到一定程度就会造成了制度的消亡、产生或者变迁。由于人们对制度的理解不同，即使理解相同，制度区分的层次也不同，所以对于不同层次的制度产生、变迁的原因和机理也是不同的；即使同一层次的制度，由于所处地位不同，其产生、变迁的原因和机理也会有所不同。任何一种制度的变化都是一个系统的过程，所以，不同的制度变迁理论不是排斥的，而是互补的，都从不同层面解释了不同时期、不同社会群体的制度产生和变迁的机理。

基于供求分析框架，从宏观层面解释正式制度产生和变迁的制度变迁理论和从微观层面解释非正式制度产生和变迁的制度变迁理论（也可以说是寻找微观心理认知基础的制度变迁理论），这两种制度变迁理论潜在的机理有相似之处，但也有很大不同，前者采取整体主义的分析方法，后者采取个人主义的分析方法。如何从个体合理过渡到整体，从而让对微观层面的制度的产生和变迁有解释力的理论也能解释宏观层面的制度的产生和变迁，或者让对宏观层面的制度的产生和变迁有解释力的理论同样能解释微观层面的制度的产生和变迁，这是当今制度变迁理论面临的难题。本文就在此方面作了一些尝试，并运用了“个体人性结构”和“整体人性结构”，制度的有效性，有效性的历史性和暂时性，有效性的衡量指标等概念来分析制度产生和变迁的潜在机理，不过这些尝试仅仅是初步的，因为概念的模糊性和各种因素的不可把握性，我们现在拥有的工具还不能有效地把它们量化。所以，这种尝试能在多大程度上比现在的制度变迁理论具有解释力还未可知。

参考文献：

1. Douglass C. North，1991，*Institutions*，*Institutional Change and Economic Performance*，Cambridge University Press.

2. Douglass C. North，1994，“Institutional Change：A Framework Of Analysis”，*Economic History*，No. 1，(Dec. 1994).

3. Greif Avner，David D. Laitin，2004，“A Theory of Endogenous Institutional Change”，*American Political Science Review*，Vol. 98 No. 4，(Nov. 2004).

4. Masahiko Aoki，2007，“Endogenizing Institutions and Institutional Changes”，*Journal of Institutional Economics*，Vol. 3，(Jan. 2007)，pp. 1－31.

5. 安德鲁·肖特：《社会制度的经济理论》，上海财经大学出版社 2003 年版。

6. 阿兰·斯密德：《制度与行为经济学》，中国人民大学出版社 2004 年版。

7. 道格拉斯·C·诺斯：《经济史中的结构与变迁》，上海三联书店 1991 年版。

8. 费正清：《中国：传统与变迁》，世界知识出版社 2002 年版。

9. 顾钰民：《马克思主义制度经济学——理论体系·比较研究·应用分析》，复旦大学出版社 2005 年版。

10. 黄玉捷：《内生性制度的演进逻辑——理论框架及农民就业制度研究》，上海社会科学院出版社2004年版。

11. 黄玉捷：《博弈论制度分析方法的演变及其理论的形成》，载《生产力研究》2004年第12期。

12. 黄少安：《制度变迁主体角色转换假说及其对中国制度变革的解释——兼评杨瑞龙的“中间扩散型假说”和“三阶段论”》，载《经济研究》1999年第1期。

13. 黄少安：《关于制度变迁的三个假说及其验证》，载《中国社会科学》2004年第4期。

14. 杰克·J·弗罗门：《经济演化——探究制度经济学的理论基础》，经济科学出版社2003年版。

15. 库尔特·多普菲编：《演化经济学纲领与范围》，高等教育出版社2004年版。

16. 康芒斯：《制度经济学》，商务印书馆出版1962年版。

17. 柯武刚、史漫飞：《制度经济学——社会秩序与公共政策》，商务印书馆2000年版。

18. 李松龄：《制度变迁方式理论的比较研究》，载《经济评论》1999年第4期。

19. 吕中楼：《新制度经济学研究》，中国经济出版社2005年版。

20. 马尔科姆·卢瑟福：《经济学中的制度——老制度主义和新制度主义》，中国社会科学出版社1999年版。

21. 青木昌彦：《经济体制的比较制度分析》，中国发展出版社1999年版。

22. 青木昌彦：《比较制度分析》，上海远东出版社2001年版。

23. 史晋川、沈国兵：《论制度变迁理论与制度变迁方式划分标准》，载《经济学家》2002年第1期。

24. 汪丁丁、韦森、姚洋：《制度经济学三人谈》，北京大学出版社2005年版。

25. 汪洪涛：《制度经济学——制度及制度变迁性质解释》，复旦大学出版社2003年版。

26. 韦森：《哈耶克式自发制度生成论的博弈论诠释——评肖特的〈社会制度的经济理论〉》，载《中国社会科学》2003年第6期。

27. 休谟：《人性论》，四川大学出版社1980年版。

28. 袁庆明：《论制度的效率及其决定》，载《江苏社会科学》2002年第4期。

29. 袁庆明：《新制度经济学》，中国发展出版社2005年版。

30. 约翰·N·德勒巴克、约翰·V·C·奈:《新制度经济学前沿》，经济科学出版社2003年版。

31. 杨瑞龙:《我国制度变迁方式转换的三阶段论——兼论地方政府的制度创新行为》，载《经济研究》1998年第1期。

32. 周业安:《制度演化理论的新发展》，载《教学与研究》2004年第4期。

33. 邹薇、庄子银:《制度变迁理论评述》，载《国外社会科学》1995年第7期。

Theory of Institutional Change Based on Human Nature Framework and Validity of Institutions

Yishan Yang

(Center for Economic Research, Shandong University, 250100)

[**Abstract**] We can classify the theories of institutional change into two kinds: the theories of institutional changes based on the framework of demand and supply and those searching for the foundations of psychology and cognition. On the basis of the previous research works, this orticle brings forward the conception about the validity of institutions, and use the method of the human nature framework to analyze the change of the institutions, and try to reconstruct the theory of institutional change.

[**Key Words**] Institutional Change Validity of Institution-Human Nature Framework

JEL Classifications: B520

独裁和多数票规则的经济学：看不见的手与权力的运用*

马丁·C·麦圭尔　曼瑟·奥尔森**

李增刚译***

【摘　要】本文将阐明，不论何时，拥有不受挑战武力的理性自利者在武力能够发挥作用的范围内，都具有共容的稳定利益，他们将按照与社会和其他目标利益一致的方式行事，并且达到了令人吃惊的程度。好像是统治力量受到一只隐藏之手的指引，对我们而言，这跟亚当·斯密时期市场上那只看不见的手一样一点也不荒谬。事实上，当拥有武力的最优实体有足够大的共容利益——我们定义为超级共容利益时，看不见的手将会非常突出地引导它像对待他们自己一样对待武力的其他目标。

【关键词】**独裁　多数票规则　共容利益　权力**

中图分类号：**F063.1**　文献标示码：**A**

一、引　言

考虑一下在无政府环境中一个流寇集团领袖的利益。在这种环境中，几乎没有投资或生产的激励，因此没有多少可偷盗的。如果该帮匪领袖能够获得并控制某个既定区域，在这个区域内限制偷盗的比率、提供和平的秩序和其他公共产品，那么他将获益良多。通过明确他只从产量中获得既定比

---

* Martin C. McGuire and Mancur Olson, Jr., "The Economics of Autocracy and Majority Rule: The Invisible Hand and the Use of Force", *Journal of Economic Literature*, Vol. 34 No. 1 (March, 1996), pp. 72 –96.

** Martin C. McGuire，美国加利福尼亚大学 Irvine 分校；Mancur Olson，美国马里兰大学已故经济学教授。

*** 译者，李增刚，经济学博士，山东大学经济研究中心副教授。地址：山东大学经济研究院（中心）（250100）；E-mail：casslzg@126.com。

例——即让他自己成为征收既定税率的稳定统治者——他留给受害者生产的激励。通过提供和平的秩序和其他公共产品，他使其臣民更具生产力。从由于限制偷盗比率和提供公共产品带来的产量提高中，他会比流寇获得更多的资源以实现其目的。

这种偷盗的理性垄断也会让帮匪的臣民生活得更好：他们获得缴纳税收后的全部收入提高。在统治区域内，帮匪头目优先获得公共税收和提供公共产品的激励是由于他的“共容性利益（encompassing interest）”。跟垄断税收者一样，他要承担由于税收的激励扭曲造成的社会损失的很大部分，在这篇论文中，我们将证明这会限制他征税的比率。他对税收的控制会给他带来社会产品增长中不菲的份额，就像我们这里所阐明的，这给了他提供公产品的激励。总之，“看不见的手”会给流寇激励，让他自己成为提供公共产品的国王。

这只看不见的手也会影响民主社会。假定控制民主制度的大多数人按照自身利益行事，并且没有宪法约束他们禁止从少数人那里为自己赚取收入。如果构成多数人的这些人赚取市场收入，那么他们即使一点也不为少数人考虑，也会通过限制从少数人那里获得再分配收入以及为全社会提供公共产品而最好地服务于自身利益。因为多数人不仅控制国库，而且还赚取市场收入，所以他们比独裁者更具有共容利益。下面我们将证明控制社会的最优化多数者再分配给自己的收入必定比自利的独裁者再分配给自己的收入少。

在经济学文献中，独裁者和多数人面对的这些主要激励还没有得到严格阐述——当然也没有正式分析。本文没有解释独裁政府和民主政府面临的激励有什么不同，也没有解释政府的形式如何影响税率、收入分配和公共产品提供。换句话说，在经济学文献中还有很大的差距。这种差距一直没有得到完善，因为经济学家们想当然地认为，相互影响的政党——不论他们的财富和其他方面如何不同，都没有使用武力实现自己的目标。

但是，正如杰克·赫希莱佛（Jack Hirshleifer，1994）已经指出的，同样理性的自利经济学家通常假定，在使用暴力方面具有优势者会为他们自己的利益而使用武力：存在“武力的阴暗面”。经济学家们对自利含义的注意远没有他们对和平市场上自利活动社会后果的关注多。当然，他们分析了在国家间冲突［例如，托马斯·谢林（Thomas Schelling，1960，1966）］、犯罪和惩罚［例如加里·贝克尔和威廉·兰德斯（Gary Becker 和 William Landes，1974）］中运用武力的激励，也解释了大多数公共产品的提供和收入再分配。最后，他们也开始集中关注为维持和保护产权需要的武力与为征服和征用需要的武力之间的平衡（Herschel Grossman 1994；Hishleifer，1991）。

然而，经济学家们没有提出这样的问题，即拥有武力者——不论是通过政府控制还是其他方式——在有动力运用这种武力时，是部分还是全部按照与社会和其他目标的利益一致的方式。本文中，我们将阐明，不论何时，拥有不受挑战武力的理性自利者在武力能够发挥作用的范围内，都具有共容的稳定利益，他们将按照与社会和其他目标利益一致的方式行事，并且达到了令人吃惊的程度。好像是统治力量受到一只隐藏之手的指引，对我们而言，这跟亚当·斯密时期市场上那只看不见的手一样一点也不荒谬。事实上，当拥有武力的最优实体有足够大的共容利益——我们定义为超级共容利益——时，看不见的手将会非常突出地引导它像对待他们自己一样对待武力的其他目标。

在本文中，我们将采用公式表述和扩展我们早期的一些分析（Olson，1991，1993；McGuire 1990；McGuire 和 Olson，1992）。我们从人种和历史资料（Edward Banfield，1958；James Sheridan，1966）中，从古典著作（Thomas Hobbes，1651；Ibn Kalduhn，1377；Joseph Schumpeter，1991）中，以及从对无政府和政府起源的早期分析（Gordon Tullock，1974）中获取灵感。在我们关于政府起源和政治学的模型中，尽管我们没有像道格拉斯·诺斯（Douglass North，1981，1990）、埃德加·凯塞和约拉姆·巴泽尔（Edgar Kiser 和 Yoram Barzel，1991）和巴泽尔（1993）那样采用自愿交换的交易成本，但我们的模型弥补了他们的模型。本文的分析部分源于“共容利益”概念（Olson，1982），这个概念也得到了 Lars Calmfors 和 John Driffill（1988）、Bernard Heitger（1987）和 Lawrence Summers、Jonathan Gruber 和 Rodrigo Vergara（1993）的发展和广泛运用。

我们将提出独裁和民主（更一般地称为代议制）政府的正式模型。这使得对独裁制的结果和不同类型民主与准民主政府的比较成为可能。除了关于独裁制和再分配民主政府的相对现实模型之外，为了启发性原因我们还发展出了一个关于社会的理想模型，在这个模型中关于收入分配达成了完全一致同意，每个人的税收份额在分配方面完全中性。

二、生产性公共产品和扭曲性税收

在我们的模型中，公共产品是公共要素投入或生产者为生产私人物品所要求的公共产品。因此，采用下面给出的符号，我们用总产量设定一个总生产函数，它是公共产品提供水平的函数。总产量是一个流量，公共产品的提供量也如此；没有一种体制会以牺牲未来为代价通过征用资本品以扩大其当前收入；这既可以通过无限期的长期期界，也可以通过假定不存在资本品而排除在外。

G = 公共产品要素投入的数量（价格 = 1）；Y = 潜在的全部私人产品产量；$Y - G$ = 潜在的净私人产品产量；并且 $Y = Y(G)$；$Y'(G) > 0$；$Y''(G) < 0$；$Y(0) = 0$。

$Y(G)$ 表明国民产出的最大产量，它是由劳动和社会其他资源与 G 单位的公共产品合作生产出来的。我们假定，G 是纯粹公共产品投入，它对社会秩序和任何数量的生产都很重要，以至于如果 $G = 0$，那么 $Y = 0$。社会总产量是由单个产品 Y 加总起来的，它包括每个人的所有收入。Y 被标上“总”是因为生产 G 必须使用的资源的成本没有被减去；它被标上“潜在的”是因为它忽略了扭曲激励的税收造成的损失，包括为获得生产 G 的资源所必需的税收。

当我们作出一次总付税的乌托邦假定时，“潜在总收入”概念的重要意义就很明显了。由于不存在这种税收的无谓损失，潜在总收入 Y 也就被理想化了，也就成为了实际总收入。由于在我们的模型中公共产品 G 没有直接消费价值，一个理性的社会在公共产品支出既定时应该最大化净产量；而有效的最大净产量是由 $Y(G) - G$ 给定的。限定公共产品的单位以便其价格等于1，因此提供 G 的总成本恰好就是 $C(G) = G$。由于一次总付税，G 的单位成本就是直接的资源成本1，因此在 G 的边际产品等于边际成本的社会最优条件下，$Y' = 1$。那么，乌托邦社会将有最低的可能成本 G^* [即 $C(G^*) = G^*$]，人们享受 $Y(G^*) - G^*$ 的净收入。

由于没有社会能够依赖一次总付税，我们分析的挑战就在于同时考虑税收造成的无谓损失和公共产品的生产能力。我们假定，对政府有效的所有资源，不论是公共产品提供还是再分配，都源自税收。遵循最简单的可能假定，我们假定税收采用总收入的不变比率。我们运用下面的符号表达这些思想：

t = 平均不变的“收入税”率。

$r(t) = t$ 给定时生产的潜在 Y 的百分比；对所有的 G，$r(t)$ 都相同；$r' < 0$，$r(0) = 1$。

$1 - r(t)$ = 征税时 Y 损失的百分比，即纯粹效率损失；让我们把 $1 - r(t)$ 称为“无谓损失函数”。

$tr(t)$ = 税收占潜在 Y 的百分比。

$(1 - t)r(t)$ = 潜在 Y 中未被征税的百分比。

$r(t)Y \equiv I$ = 实际的或实现的收入；如果税收不会扭曲激励的话，$Y = I$。

这些关系的一个例子可以通过图 1 来说明。尽管 $r(t)$ 被画成线形的，但这并非我们模型中的假定；如果税收造成的无谓损失比税率提高快，那么 $r(t)$ 从上面看就是凸的。

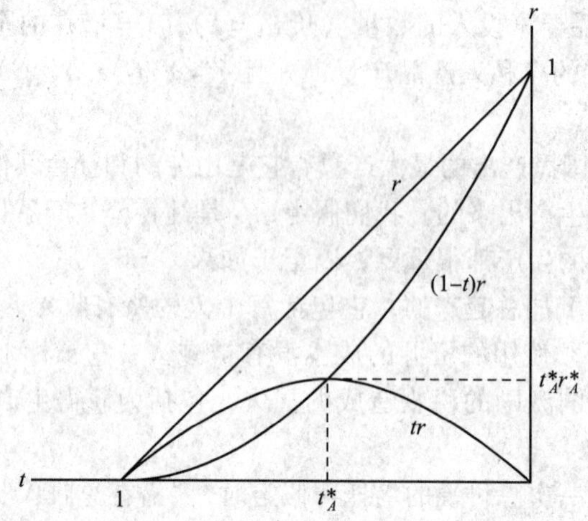

图1　征收收入税时造成的无谓损失

相对于前面描述的乌托邦，由于现实世界体制存在激励扭曲性税收（即 $r<1$），生产函数必须以实际收入条件描述，$I=I(G,\ t)$。很公正地，我们假定，如果给定税率 t，由于税收无谓损失造成的潜在收入损失的百分比在所有体制下都是相同的：即所有体制面临相同的无谓损失（DWL）函数，$[1-r(t)]$。同样，我们的所有体制都受到同样生产函数 $Y(G)$ 的限制，并且都按照比率 t 的比例税率融资。

三、独裁者的税收和支出问题

一个独裁统治者不仅消费为他自己建造的皇宫和金字塔，还消费让他位于其他政府领袖之上的军队和侵略。他比其他消费者更容易满足自己的愿望。他通过向其臣民攫取税收获取实现自己目标的资源。（我们假定他不在市场上出售自己的劳动和其他服务）由于他的自利，他从社会攫取最大的可转移支付——也就是说，他给自己再分配最大可能的绝对数量，而不考虑其臣民的福利。

荒谬的是，同样的自利动机不仅让独裁者最大化从社会的攫取，而且让他在社会生产中具有了利益。这种利益通过两种方式表现出来。第一，其对税收的垄断①让他限制税率。当其税收造成的无谓损失降低的社会收入在边

① 独裁者为控制纳税人（至少他们没有自己的军队）进行的竞争会降低纳税人的福利。在一个地区内，当存在不止一个收税者时，相对于垄断性收税者，每个收税者都只有更小的共容性利益，总的再分配税率将会更高，公共产品提供将会更少。收税者的福利也会产生不确定性，通过缩短时间期界，这会给独裁者征用资本品的激励。

际上是如此大，以至于其收入开始下降时，他就不再进一步攫取。因此，一个理性的独裁者通常会限制税收攫取：他会注意不将税率提高到高过这样一点，在该点上边际无谓损失是如此之大，以至于这些损失的份额抵消了他从占有收入的更高比例带来的收益。第二，理性的独裁者会将他用于自身消费的一部分资源花费在全社会的公共产品上。他这样做是因为这会增加其税收。比如，如果他的税率为50%，那么他将会获得由于公共产品提供带来的国民产出提高的一半。因此，他有动力提供公共产品直到这样一点，在该点，他提供公共产品的边际成本恰好等于他能够从国民收入提高中获得的份额。[①] 在控制对自己的再分配和提供公共产品方面，就像我们下面所阐明的，独裁者使用税率的倒数作为实现其最优的治理机制。

这些结论源于这样的假定，即独裁者通过求解下面的最优化问题找到其最优点：

$$\max_{t,G} tr(t)Y(G)-G;\quad \text{s. t. } G\leqslant tr(t)Y(G) \tag{1}$$

独裁者必定既选择税率，又选择公共产品提供水平以获得最优点。因为公共产品提供 G 影响收入水平，因此它也影响税收。同时，独裁者的税率决定了他能够从更多公共产品提供带来的收入提高中获得的份额。但是，尽管税率带来的收益明显依赖于 G，但最优税率并不如此。[②] 独裁者占有税收收益超过公共产品支出的部分。因此，无论如何，独裁者都希望为其国库获得尽可能多的产品。这一点在对（1）式求 t 的微分时看得很清楚；因为（1）式的约束条件并不固定，微分给出：

$$r(t)Y(G)+tr'(t)Y(G)=0 \tag{2}$$

条件 $Y(G)$ 不起作用，这意味着 G 的水平影响税收收益，但不影响最优税率。(2）式的必要条件简化为：

$$r+tr'=0 \tag{3}$$

实际上，独裁者只要选择 t 最优化 $tr(t)$ 就能够最优化其税率，因此其解为：

$$t_A^*=-\frac{r(t_A^*)}{r'(t_A^*)} \tag{4}$$

① 在提供公共产品时，如果一个独裁者受到提高社会效率和臣民福利的激励，而不是服务于自身利益的激励，那么我们的结论——即他会忽视提供 G 的某些社会利益——将不适用（见 Barro，1990）。

② $r(t)$ 函数相对于 G 的独立性从经验上看非常正确。尽管效用函数与这种独立性不一致，并且要求写成 $r(t,G)$，也存在这种独立性得出的效用函数。让工资 $=w(G)$；净工资 $=v=(1-t)w$；劳动力供给 $=L(v)$；那么，$Y=w(G)[L(1-t)w(G)]$。例如，假定 $L=v^{0.5}=(1-t)^{0.5}[w(G)]^{0.5}$，那么 $Y=(1-t)^{0.5}[w(G)]^{1.5}$，我们将得出结果 $r(t)Y(G)$ 是倍增的。

因此，独裁者占有潜在 GNP 份额的最大值[1]就是：

$$tr(t)\ 的最大值 = -\frac{(r_A^*)^2}{(r_A^*)'} \tag{5}$$

其中，上标“＊”表示按照最大化求出的变量。

现在，我们能够以更加直观的方式看出为什么独裁者会限制再分配给自己的份额。当 r 下降对独裁者收益（即 $tr'\mathrm{d}t$）的影响恰好抵消 t 上升的影响（即 $r\mathrm{d}t$）时，$tr(t)$ 达到最大值。独裁者通过征税再分配收入给自己时，要承担由此造成的无谓损失的 $t\%$。这样，当作为实际收入一部分的社会损失——即 $-r'(t_A^*)/r(t_A^*)$——恰好等于他选择的税率的倒数 $1/t_A^*$ 时，他就不能够从再分配收入给自己中获益，这可以通过公式（4）清晰说明。后面我们将会看到，像这种简单的倒数关系就表明了所有再分配税收的特征。

因为关于最优 t 值的决定独立于对 G 的决定，我们就可以通过在公式（1）中引入 t 表明独裁者对 G 的选择。G 的正确（对他而言！）数量将会使其剩余最大化：

$$\underset{G}{\text{maximize}}\{[t_A^* r_A^*]Y(G)\} - G \tag{6}$$

这要求

$$Y'(G) = \frac{1}{t_A^* r_A^*} \tag{7}$$

由于激励扭曲的税收，这个社会（独裁者及其臣民）将不会实现其潜在收入 Y，但是他们会获得 $rY \equiv I$ 的实际收入。因此，根据实际收入 I，

$$r_A^* Y'(G) \equiv I'(t_A^*,\ G) = \frac{1}{t_A^*} \tag{8}$$

这个条件表明，独裁者提供 G 直到这样一点，即社会从公共产品中实际实现收入的边际提高恰好等于其分得的国民收入的倒数。众所周知，当独裁者由于给自己再分配收入造成的社会损失由他自己承担的部分 $[-r'(t_A^*)/r(t_A^*)] = 1/t_A^*$ 时，他就会限制这种再分配。这样，同样的倒数法则两个边际都适用，因为同样的线性税率决定了他从公共产品产生的社会收益中获得的份额以及承担的再分配税收损失的份额。

举一个简单的例子，假定一个独裁者的最优税率等于 2/3。在这个最优点，独裁者由于对自己的再分配造成的占一定比例的社会损失 $-r'/r$，就是 $1/t$ 或 3/2。那么，独裁者也提供公共产品直到这样一点，其边际社会产品（$rY' \equiv I'$）为其边际成本的 3/2。对独裁者来说（他通过税收得到社会实际

① 对 t_A^* 而言，实现最大化的二阶条件是：当在 t_A^* 求值时，$\mathrm{d}^2[tr(t)/\mathrm{d}t^2] = \mathrm{d}[r + tr']/\mathrm{d}t < 0$ 二阶倒数求出来为：$2r' + tr'' < 0$。为了在 tr 的最优点上求出这个表达式的解，我们联合上面的公式（3），给出 $-2(r')^2 + r''r < 0$ 作为二阶条件，这是在独裁者的最优点上肯定能得到的。

产品的2/3)，最后一单位公共产品的边际收益恰好等于他必须支付的边际成本；2/3 的 3/2 倍等于 1。

由于独裁者选择再分配收入给他自己的税率，他通过低于边际税收为公共产品融资，因此公共产品对他的边际成本不包括为公共产品融资的额外税收的无谓损失（不存在这种额外税收），对他来说 G 的边际私人成本就简单地等于直接的资源成本 1。

回到公式（7）和公式（8），并代入公式（4），我们就得到两个其他的关系式，这是在独裁者的最优点上得到的，并且将其选择描述为下式是有用的：

$$Y'(G)=-\frac{[r_A^*]'}{[r_A^*]^2}\equiv Q(t_A^*) \tag{9}$$

$$I'(t_A^*,\ G)=-\frac{[r_A^*]}{r_A^*}\equiv P(t_A^*) \tag{10}$$

函数 Q 和 P[①] 有助于表明，在一个图形中以一种非常简单的方式，独裁者的所有最优条件是如何同时实现的，并且同时描述了社会产量的水平也描述了独裁者消费、臣民消费和公共产品支出之间的分配——和无谓损失的范围。图 2 的第二象限描述了独裁者对最优 t 的选择。产量 $tr(t)$ 从原点 0 开始描述，随着 t 的提高上升到最大值，然后开始下降。独裁者选择的 t 值满足 $1/t=-(r_A^*)'/r_A^*$，它是关于 $tr(t)$ 的最大值。在独裁者的最优税率 t_A^* 上，实现的潜在产出的百分比为 r_A^*，由于税收的效率扭曲造成的损失的百分比为 $(1-r_A^*)$，独裁者得到的最优收入份额为 $t_A^* r_A^*$。

现在考虑直接位于最优税率之上的点。当独裁者实现最优时，从公式（7）和公式（9）得出 $1/tr$ 和 $Q(t)$ 必定等于 Y'；从公式（8）和公式（10）得出 $1/t$ 和 P 必定等于 I'。第一象限表明了函数 Y' 和 $r_A^* Y'\equiv I'$ 以及当独裁者实现最优时它们的值。我们看出独裁者提供 G_A^*，边际产品——即 $r_A^* Y'(G)$ ——等于他能够得到的国民收入份额的倒数 $1/t$。

---

① 当 $t=t_A^*$ 时，Q 必定向右上方倾斜，但这对 P 未必正确。对 Q 求微分得出：$\mathrm{d}Q/\mathrm{d}t=[-rr''+2(r')^2]/[r]^3$。它是从对前一个脚注中的二阶条件求微分得到的，在独裁者的最优点 t_A^* 附近，$\mathrm{d}Q/\mathrm{d}t>0$。在其他地方，$Q(t_A)$ 可能递增，也可能递减。

请特别注意，税收的边际无谓损失可能是 U 形的。在税率较低时，边际损失可能具有一个较大的值，随着税率的提高而递减，然后在一个较高的税率上开始递增。在这种情况下，函数 $Q(t)$ 有一个区间递增，接着一个区间递减。$Q(t)$ 递减的充要条件是 $-2(r')^2+r''r>0$ 或者 $r''r>2(r')^2$。函数 $r(t)=[c/(c+t)]$ 对任何常数 c 而言，都有性质 $r''r=2(r')^2$。因此，任何具有更大正二阶倒数的无谓损失函数都将产生一个局部递减的 $Q(t)$。由于 $Q(t)$ 在独裁者的最优点附近递增，因此行为只能是局部的。在任何情况下，无论何时 $r''\leqslant 0$，两条曲线都将是向右上方倾斜的。

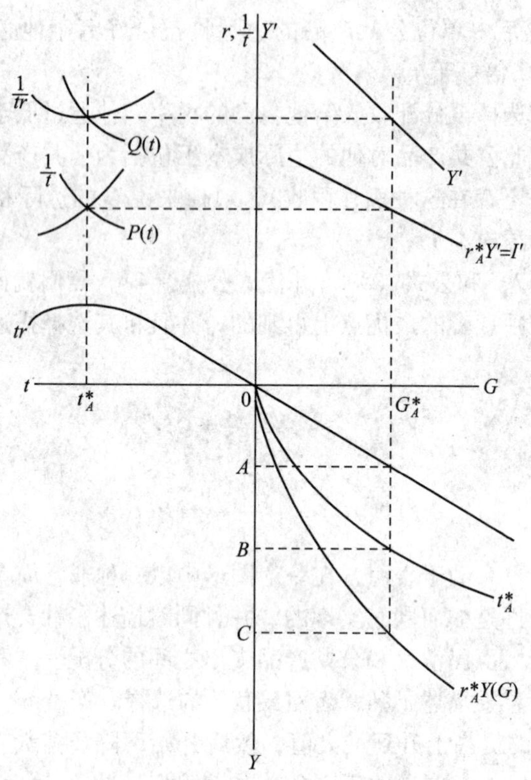

图 2　独裁者的税收与支出

接下来，第四象限表明独裁者使得 G 的边际成本——由 45°线①的斜面给定——等于他能够从国民收入提高中得到的更多税收收益，而这是由公共产品的更多提供产生的——这由 $t_A^* r_A^* Y' = tI'$ 的斜面表明。如果独裁者选择不同的税收水平，那么他得到的税收——以及社会的收入 $rY(G) = I(t_A^*, G)$——将会不同；但是选择 t_A^* 已经作出：最优点 G 依赖于最优点 t，而不是相反。现在，我们能够看出国民产出是如何使用的：社会的总产出或收入是 OC，其中 OA 为在公共产品上支出的部分，AB 是独裁者的剩余，BC 是臣民消费的部分。

回到第一象限，Y' 和 I' 的垂直距离给出了由于独裁者的激励扭曲税收造

① 因为独裁者相对于仅为公共产品提供进行支付者要征收更高的税收，他要从低于边际的税收中为公共产品融资。因此，为了给 G 融资而征税造成的边际无谓损失不会影响独裁者关于 G 的边际私人成本。就像我们在图 2 中的第四象限看到的，在 G_A^*，这是由 45°线的斜面给定的。资源的边际社会成本——独裁者与其臣民的总成本——依赖于税率，但是独裁者对 G 的边际私人成本只等于 1。我们现在表明，就像独裁者从低于边际的税收中为公共产品融资一样，任何再分配收入的政府都如此。因此，为 G 融资必须的税收造成的边际无谓损失对任何再分配统治利益来说，都不影响 G 的边际私人成本。

成公共产品边际生产率的下降；如果他全部的收益是通过一次总付税征收的，r 的值将为1，Y' 和 I' 相等。这提醒我们，如果独裁者能够征收一次总付税，整个情况将会不同；他将会征收更高的税收，并因此而提供更多的公共产品。也存在其他可以进行有用分析的非线性税收安排，但在本文中我们不打算引入，因为那将会模糊我们的洞见，这种洞见来自于共享相同线性税收体制的不同政府形式的比较。①

尽管当独裁者具有短期期界的时候，结论将会发生戏剧性变化，但仍然重要的是安全独裁者的共容性利益让他考虑臣民福利有多大。我们的独裁者有帮匪的动机。然而，如果他持续控制自己的领地，那么在某一点之后看不见的手将会让他停止对自己的再分配，因为其税收造成的社会效率损失。看不见的手也会引导他运用他能够控制的资源提供服务于全社会的公共产品。而且，独裁者能够通过税收占有的产品份额越大，其利益就越共容，他就越接近于完全考虑公共产品给全社会带来的收益。尽管我们民主模型中的市民比独裁者的臣民享受更多的税后收益，但独裁者的利益与其臣民的利益之间重叠的程度令人吃惊。人类的大部分历史，甚至大部分的人类进步都发生在独裁规则下，并且这种在独裁制下生存和偶然进步的记载不参考独裁者的共容利益就不能够得到解释。

当我们考虑比如产权的安全性、继承权的不确定性等力量时，独裁制的估计将会发生戏剧性的变化，因为这些力量让很多独裁者只具有短期期界。在独裁者的计划期界内，无论什么时候，当资本品产生的税收收益低于其总价值时，理性的独裁者都会征用资本品。就像 J. Bradford DeLong 和 Andrei Shleifer（1993）所发现的，即使在欧洲历史上的王朝体制下，长期期界也都是例外，而征用非常普遍，因此在独裁政府下的城市增长比非独裁政府下的城市增长慢得多。因此，我们必须记住：就像能够获得和持续控制一个地区的流寇能够从成为独裁者获益一样，当一个独裁者只具有短期期界时，他们实际上也会变成为流寇。

四、基准社会：一致同意的民主制度

现在，我们提出一种理想的“一致同意的民主制度”。② 尽管一致同意不是一个现实的假定，但它能够被证明是富有成效的。我们将要分析的大

① 一些最近的独裁者已经制定出了复杂的安排，这隐含着它离一次总付的理想比我们的水平税收更接近。

② 一致同意的民主制度也可以被看作一个完全仁慈、公平的独裁者制度。

多数理想民主制度都会产生介于一致同意社会和独裁社会之间的分配。很突出的是，在一系列条件下，其他人将恰好按照一致同意社会的行事方式那样行事。

对我们分析的一致同意民主制度而言，我们假定一个社会从享受一致支持的禀赋分配开始——或者是通过过去的再分配实现的。在这种社会中，由于不存在改变收入分配的需求，每个公民都支付公共产品成本的一部分，这部分恰好与他或她从公共产品中获得的收益（边际和平均）成比例。

由于 G 是生产任何收入［$Y(G)$；$Y(0)=0$］必须的生产性投入，即对所有收入生产都同等有效的非排他性、非竞争公共产品，对所有收入的简单比例税都自动产生非再分配性的或“林达尔”税收份额！尽管现实世界的社会当然不是这样简单——还缺乏“林达尔”税收价格必需的偏好显示或偏好引出机制中的基本诚实——在没有强制性收入再分配的帕累托有效社会中，我们将从这种困难中进行抽象以检验公共产品的提供。众所周知，如果采用“林达尔”税收份额，每个选民都希望得到社会有效率的同等数量的集体物品。①

福利依赖于净收入或税后收入。因此，表明这种一致同意社会福利最优问题的一种方式就是最大化：

$$W=\max_{t}(1-t)r(t)Y(G) \tag{11}$$

公共产品支出不可能超过税收收益。对一致同意的民主社会，征收超过公共产品融资必需的税收并向自己再分配剩余是完全可能的，但由于这种社会已经就收入分配达成了一致同意，漫无目的地这样做将会引起激励扭曲性税收造成的无谓损失。② 因此，一致同意社会征收的税收不会超过其为公共产品进行的支出。接着，我们将这个社会的最大化看作是在约束条件 $tr(t)Y(G)-G=0$ 下的求解。实际上，这决定了 G 是 t 的函数：$G=G(t)$。由于社会对 t 的选择就意味着对 G 的选择，并且反之亦然，我们就不能像处理独裁制时那样将决策分为两个阶段。一致同意的民主选择税率使得当所有的税收收益都花费在 G 上时，一致同意民主所认识到的税收的边际社会收益恰好

① 当公共产品提供过低（过高）时，就存在一致同意协定提高（降低）它。一致同意的社会就像独裁制一样是由同质的个人组成的，只不过独裁者是另一个人。这个假定让我们可以比较不同体制下的福利。

② 在这一点上，我们感谢 Gueorguiev 使我们的观点更加明确了。

等于那个社会所认识到的边际社会成本。①

表明一致同意社会特征的另一种方式是集中关注 G 的最优提供。为了做到这一点，我们将其收入计算为总产出减去 G 的成本。这要求将社会福利最大化问题方程化为：

$$U=\max_{G}([r(t[G])Y(G)]-G);$$
$$\text{s.t. } tr(t)Y(G)-G=0 \tag{12a}$$

这里，选择变量看作 G，其中 $t=t(G)$，这是从约束条件得出的含义。这些方程——公式（11）或（12a）中的任何一个都足以求出一致同意社会的整个问题。但是，采用公式（12a），边际资源成本和边际无谓损失能够得到独立清晰的说明。因此，公式（12a）关于 G 的导数产生：

$$\underset{\text{边际收益}}{\underset{\text{d}G\text{的}}{rY'}}+\underset{\text{边际成本}}{\underset{\text{d}G\text{的}}{Yr'\text{d}t}}-1=0 \tag{12b}$$

G 的边际成本包括直接的资源成本（由等号左边的条件给出）和由于为 G 融资而征收额外税收产生的额外无谓损失（由等号左边的第二个条件给出）。这个等式也表明，就像所期望的，一致同意的民主考虑了公共产品的全部收益（相比较而言，独裁者提供公共产品只考虑他能够获得的那部分收益，trY'）。后面，我们将表明，一个社会无论是否达成一致同意，每一种放弃再分配的体制都必定会考虑作为整体向社会提供公共产品的所有收益和成本。

当对约束条件 $tr(t)Y(G)=G$ 求全微分，解出 $\text{d}G/\text{d}t$②，并将结果代入公式（12b），整理之后，我们得到必定是在最优点得到的 t 和 G 之间的关系。③

$$Y'(G)=\frac{r(t)-(1-t)r'(t)}{r^2}\equiv V[r(t),\ t] \tag{13}$$

由于激励扭曲性税收是为 G 融资所必需的，$r<1$，也就是说，潜在产量

① 因此，（11）式最大化要求的必要条件为：

$$\underset{\text{d}t\text{的边际收益}}{[(1-t)r(t)Y'(G)]\frac{\text{d}G}{\text{d}t}}+\underset{\text{d}t\text{的边际成本}}{Y(G)[(1-t)r'-r]}=0$$

其中，第一个条件代表一致同意社会从税率 t 的提高性变化中得到的税收收益的边际；第二个条件表明由于税率变化造成的税后边际成本。（11）式中和本注释中等式的边际成本和边际收益都是税后的，而公式（12a）和公式（12b）中的边际成本和边际收益都是税前的，这明确表明了边际资源成本。

② 这给出：$\text{d}G/\text{d}t=-Y[r+tr']/[trY'-1]$。

③ 对 $V(t)$ 求微分给出：$\text{d}V/\text{d}t=(1-t)[-rr''+2(r')^2]/(r)^3$。在独裁者的最优点 t_A^* 附近，根据二阶条件，$\text{d}V/\text{d}t>0$，$V(t)$ 向右上方倾斜。

Y 不可能被生产出来，很可能 $rY \equiv I$ 被观察到。用 t^* 和 r^* 表示 t 和 r 解的值，无论是在一致同意的民主社会，还是其他非再分配性社会，G 的实际边际产量为：$r(t_N^*)Y'(G)=I'(t_N^*,\ G)$。如果我们在公式（13）的两边同乘以 r，我们就得到非再分配社会公共产品提供必需的一阶条件：

$$r^*Y'(G^*)=I'(t^*,\ G^*)=r(t^*)V(t^*)$$

$$=1-(1-t^*)\frac{[r^*]'}{r^*}\equiv MSC_N^* \tag{14}$$

MSC_N^* 代表最优税率 t^* 给定时，非再分配社会需要获得一单位的 G 所需要的边际社会成本。① 在（14）式的右边，1 代表公共产品的直接资源成本。表达式 $\{-[(1-t^*)(r^*)'/r^*]\}$ 代表税率为 t^* 时，为获得一单位公共产品所必需的税收的边际无谓损失。由于 r' 为负，（14）式右边必定大于 1，因此，由于税收无谓损失的存在，非再分配社会公共产品的边际成本必定大于 G 的直接资源成本。随着税收的提高，r 必定变小；② 另外，r 以递增的比率下降，这足以保证最大化的二阶条件能够满足。③

这些关系可以通过图 3 得到说明。跟前面一样，第二象限表明了每个税率上的税收份额 $tr(t)$。为了明晰，$V(t)$ 和 MSC 全部被画成递增的，并且一致同意社会的 t_N^* 被假定就像已经表明的那样。通过上面的 t_N^*，我们发现公共产品的边际社会成本 $1-(1-t)r'/r\equiv MSC_N$。进一步，$V(t)$ 表明了潜在收入条件下的同样边际成本。第一象限表明实际边际成本等于 I'，G 的实际边际社会产出。$V(t)$ 和 Y' 相关值的对应量表明潜在收入条件下的边际成本和边际收益。

从 I' 往下读，横轴表明了公共产品的最优数量 G_N^*。图 3 的第四象限表明了，$t=t_N^*$ 给定条件下作为 G 的函数的实际收入 $I(t_N^*,\ G)$ 和税收 $t_N^*I(t_N^*,\ G)$。与独裁者——在决定公共产品的供给数量时，他只考虑他能够从公共产品中获得的收益份额——相比较，一致同意民主社会——就像我们在

---

① 由于最优税率被认为是给定的，公式（14）的右边只定义了非再分配社会整个边际社会成本曲线 G 上的一点。如果这个社会提供不同水平的 G，那么将有不同的税率，因此（14）式将有不同的值。我们在其他文章（McGuire 和 Olson，1995）中表明，公式（14）提供了一个重要视角，甚至对再分配收入的社会也如此。

② 随着税率从 $t=0$ 开始不断提高，$V(t)$ 和 $r(t)V(t)$ 可能提高或下降，这依赖于无谓损失函数 $1-r(t)$ 的特定形状。然而，由于 r 随着税率的提高而越来越小，MSC_N 将会随着税率的提高而上升，除非存在 r' 绝对值足够大的抵消性下降。如果边际无谓损失函数（即 $\mathrm{d}[1-r(t)]/\mathrm{d}t=-r'$）持续提高（即 $-r''>0$），就可能不存在 r' 绝对值的足够大的抵消性下降。但是，如果随着 t 的提高，边际无谓损失函数先下降后提高，那么 MSC_N 跟 $V(t)$ 一样就可能随着 t 的提高而下降。

③ 对于表示最大化的这个解，二阶条件要求 $\mathrm{d}^2[(1-t)r(t)Y(G)]/\mathrm{d}t^2<0$, s. t. $tr(t)Y(G)=G$。运用 $\mathrm{d}G/\mathrm{d}t$ 的表达式，简化这个条件为：$-2(r')^2+rr''+YY''[(r)^2/(1-t)]^2<0$。很明显，$r''<0$ 可能是保证最大化的充分但非必要条件。

第一和第二象限所看到的，让公共产品的全部边际社会成本——包括无谓损失——等于其边际社会收益总和。在 G_N^* 下面，我们看到在最优税率下的税收收益恰好足以生产最优数量的公共产品。从45°线向下到 $I(t_N^*, G)$ 的距离表明了市民们的净收入，它是纳税后的实际产出数量。①

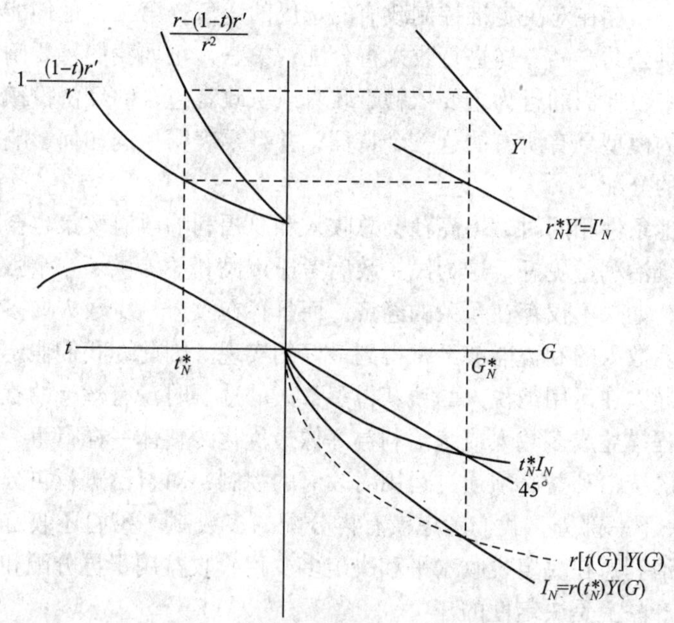

图3　民主制度下的税收与支出

五、再分配民主社会

我们关于一致同意和规范的理想民主社会明显地是建立在与现实不符的假定之上的。绝大多数政府不要求一致同意的支持，而只代表一部分的统治利益，比如大多数，而不考虑其他人的利益。通常，存在社会的少数人（或者，在具有限制性特权和“少数人政府”的寡头民主社会，而不是少数人社会）不构成政府的一部分。因此，我们现在提出一个民主（或者至少是代议制的或非独裁的）政府模型。该模型中，政府并不包含社会的全体一致同意，而只是为了多数人和其他统治集团的利益而统治社会。我们将非

① 注意：对于 $t \neq t_N^*$，$I(t_N^*, G)$ 不同于 $r[t(G)]Y(G)$。特别强调，I 是大于、等于还是小于 $r(G)Y$，依赖于 t 大于、等于或小于 t_N^*。在公共产品提供的最优水平上，I 或 $r(t_N^*)Y$ 曲线与45°线不平行，因为公共产品的资源成本仅是其边际社会成本的一部分。

常典型地将统治利益描述成多数票制，但分析是一般性的，也包含寡头政治和其他统治集团。[①] 然而，与独裁者不同，这些统治利益的成员也在市场经济中赚取收入。

所有的民主社会——甚至在我们非常宽泛的意义上——都具有三个主要特征。第一，存在对决定谁控制政府的选民的竞争；第二，他们能够和确实经常像提供公共产品一样进行收入再分配；第三，正如我们将要阐明的，在决策计算中，他们的行为主要依赖于政党或执政者包含的经济份额。我们现在要发展的模型具有所有的这三个特征，并且要表明他们如何影响资源的配置和收入的分配。

当其他条件相同时，提高社会总收入和总福利的政府政策也会使得多数人或其他统治利益更好。这为民主政府考虑市民利益提供了一个强有力的激励。但是，如果不仅存在繁荣的经济，而且存在收入从少数人向多数人的转移的话，多数人的利益能够经常得到最好的实现。因此，我们假定民主政府的政治领导人在运用纳税人的钱获得多数人的选票时没有丝毫的犹豫，我们将这个过程描述成多数人或统治利益好像最优化的整体一样行事。在本文这部分描述的统治利益必须通过运用对政府的控制，对自己进行再分配以获取收益；[②] 在下一部分，我们考虑没有再分配的多数制。我们还假定，多数人或其他统治利益在决定税收水平和决定多少税收收益用于再分配和多少用于提供公共产品上是决定性的。

跟前面一样，全部国民产品（$rY \equiv I$）是在市场经济中生产出来的；因为社会的产品依赖于公共产品，而其中的一部分产品用于提供 G 的开支；其余部分 $I-G$ 是净收入。由于大多数人赚取市场收入，其净收入有两个来源：①在市场上其成员赚取的收入；②这种统治利益在扣除公共产品的成本之后，从社会其他成员那里汲取的再分配收入。因此，我们需要两个额外的符号来涵盖多数人的民主社会。

F 为市场上由于再分配性的统治利益而产生的总收入部分；在多数民主制中，某些市场收入由统治利益获得，有些由其他社会成员获得，因此，$0<F<1$。这个统治利益包含了生产 $100F\%$ 国民收入的那些人。统治利益及其 F 的特征是我们模型的外生给定参数。如果 $F=1$，每个人都包含在统治

---

① 我们最初的目的仅是为了构建一个与独裁制模型平行的多数人统治的民主模型。我们感谢 Polishichuk 注意到我们的模型适用于任何统治利益的情形，比如寡头政治情形，其成员赚取市场收入的一部分。

② 事实上，政府补贴和转移支付不能够完全以再分配统治利益作为目标。某些再分配不会实现其预想的目标，因此从多数人的观点来看，这将成为损失。这种实现目标的困难减少了多数人的再分配。这种实现目标的困难在独裁制模型和一致同意社会模型中没有对应部分，因此这使得与这些社会的对比变得很不明晰。因此，我们将假定，统治多数，就像独裁者一样，获得再分配的任何方面。

利益中，一致同意模型适用。在独裁社会中，独裁者通过政府获得其全部收入，而不会在市场上出售劳动和其他生产要素，$F=0$。

S 为统治利益从再分配——它通过对政府的控制从“少数人”那里为自己获取的部分——和市场收入中获得的实际总产品 $rY\equiv I$ 的份额。在再分配多数人的最优点上，其份额是这两种来源占社会总收入的百分比之和。其份额的表达式为：

$$S=F+(1-F)t \tag{15}$$

这样，S 给出了多数人能够从公共产品的边际社会收益中获得的份额以及承担的税收边际社会成本的份额。然而，请注意：跟 F 不同，S 不是外生给定的社会特征。S 不仅依赖于 F，而且还依赖于统治利益选择的 t 值以及 $r(t)$ 函数的形式。对平均税率稳定的独裁者来说，$F=0$，份额 S 就是 t。

由于我们在这部分只考虑了实际上只选择从少数人对他们自己再分配正收益的多数人，这些多数人征收的税收必须比他们为公共产品进行的支出要大（$trY>G$），并且要占有这个差额。就像我们前面考虑的独裁者一样，这些统治利益首先要决定能够最好服务于自身利益的再分配税率是多少，然后再决定要花费多少用于公共产品；他们的税收和公共产品供给的决定是相互依赖的。由于这种相互依赖，我们能够将统治利益的最优化问题表示①为：

$$\max_{t,G}(1-t)r(t)FY(G)+[tr(t)Y(G)-G];$$
$$\text{s. t. } G<tr(t)Y(G) \tag{16}$$

公式（16）中目标函数的第一个条件表明了处于统治地位的大多数在扣除了无谓损失和税收后的市场收入；第二个条件是大多数转移给自己的剩余。给定正的再分配，②（16）式最大化的一阶条件③为：

$$F[-r+(1-t)r']+(r+tr')=0 \tag{17}$$

和 $$\{(1-t)rF+tr\}Y'-1=SrY'-1=0 \tag{18}$$

S 和 F 都根据前面的定义。大多数民主制中再分配的最优税率是由（17）式给定的，公共产品的最优供给是由（18）式给定的。

条件（17）要求对多数党税收的边际成本（dt）——（17）式中第一个条件的负值——必须等于再分配的边际收益——第二个条件。多数党将会在下面一点停止提高税收对自己的再分配，即当市场收入份额的下降恰好跟再

---

① 作为选择，我们让大多数对自己征收的税收和返还给自己的部分相互抵消，而只集中于从少数人到多数人的转移支付：

$$\max Fr(t)Y(G)+(1-F)tr(t)Y(G)-G;\quad \text{s. t. } G<tr(t)Y(G)$$

采用该方程，不会改变结果。

② 对于这部分的表述，我们非常感谢 An。

③ 关于 t 的二阶条件要求（16）式的导数为负。这要求 $[-2(r')2+tr'']<0$，这意味着处于统治地位的多数人的最优化必须位于曲线 $Q(t)$ 和 $V(t)$ 上升的区域。

分配的边际收益相等。多数党限制强加给社会的无谓损失，因为他们要承担这些损失的相当大部分。总之，多数党会被看不见的手引导着限制运用政府的强制性力量再分配收入给自己的程度。其共容性利益让它具有使强加给社会的无谓损失适中的利益，并因此也具有使从少数人那里汲取的程度适中的利益。

回忆一下，独裁者（$F=0$）也会限制他征税给社会的无谓损失。正如我们将要看到的，多数人的利益（$F>0$）比独裁者的利益更加共容，他会采用比独裁者更低的再分配税率。重新整理公式（17）得到：

$$F=\frac{r+tr'}{r-(1-t)r'}\equiv R(t) \tag{19}$$

随着税率从 $t=0$ 开始逐渐提高，$R(t)$ 会不断下降，因为再分配的边际无谓损失（分母）会不断提高，而其边际收益（分子）会不断下降。① 多数党会提高税率直到 $R(t)$ 下降到它等于 F 的一点，这决定了其最优税率。对 $R>F$ 时的 t，向多数党进一步再分配的边际收益超过其边际成本，因此税收会进一步提高。对于 $R<F$ 的相反情况同样成立。总之，当再分配收益的多数党承担的无谓损失的份额 F 恰好等于得到的边际再分配收益时，或者等价的条件为社会作为整体的边际损失达到多数人边际收益的 $1/F$ 倍，它就不再提高税收。

从公式（19），当我们为求得最优的再分配税率对这个表达式②求导数的时候，作为再分配程度决定因素的 F 的重要性将会变得明显。

$$t_R^*=-\frac{r}{r'}-\frac{F}{(1-F)};\quad F\neq 1 \tag{20}$$

公式（20）证实了前面提到的安排，即多数党的份额 F 越大，最优税率越低。这也表明，赚取社会市场收入部分收益的多数党或其他统治利益必定对独裁者征收更低的税率。就像独裁制的情形，如果 $F=0$，那么该等式可简化为给出 t_A^* 的公式（4）。因此，独裁者将比多数党选择更高的税率，并且再分配更大部分的国民产品。③

---

① $R(t)$ 在 $r(0)/[r(0)-r'(0)]$ 开始；因此，$r'(0)$ 的绝对值越大，$R(0)$ 越小。依赖于 $r(t)$，$R(t)$ 可能具有上升和下降的空间。对 $R(t)$ 求 t 的微分，$dR/dt=rr''-2(r')^2/[r-(1-t)r']^2$，当 $rr''-2(r')^2<0$ 时，为正；反之为负。注意：在独裁者的最优点附近，dR/dt 必定为负，这是由最优点的二阶条件决定的。就在 $R(t)$ 开始的点上，向右下方倾斜的曲线的轨迹依赖于 $r(t)$ 及其所有的导数。在本文中，我们一直遵循这样的假定，税收的无谓损失比税率上升得快，因此假定 $R(t)$ 是随着 t 不断递减的。

② 非常感谢 Kähkönen 让我们注意到了这个富有价值的简化。

③ 在这一点上，看上去很自然地问一个问题，如果 $F=1$，将会出现什么情形？但是我们将会解决 F 值等于或接近 1 的情形，并且会解决这个分析如何与后面的非少数党（一致同意）社会的关系。注意：公式（20）是从公式（16）得出来的，是对多数党最大化市场收入份额加上从少数人那里再分配给自己的收入的最优化问题。当 $F=1$ 时，可能不存在少数党，我们也能够直接看出公式（20）没有意义。对于 $F=1$，公式（18）只失去了对受扭曲型税收限制的社会意义。

现在让我们比较一下多数人的私人边际成本和收益（仅考虑多数人的）与社会的边际成本与收益（整个社会的）。从对 S——即占统治地位的利益份额——的定义，我们知道在最优点上，它得到或承担社会收入提高或降低的 S 个百分点。这立即就可以得出，其行动对整个社会的边际成本和收益就是其份额 S 的倒数——即，给定 F 它得到社会收入的份额，并且其对 t_R^* 的选择隐含着它对自己的再分配份额。

表明这一点的另一种方式就是我们将从（19）式中得出的 F 代入从（15）式中得出的 $1/S \equiv 1/[F+(1-F)t]$。这得到：

$$\frac{1}{S} \equiv 1 - \frac{(1-t)r'}{r} \equiv MSC \tag{21}$$

注意：这个边际社会成本的表达式（MSC）跟从公式（14）中得出的一致同意社会中的表达式是相同的。我们在其他文献（McGuire 和 Olson，1995）中表明，这个简单的表达式使阐述清楚激励扭曲性税收——包括收入再分配造成的这种税收提高的比率——和公共产品生产率之间的重要关系成为可能。

现在我们能够容易地看出，具有再分配性的统治利益将会提供多少数量的公共产品。就像独裁者选择最优税率独立于其决定提供多少数量的 G 一样（见第 192 页脚注①），所有的再分配性的多数群体都如此。因为我们已经假定占一定比例的无谓社会损失 $1-r(t)$ 独立于公共产品供给，公共产品不进入公式（17）、（19）和（20）。在多数人已经选择了最优再分配的税率之后，接着又选择其最优的公共产品水平。这样，跟独裁者类似，再分配的大多数发现 G 的边际私人成本不包括税收的无谓损失，因此就是直接的资源成本 1。

多数人从 G 中得到的边际私人收益是由公式（18）给定的，为 SrY'。因此，多数人群体会使其从更多单位公共产品中得出的实际可实现收入社会提高的份额 $SrY' \equiv SI'$ 等于边际私人成本 1。最优税率和最优公共产品提供数量不仅依赖于 F 和 S，而且还依赖于给定公共产品生产率的函数 $Y'(G)$ 的性质以及税收无谓损失函数 $r(t)$ 的性质。为确定这一点，我们把公式（17）和公式（18）联合起来。公式（22）、（23）和（24）都是等价的。

$$Y' = \frac{r-(1-t)r'}{r^2} \equiv V(t) \tag{22}$$

$$Y' = \frac{1}{rF+(1-F)tr} \tag{23}$$

$$rY' \equiv I' = \frac{1}{F+(1-F)t} \equiv \frac{1}{S} \tag{24}$$

再分配多数人的激励从图 4 看立刻就很明显。多数人的总收入是通过增加市场收入 $FrY(G)$ 到他从少数人那里汲取到的再分配收入 $(1-F)trY(G)$

给定的。如果我们不考虑 $rY(G)$ 条件，我们就得到表达式 $F+(1-F)t$,[①] 这表明多数人得到的社会实际产出的比例。因此，通过曲线 Fr，图 4 表明 r 的份额，以及这种统治利益的市场收入，即占 Y 的份额。从少数人那里得到的潜在收入份额由曲线 $(1-F)tr$ 表明。那么，这种统治利益的联合收入份额为 $Fr+(1-F)tr \equiv rS \equiv \delta$。在 G 得到融资之后，剩余的税收收益对再分配收入给自己的多数人是有用的。因此，这种再分配收入给自己的多数人会最大化与其决定提供的公共产品无关的实际产量的比例份额。δ 的最大化[②]和从少数人到多数人的最优再分配发生在税率 t_R^*。注意，在统治利益的最优水平上，在绝对值上，Fr 的斜率等于 $(1-F)tr$ 的斜率：多数人市场收入份额下降的边际值恰好等于其再分配自己的收入上升的份额。

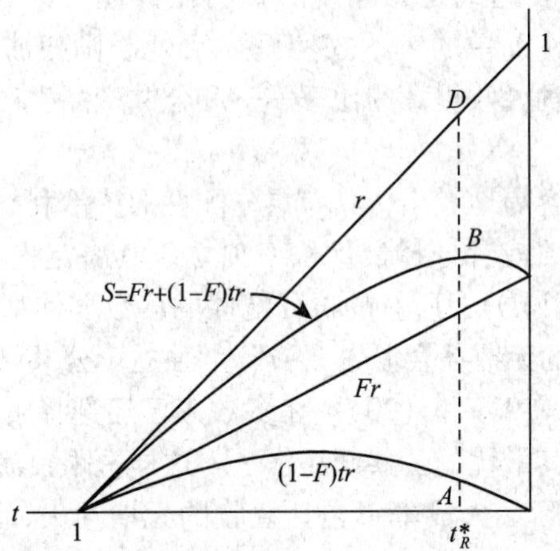

图 4　再分配民主社会中税收的无谓损失

这个说明使下列问题很明显，多数人对自己的再分配为什么比更小的 F 高：F 的更小值使得随税收和无谓损失上升 Fr 的下降对多数人更不重要，以至于多数人在市场收入上遭受的损失恰好等于其从更多再分配中的获益时的税率必定更高。当 F 接近零时，多数人制度与独裁制就不可分辨，并且多数人的最优税率收敛于最大化税收收入的一点。

当再分配的多数人发现了 δ 的顶峰及其最优税率，接着就决定供应多少数量的公共产品。为了理解这一点，我们必须知道多数人能够得到公共产品收益的多大份额。这就是 S。在图 4 中，这显示为 AB/AD。税收的无谓损失

① 在公共产品已经得到融资之后，多数人得到的社会收入份额也可以由 $t+(1-t)F$ 给出。

② S 关于 t 的最大化是由第 199 页脚注①中的等式给定的，这个等式等价于（16）式，并且确保相同的一阶条件适用于公式（17）。

对多数人的边际私人成本 G 没有影响。[①] 多数人使 G 的边际私人成本（即 1）等于其公共产品边际社会产品的份额 S。因此，在 G 的最优值上，$Sr(t_R^*)Y'(G) \equiv SI'(t_R^*, G) = 1$ 或者等价于 $I'(t_R^*, G) = 1/S$。

图 5 表明了这个等式的两个方面。在第二象限中，资源的边际社会成本［从公式（21）中得出］表示为 MSC。在其最优税率上，多数人选择的 $1/S$ 等于 MSC——与公式（24）一致。接着，多数人提供 G 直到其边际私人收益等于 1，或者直到社会的边际报酬等于 $1/S$。这个等式决定 G_R^*。G 的实际边际社会产品——给定多数人已经设定了 t——由第一象限表明的图形 $I'_R(t_R^*, G)$ 给出。第四象限也给出了 G 的最优值的图形。在那里，$SI = FI(t_R^*, G) + (1-F)t_R^* I(t_R^*, G)$ 关于 G 上升的比率恰好等于 G 的直接边际资源成本（45°线的斜率）。国民产品 OG 被分为以下部分：OE 是总税收，OD 是花费在公共产品上的支出，DE 由多数人留有；EF 是多数人的税后市场收入；FG 是少数人的税收收入。

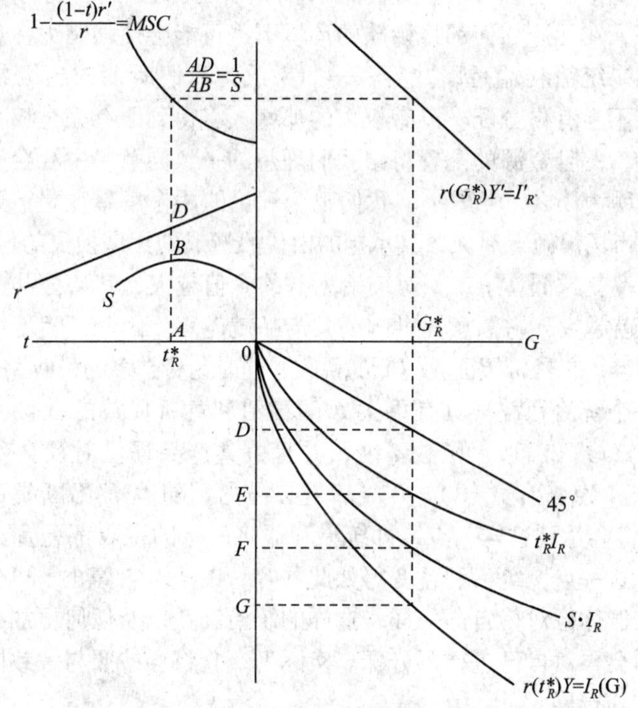

图 5　再分配民主社会中的税收与支出

在多数人的最优点上，公共产品的边际社会产值等于统治利益能够获得

① 按照同样的方式，这种无谓损失对独裁者的边际私人成本没有影响。见第 192 页脚注①。

的社会收入上升份额的倒数（将市场收入及其对自己的再分配都考虑在内），即 $1/S$。这个一般的法则适用于所有的再分配制度。回忆一下，独裁者占有社会收入的份额是由税率的倒数给定的，并且我们从公式（8）得知，I' 等于其税率的倒数。

六、非再分配的多数票制

现在，我们转向所讨论问题的最严格例子，当强制力量掌握在稳定的共容性利益集团手中时，看不见的手将禁止可能预期到的扭曲性结果。正如我们所看到的，安全的自利性独裁者由于其对税收的垄断给了他们共容性利益，这产生了比预期到的更好的结果。我们已经表明，其成员在市场赚取收入的多数人比独裁者有更多的共容利益，因此这种多数人的最优化必定产生比独裁者对每个市场参与者更好的结果。[①] 现在我们看到，指导共容利益的看不见的手，在无论如何都很稀缺的环境下，可能会使强制力在总体上成为仁慈的。如果统治利益足以共容——如果成为我们所谓的超级共容统治利益，那么将不会有再分配。没有权力的那些人将得到跟有完全权力的那些人一样的对待，并且资源的配置将跟我们理想的一致同意民主社会完全一样。

为了说明为什么，考虑一下我们整个理论的两个解释变量。第一，统治利益占有的市场份额 F 越大，其承担的由税收造成的无谓损失的份额就越大，其期望的税率就越低。第二，对统治利益的 S 值越大，其从公共产品中得到的收益份额就越大，它愿意提供的公共产品就越多。因此，随着统治利益变得越来越共容，它就希望征收越低的税收，同时花费越多的税收用于提供 G。

考虑一个统治利益被具有更大 F 的统治利益所代替的社会，但是在这个社会中，$r(t)$ 和 $Y(t)$ 函数不变，并且公共产品提供对社会秩序和任何产品的生产 $[Y(G); Y(0)=0]$ 都是必需的。随着 F 不断提高，S 也如此，[②] 并且将会达到这样一点，即统治利益将所有的税收都配置到公共产品提供上。在这一点，统治利益变得如此共容，以至于它停止了再分配，并且对待少数人群体像对待自己一样。这样的统治利益以及任何更加共容的统治利益都将不会再对自己进行再分配。实际上，它将会按照与一致同意民主制度相同的方式行事。

① 再分配的多数群体比独裁者会征收更低的税收并提供更多的公共产品。因此，除了独裁者的每个人都将比独裁制下生活得更好，尽管多数群体也如此。

② 由于 $S=F+(1-F)t$，这可以得出 $dS/dF=[1-t+(1-F)dt/dF]$，但是根据二阶条件，对再分配的多数人来说，$dt/dF=[r-(1-t)r']^2/[rr''-2(r')^2]<0$。代换（19）式中得出的 F 和 dt/dF，这意味着 $dS/dF>0$。

两个解释变量的第一个用公式（20）来说明，它表明 t_R^* 随着 F 的提高而下降。

$$t_R^* = \frac{r}{r'} - \frac{F}{(1-F)};\quad F \neq 1 \qquad [\text{重复（20）}]$$

事实上，独一无二的是，如果 F 的值足够大，税率为零，甚至可能为负。公式（20）是从公式（17）得出的，公式（17）是再分配多数制度两个一阶条件中的一个。因此，从公式（20）得出的税率 t_R^* 的解必须代入公式（18）——最优公共产品提供的一阶条件。

第二个解释变量在公式（24）中很清楚。

$$I' = \frac{1}{F+(1-F)t} \equiv \frac{1}{S} \qquad [\text{重复（24）}]$$

公共产品对生产产品是必需的，随着 F——以及 S——的提高，统治利益能够从 G 的收益中获得的份额也越来越高，这使得它希望提供更多，这样就要求更多的税收被配置到 G 的提供上。这个等式表明，随着 F 以及 S 的提高，得出的 Y'解的值下降，因此 G_R^* 上升。一旦 F 达到一个足够高的值，t_R^* 将会如此低，G 将会如此高，以至于所有的税收收益都必须用来支付公共产品，并且因此而没有再分配。

不考虑社会其他部分，但按照全体利益行事的统治利益的存在不仅是可能的，而且（由于激励扭曲性税收）是必然的。对于 $F=0$ 时，独裁者在提供 G_A^* 的公共产品时，得到正的剩余。根据公式（20），也存在 F 的值 $= F^0 < 1$，这确保 $t_R^* = 0$。在该税率上，对 G 不存在收益。这得出 F 的某些值（$0 < F < F^0$）将确保正的税率恰好足以支付 G 的最优供给。让我们采用“星号”将该点上的值表示为 $\hat{F}$，$\hat{t}^*$，$\hat{G}^*$。$\hat{F} \leqslant F^0$的值必定存在于统治利益通过恰好足以为公共产品的最优提供融资的税率得到最好的满足：在 $\hat{F}$ 点，根据定义，$\hat{t}^* \hat{r}^* Y(\hat{G}^*) = \hat{G}^*$。即：统治利益必须成为“超级共容的”，并因而在 $F = F^0$之前以及 $F=1$ 之前禁止再分配。这样，我们就证明了，当多数人或其他统治利益足够共容时，它将不会再分配任何收入，并且对待受其权力约束的那些人像对待他们自己一样。

通过分析它们的最优化问题，我们得到对超级共容利益的进一步理解。合适的拉格朗日函数为：①

$$L = (1-t)r(t)FY(G) + tr(t)Y(G) - G + \lambda\{tr(t)Y(G) - G\} \qquad (25)$$

库恩－塔克条件为：$\lambda[tr(t)Y(G) - G] = 0$，$\lambda \geqslant 0$，$[tr(t)Y(G) - G] \geqslant 0$

首先假定 $trY = G$。接着 $\lambda > 0$ 和对 t 的一阶条件得出：

$$\frac{F}{1+\lambda} = \frac{r + tr'}{r - (1-t)r'} \equiv R(t) \qquad (26)$$

---

① 我们感谢 An 提出了这个步骤。

$$F = (1+\lambda)R(t) \tag{27}$$

从对 G 的微分，我们得到：

$$\frac{F}{1+\lambda} = \frac{1-trY'}{(1-t)rY'} \tag{28}$$

公式（26）或公式（27）给出了多数人仅从税收中供应公共产品，而不留下任何东西用于再分配，并且 $\lambda = 0$ 时最优分配的条件。在这些条件下（按照零的再分配进行评价），多数人从再分配中得到的边际成本超过其会获得的边际收益。公式（26）表明，如果朝着边际成本和收益相等的方向降低税收是可能的，统治利益就会这样做。然而，更低的税收将会达到为希望的公共产品水平融资所必需的收益。类似地，公式（28）表明，在 G 的受约束最优点上，G 的边际收益超过边际成本。公式（26）和公式（28）也表明，每个具有如此高 F 以致会拒绝再分配的占统治地位的多数人将恰好跟 $F=\hat{F}$ 时的多数人一样行事。所有受到约束条件 $trY=G$ 要求而不进行再分配的统治利益都会像他们的 $F=\hat{F}$ 时一样行事，并且好像他们选择了 $trY=G$。也就是说，对所有的 $F>\hat{F}$，$F/[1+\lambda]=\hat{F}$。

联合公式（26）和公式（28）将会给出在最优点税收的边际无谓损失和必须获得的公共产品的边际生产率之间的一般关系。这样做将会产生 G 的最优供给的同样一般条件，对实际再分配的多数人来说，就是公式（22）；对一致同意的民主制度来说，就是公式（13）和公式（14）。这个等价关系的一个含义就是：每个非再分配的统治利益，无论其 F 为多大，都将会作出关于公共产品供给的同样决定，这将会使得其 F 等于 $\hat{F}$，并且都具有同样的税率 $\hat{t}^*$。这也意味着这种超级共容的多数人将会跟一致同意民主制度提供同样水平的 G，并具有同样的税率。①

这些结果可以从两个最优点中的任何一个得到解释。如果我们从实际进行再分配并因而 G 的边际私人成本为 1 的统治利益的角度出发，超级共容的多数人将会选择 $\hat{t}^*$，并因而具有相应的 $\hat{S}$。从这个角度出发，$\hat{S}$ 就是每个超级共容统治利益的有效份额，因此 $\hat{S}r(\hat{t}^*)Y'(G)=1$，$MSC=1/\hat{S}$。替代性的解释为，由于 $F \geqslant \hat{F}$ 的社会和一致同意的民主社会都避免了再分配，考虑了税收的采用 G 的边际成本的无谓成本，并且在选择提供多少公共产品方面衡量了所有的公共产品收益，我们也可以采用一致同意民主制度的视角。从一致同意民主制度的视角——根据定义 $S \equiv F \equiv 1$，我们可以说明超级共容的多数人通常会按照 $S^u \equiv 1$ 的方式行事，并且描述了超级共容利益对 G 的选择遵循 $S^u r(\hat{t}^*)Y'(G)=MSC$。由于 $S^u \equiv 1$，$MSC=1/\hat{S}$，两种解释给出了相同的答案。每个具有 $F \geqslant \hat{F}$ 的统治利益都作出了跟民主制度下的一致同意完

① 对此的更详细阐述可以在 McGuire 和 Olson（1995）中找到。

全相同的选择。

问题的答案是由于 $F \geqslant \hat{F}$，再分配的缺乏意味着多数人和少数人都按照比例支付他们的税收负担份额。多数人得到公共产品收益的 F 个百分点，并且支付税收的 F 个百分点。因此，它将恰好与一致同意民主制度选择完全相同的公共产品提供水平。这样，由超级共容的多数人统治的社会受到双重保证：统治利益不仅禁止再分配性税收，而且也选择理想的①公共产品提供水平，跟反映了它们自身利益一样也反映了少数人的利益。②

统治利益如此广泛以至于他们会禁止再分配，这样的观点无论如何都有点怪异。考虑一下对权力的运用有无数检查和限制的政治体系中，主要的决策必须由超级多数人作出，这样的政治制度如瑞士、美国，或者主要包含在上面的中间收入中简单多数人制度（William Niskanen，1992）。对代表类似国家收入赚取能力 3/4 的多数人制度，这是完全可能的。在这种情况下，当再分配的最后一美元引起 1/3 美元的边际无谓损失时，他们就会停止对自己的再分配。同时假定 $Y(G)$ 函数如此以至于它关于公共产品支付给多数人国民产品的 1/4。在这种情况下，它不要求任何显著的无谓损失函数，$1-r$，对 0.25 的税率来说，使得最后一美元税收的提高造成的无谓损失为 1/3 美元或者更多。在这种情况下，多数人将不会再分配。因此，如此共容以至于禁止再分配的联盟成为现实中的一个特征。③ McGuire 和 Olson（1995）提供了强调这个结果的拉格朗日最大化的更详细分析，也提供了从独裁制度到再分配多数制再到超级共容统治利益，再到一致同意社会的连续集中对称性的更详细解释。这种对称性是从公式（13）、公式（14）和公式（22）的等价部分得出的。

七、限定条件和含义

为了一致和易于处理长度的需要，前面的分析是从治理的经济结构和绩效的某些最重要决定因素抽象出来的。最重要的是，它是从当统治权力分散在许多个人和集团中时所提出的重大问题抽象出来的，每一个在社会中都只有狭隘的或极小的利益，这在处理短期期界提出的问题时仅仅被提到过。

---

① 公共产品提供是“理想的”，但仍然受制于税收的无谓损失。

② 这可以通过比较没有再分配的 $\hat{F}$ 点上再分配多数的净收入和没有独立权力并且采用 $100\hat{F}\%$ 一致同意民主制度下的福利。这样，再分配多数人的净收入 $=SrY-G$。并且社会净收入中多数人赚取的部分 $=F[rY-G]$。当所有的税收都花费在 G 上时，$trY=G$，并且 $\hat{F}$ 多数制下的两个收入是相同的。

③ Bozzo 已经通过对 F 和 $r(t)$ 值广泛区间的模拟阐明了这一点。

由于我们集中于拥有税收和再分配垄断权力的统一政府，我们没有分析类似这样的问题，即个人在社会的巨大成功中只具有微不足道的利益，然而在总体上却要承担巨大社会损失时提出的问题。犯罪行为是一个典型：由于其在社会的利益，典型的个人犯罪明显没有缓和其掠夺的动机。因此，看不见的手当然不会阻止犯罪。它也不会解决公共产品、外部性和集体行动问题——这主要是因为通常不存在相关的共容利益，而这些问题有时候是非常重要的。①

同样，前面的模型没有解释特殊利益集团的社会损失，它们中的每一个都只构成整个经济的很小部分，并因此而在社会中只具有非常狭隘的利益。因此，这些集团没有激励限制它们在为自己的利益而运用政治影响或联盟力量是强加给社会的无谓损失。② 这些狭隘特殊利益面对的激励比起安全的坐寇面对的激励来说更加不正当。在这些利益与民主制度相关和它们盛行的程度上来说，民主制度比本文描述的多数人的再分配民主制度或超级共容的民主制度更为糟糕。该问题这个方面的忽视在支持民主制度以及反对独裁制度方面可能扭曲了我们的分析。

另一方面，通过对短期期界的暂时注意，我们倾向于扭曲支持独裁制度的分析。根据定义，独裁制度是一个人（唯一一个人）凌驾于法律之上的社会。当那个人只具有短期期界时，他会从征用所有的资本品中获益，而这些资本品在其期界内产生的税收收益比其资本价值大。事实上，他会成为流寇。在民主法制下，没有任何一个人可以利用国家的权力来为自己获取财产。因此，我们本文的分析已经忽视了民主（至少是非独裁的）治理和个人权利的内在联系，特别是关于私人产权和契约实施。

因此，本文事实上远不足以弥补本文开头提出的经济学文献的不足。然而，采用简单的 $r(t)-Y(G)$ 分析机制，本文的确提供了一种思想工具，它可能有助于产生必要的文献。③ 我们在其他地方（McGuire 和 Olson，1995）已经表明，通过提出这个框架和引入“社会秩序”概念，我们已经部分填补了仍然存在的差距。任何通过公共产品提供获取社会合作收益和控制社会合作收益如何通过收入分配安排进行分享的社会是一种社会秩序。它证明了

---

① 当从提供集体物品中获益的一方获得了总收益的相当大份额时，该方的理性倾向于保证：由于共容利益而存在大量的集体物品提供。如果具有共容利益的一方——不像我们模型中的独裁者和再分配多数人——没有能力强迫公共产品的其他受益人，那么在负担的分担方面将不成比例。没有强制力的共容利益表明，例如在防御联盟中主要国家的作用，在国际体系中主要国家的霸权行动，以及在寡头市场上最大企业的价格领导。（可参见 Olson，1965；Russell Hardin，1982；Todd Sandler，1992）

② 许多研究表明，这是不同国家相对经济绩效的一个主要决定因素（见 Olson，1982；Dennis Mueller，1983；Jonathan Rauch，1994 以及 Olson，1988，P. 61 中提到的大量经验研究）。

③ 按照当前这条思路进一步发展潜力的一个例子，见 Boaz Moselle 和 Ben Polak（1995）。

收入分配的社会安排和迄今为止还没有理解的公共产品的生产率和成本之间的重要联系。此外，只要存在理性和自利行为，所有可能的社会秩序或制度都可能沿着单一区间排列。

我们也已经非常严格地阐明了存在一只看不见的手，它导致了无可置疑的行动强制力量的共容和稳定利益，在巨大和令人吃惊的程度上，为了全社会的利益，这包括受其权力约束的那些人。从坐寇得出的结果跟假定的情形完全不同。因此，本文的分析有助于解释：尽管人类的大部分历史是自利并且经常是残暴独裁者统治的历史，但为什么在这样的统治者下还存在大量的令人吃惊的进步。

必定出现于市场经济中最优化的利益相关的再分配多数制中的明显最优结果也具有巨大的现实意义。例如，一旦相信接近全体投票的民主制度不可避免地导致了私人产权的破坏，就可以认为，低收入的多数人可以征用富有的少数人的财产并对他们自己进行再分配而获益。事实上，不存在任何一种民主制度通过投票而消除私有财产。本文的观点表明，即使低于中间收入的那些选民在总体上虽然具有共容利益：他们通过工资赚取国民收入的相当大部分，并且他们控制税收和社会的转移制度，这给了他们在社会上的巨大相关利益。好像似是而非的是，如果消除私有财产造成的无谓损失非常大，可以容易地看出，为什么由于低收入的多数人造成的从财产侵占中产生的社会损失的部分给了多数人避免征用所有财产的激励。

某些经济发展——特别是东亚国家——的观察家认为，“硬”国家——不会由于特定产业或领域的压力而改变其工作日程——支持经济发展。在本文的观点具有理论基础的程度上，这是本文提出的理论。

本文的观点也有助于解释为什么美国总统——不管哪个政党——比起议员来——也不管哪个政党，在支持政治分肥上和特殊利益上具有更低的偏向。如果不能够满足全国共容的选民的利益，没有任何一个总统可以再次当选，但是对单个议员来说却并非如此，对议会中的最大多数而言也并非如此（给定这个国家政党的弱点）。本文的观点也表明，在具有受到纪律约束政党的两党制度中，仍然有大量的问题需要阐明，因为巨大的、受到纪律约束的政党可能接近于共容利益的最优实体，但是较小的或较弱的政党没有。

最后，毫无疑问地，当存在超级共容利益时，隐蔽之手会造成权力的良好——甚至是有益的——运用，并且这种利益会提高。超级共容的多数人，甚至当他只考虑自身利益而不关心少数人的损失时，也会避免再分配，并且会对待少数人像对待自己一样。经济学必须考虑这个重要的现象，以及其他共容利益给社会带来看不见的手之福祉的方式。

参考文献：

1. Banfield Edward C. *The Moral Basis of a Backward Society*. Glencoe, IL: The Free Press, 1958.

2. Barro, Robert. "Government Spending in a Simple Model of Endogenous Growth," *J. Polit. Econ.*, Oct. 1990, 98 (5, Part 2), pp. S103 – 125.

3. Barzel, Yoram. "Property Rights and the Evolution of the State." Manuscript, Dec., 1993.

4. Becker, Gary S. and Landes, William M., eds. *Essays the Economics of Crime and Punishment*. NBER, New York: Columbia U. Press, 1974.

5. Calmfors, Lars and Driffill, John. "Bargaining Structure, Corporatism and Macroeconomic Performance," *Econ. Policy*, Apr. 1988, 3 (1), pp. 14 – 61.

6. DeLong, J. Bradford and Shleifer, Andrei. "Princes and Merchants: European City Growth Before the Industrial Revolution," *J. Law Econ.*, Oct. 1993, 36 (2), pp. 671 – 702.

7. Grossman, Herschel I. "Production, Appropriation, and Land Reform," *Amer. Econ. Rev.*, June 1994, 84 (3), pp. 705 – 712.

8. Hardin, Russell. *Collective Action*. Baltimore: Johns Hopkins U. Press, 1982.

9. Heitger, Bernard. "Corporatism, Technological Gaps and Growth in OECD Countries," *Welt-wirtsch. Arch.*, 1987, 123 (3), pp. 463 – 473.

10. Hirshleifer, Jack. "The Paradox of Power," *Econ. Politics*, Nov. 1991, 3 (3), pp. 177 – 200.

11. Hirshleifer, Jack. "The Dark Side of the Force: Western Economic Association International Presidential Address," *Econ. Inquiry*, Jan. 1994, 32 (1), pp. 1 – 10.

12. Hobbes, Thomas. *Leviathan*. London: Andrew Crooke, 1651.

13. Ibn Kalduhn. *The Muqaddimah*. Trans. and ed. by FRANZ ROSENTHAL. Princeton: Princeton U. Press, [1377] 1969.

14. Kiser, Edgar and Barzel, Yoram. "Origins of Democracy in England," *J. Rationality Society*, Oct. 1991, 3 (4), pp. 396 – 422.

15. McGuire, Martin C. Memorandum of Feb. 14, 1990, Dept. of Economics, U. of Maryland, College Park. Delivered at Kennedy School of Government Conference on Strategy and Choice, Apr. 1990, Cambridge, MA.

16. McGuibe, Martin C. and Olson, Mancur. "Social Capital Formation,

Income Redistribution, and the Form of Governance," Manuscript of September 25, 1992, Dept. of Economics, U. of California-Irvine, Irvine, CA. Delivered at Western Economic Association Meetings, June 1993, Lake Tahoe, CA.

17. Mcguire, Martin C. and Olson, Mancur. "Redistribution and Public Good Provision in Autocracies and Democracies: The Continuum of Regimes." IRIS, U. of Maryland and UC at Irvine, 1994.

18. Moselle, Boaz and Polak, Ben. "Anarchy, Organized Crime, and Extortion: A Cynical Theory of the State." Manuscript, Harvard U., 1995.

19. Mueller, Dennis C., ed. *The Political Economy of Growth.* New Haven: Yale U. Press, 1983.

20. Niskanen, William A. "Autocratic, Democratic, and Optimal Government." Manuscript, Cato Institute, Washington, DC, 1992.

21. North, Douglass C. *Structure and Change in Economic History.* New York: Norton, 1981.

22. North, Douglass C. "A Transactions Cost Theory of Politics," *J. Theoretical Politics*, Oct. 1990, 2 (4), pp. 355 - 367.

23. Olson, Mancur, Jr. *The Logic of Collective Action.* Cambridge: Harvard U. Press, 1965.

24. Olson, Mancur, Jr. *The Rise and Decline of Nations.* New Haven: Yale U. Press, 1982.

25. Olson, Mancur, Jr. "The Productivity Slowdown, the Oil Shocks, and the Real Cycle," *J. Econ. Perspectives*, Fall 1988, 2 (4), pp. 43 - 69.

26. Olson, Mancur, Jr. "Autocracy, Democracy, and Prosperity," in *Strategy and choice.* Ed.: Richard J. Zegkhauser. Cambridge, MA: The MIT Press, 1991, pp. 131 - 157.

27. Olson, Mancur, Jr. "Dictatorship, Democracy, and Development," *Amer. Polit. Sci. Rev.*, Sept. 1993, 87 (3), pp. 567 - 576.

28. Olson, Mancur, Jr. "Capitalism, Socialism, and Dictatorship: Outgrowing Communist and Capitalist Dictatorships." Manuscript, 1994.

29. Rauch, Jonathan. *Demosclerosis.* New York: Times Books, 1994.

30. Sandler, Todd. *Collective Action: Theory and Applications.* Ann Arbor: U. of Michigan Press, 1992.

31. Schelling, Thomas C. *The Strategy of Conflict.* Cambridge: Harvard U. Press, 1960.

32. Schelling, Thomas C. *Arms and Influence.* New Haven: Yale U. Press, 1966.

33. Schumpeter, Joseph A. "The Crisis of the Tax State," in *Joseph A. Schumpeter: The Economics and Sociology of Capitalism.* Ed.: Richard Swedberc. Princeton, NJ: Princeton U. Press, 1991, pp. 99 – 140.

34. Sheridan, James E. *Chinese Warlord: The Career of Feng Yu-hsiang.* Stanford: Stanford U. Press, 1966.

35. Summers, Lawrence; Gruber, Jonathan and Vergara, Rodrigo. "Taxation and the Structure of Labor Markets," *Quart. J. Econ.*, May 1993, 108 (2), pp. 385 – 411.

36. Tullock, Gobdon. *The Social Dilemma.* Blacksburg, VA: University Pub., 1974.

The Economics of Autocracy and Majority Rule: The Invisible Hand and the Use of Force

Martin C. McGuire　　**Mancur Olson, Jr.**

(University of California-Irvine　University of Maryland, College Park)

[**Abstract**] The Essay will demonstrate that they do—that whenever a rational self-interested actor with enquestioned coercive power has an encompassing and stable interest in the domain over which the power is exercised, that actor is led to act in ways that are, to s surprising degree, consistent with the interests of society and of those subject to that power. It is as if the ruling power were guided by a hidden hand no less paradoxical for us than the invisible hand in the market was for people in Adam Smith's time. In fact, when an optimizing entity with coercive power has a sufficiently encompassing interest—what we define as a super-encompassing interest—the invisible hand will lead it remarkably, to treat those subject to its power as well as it treats itself.

[**Key Words**] Autocracy　Majority Rule　Encompassing Interest　Power

JEL Classifications: H010　P160　P480

后 记

为进一步规范《制度经济学研究》的稿件格式，要求所有来稿必须符合以下体例：

1. 除海外学者外，稿件一律使用中文。应将打印稿一式三份寄至：山东省济南市山大南路27号山东大学经济研究中心《制度经济学研究》编辑部，邮编：250100；或者通过电子邮件发送至：zdjjxyj@126.com或者casslzg@126.com。

2. 稿件第一页应包含以下信息：（1）文章标题；（2）作者姓名、单位以及通信地址、电话和电子邮箱；（3）感谢语（如果有的话）。

3. 稿件的第二页应提供以下信息：（1）文章标题；（2）200字左右的文章摘要；（3）三个中文关键词；（4）中图分类号；（5）文献标示码；（6）文章的英文标题；（7）200字左右的英文摘要；（8）三个JEL（Journal of Economic Literature）分类号（注："中图分类号"、"文献标示码"可以直接从http://www.censdu.edu.cn中"制度经济学"栏目中查询："JEL分类号"为四位数，从http://www.cer.sdu.edu.cn中"制度经济学"栏目中可以查询到三位或两位，最后一位或两位用阿拉伯数字"0"补齐）。

4. 稿件一律用Microsoft Word软件编辑。文章正文的标题、表格、图、等式必须分别连续编号；注释一律采用脚注，不得采用尾注，并请采用自动格式，按页编号；大标题居中，用中文数字一、二、三等编号，字体为四号、加粗、宋体；小标题左对齐，用中文数字（一）、（二）、（三）等编号，字体为五号、加粗、宋体；正文字体采用五号、宋体；其他编号一律使用阿拉伯数字；正文行距为单倍行距，页边距采用自动格式（上下各为2.54厘米；左右各为3.17厘米）。

5. 文章的参考文献必须一律放在结尾处，按照作者姓名的汉语拼音（或英文字母）顺序排列。以下为参考体例：

Alchian，Armen A.，1950，"Uncertainty，Evolution，and Economic Theory"，*Journal of Political Economy*，LVIII（3），June，pp. 211－221.

Tullock，Gordon，1998. *On Voting：A Public Choice Approach*，Nonhmpton，MA：Edwmrd Elgar Publishing，Inc.

黄少安：《关于制度变迁的三个假说及其验证》，载《中国社会科学》2000年第4期。

张军：《“双轨制”经济学：中国的经济改革（1978～1992）》，上海三联书店、上海人民出版社1997年版。

6. 译文须注明原文出处，是否取得原文作者授权；译文可以不提供中英文摘要，参考文献不必译成中文；所有的外文人名和重要的专有名称必须在“中译名”括号内注上原文全名。

7.《制度经济学研究》不采用已经发表过的学术成果；稿件一经发表，未经允许不得转载或在其他地方再次发表。所有稿件自发出后3个月若无回音，请自行处理，恕不退稿；作者也可以在稿件发出2个月之后，通过E-mail询问审稿信息。

山东大学经济研究院（中心）

2007年12月

责任编辑：吕　萍　陈　静
责任校对：杨　海
版式设计：代小卫
技术编辑：邱　天

制度经济学研究
第十八辑
黄少安　主编
经济科学出版社出版、发行　新华书店经销
社址：北京市海淀区阜成路甲 28 号　邮编：100036
总编室电话：88191217　发行部电话：88191540
网址：www.esp.com.cn
电子邮件：esp@esp.com.cn
北京汉德鼎印刷厂印刷
海跃装订厂装订
787×1092　16 开　14 印张　260000 字
2008 年 1 月第一版　2008 年 1 月第一次印刷
印数：001—4000 册
ISBN 978-7-5058-5106-1/F·4378　定价：23.00 元
（图书出现印装问题，本社负责调换）